Beck-Wirtschaftsberater

Teamentwicklung

Beck-Wirtschaftsberater

Teamentwicklung

Der effektive Weg zum „Wir"

Von Susanne Bender

Deutscher Taschenbuch Verlag

Originalausgabe
Deutscher Taschenbuch Verlag GmbH & Co. KG,
Friedrichstraße 1a, 80801 München
© 2002. Redaktionelle Verantwortung: Verlag C.H.Beck oHG
Druck und Bindung: Druckerei C.H.Beck, Nördlingen
(Adresse der Druckerei: Wilhelmstraße 9, 80801 München)
Satz: Fotosatz Otto Gutfreund GmbH, Darmstadt
Umschlaggestaltung: Agentur 42 (Fuhr & Partner), Mainz
ISBN 3 423 50858 2 (dtv)
ISBN 3 406 49280 0 (C.H.Beck)

Vorwort

Mit diesem Buch werden Sie ...

... die Hilfe bekommen, die Ihnen in Ihrer Ausbildung gefehlt hat. Sie haben alles über Ihr Fachgebiet gelernt und studiert und sind aufgrund Ihrer Fachkompetenz in die Position gekommen, in der Sie nun ein Team leiten.

Und nun kommen Sie nicht mehr zu Ihrer „eigentlichen Arbeit", sondern Ihre Mitarbeiter wollen ständig mit Ihnen sprechen, wollen Entscheidungen, kommen mit Forderungen, Sorgen und Nöten. Und Sie müssen auf all das reagieren und wissen nicht so recht wie.

Mit diesem Buch gewinnen Sie eine ganze Reihe von Erkenntnissen, wie sich ein Team entwickeln muss, um erfolgreich und zufrieden stellend arbeiten zu können. Die vier Phasen der Teamentwicklung werden von unterschiedlichen Gesichtspunkten beleuchtet, so dass Sie immer tiefer in die Bedeutungen der Entwicklungsschritte eines Teams einsteigen können. Sie werden dabei begleitet von der Geschichte eines Teams, in der Sie sicherlich das ein oder andere Ereignis aus Ihrer eigenen Erfahrung entdecken werden.

Das Leben ist nicht immer ordentlich und so verlaufen auch Teamentwicklungen nicht immer nach Plan. Umso hilfreicher ist es, eine Struktur im Kopf zu haben, die es Ihnen jederzeit ermöglicht, sich nach Turbulenzen, Unterbrechungen, Ablenkungen, Veränderungen wieder neu zu orientieren und die richtigen Weichen zu stellen.

München, im Mai 2002 *Susanne Bender*

Inhaltsübersicht

Inhaltsverzeichnis

1. Einführung

Es wird geschätzt, dass 90 % der Entlassungen und Kündigungen aufgrund von Personal- und Beziehungsproblemen erfolgen. Probleme, die sich aus fehlender Qualifikation der Teammitglieder ergeben, sind relativ unbedeutend verglichen mit den Schwierigkeiten, die aus den kollegialen Beziehungen herrühren. Dies kostet allen Beteiligten nicht nur viel Zeit und Nerven, sondern vor allem kostet es auch Geld. Die Ressourcen könnten sinnvoller eingesetzt werden, wenn sich die Verantwortlichen kompetent den zwischenmenschlichen Beziehungen zuwenden würden. Da Menschenführung aber in keinem Studium gelehrt wird, muss sich der Verantwortliche durch Schulungen und Literaturstudium dieses Wissen selbst aneignen. Dieses Buch soll dabei helfen, Kenntnisse der Team- und Projektarbeit zu erwerben.

Ob man Stellenanzeigen analysiert, Manager und Personalverantwortliche interviewt oder die Fachliteratur studiert – **eine** Forderung an die Mitarbeiter der Zukunft wird durchgängig artikuliert – **Teamfähigkeit.** Sie ist eine der wichtigsten Schlüsselqualifikation geworden. Das gilt nicht nur für Wirtschaftsunternehmen, sondern für alle Organisationen – ob sie erwerbswirtschaftlich oder gemeinnützig ausgerichtet sind.

Die meisten von uns haben Erfahrungen mit Teams gemacht: positive oder negative. Negativ waren sie besonders dann, wenn das Zusammenwirken im Team unbefriedigend war und/oder auch das Ergebnis der Teamarbeit nicht den Erwartungen entsprach.

Bei positiven Erfahrungen hat das Ergebnis gestimmt und die Zusammenarbeit der Teammitglieder wurde von allen als angenehm und produktiv empfunden. Dass die Ansammlung von Einzelkämpfern nicht zwangsläufig eine gute Teamleistung mit sich bringt, können wir bei Mannschaftssportarten beobachten. Teams mit hoch bezahlten Profis spielen nur mittelmäßig, weil das Zusammenspiel fehlt. Andere Mannschaften sind dagegen sehr erfolgreich, weil die Zusammenarbeit und das Zusammenspiel ausgezeichnet klappt.

Nun ist Teamfähigkeit keine angeborene Eigenschaft, über die man verfügt oder nicht. Teamfähigkeit ist erlernbar, auch wenn wir akzeptieren müssen, dass es Menschen gibt, die lieber für sich arbeiten und andere, die ausgesprochene „Teamplayer" sind. Den meisten Unternehmen bleibt gar nicht die Wahl, ob sie Teamarbeit einführen wollen oder nicht. Die Komplexität der Arbeitsplätze macht Teamarbeit notwendig. Nur in ihr können sich die Informationen, Technologien, Kompetenzen und Ressourcen – vor allem die Humanressourcen – so bündeln lassen, dass sie effektiv eingesetzt werden können.

Die aktuelle Diskussion um die Einführung von Teamarbeit kann nur funktionieren, wenn die Verantwortlichen in der Lage sind,

• als Team zu funktionieren,

• sich als ganzes System zu verstehen,

• den Teambildungsprozess als genauso wichtig zu erachten, wie das Ergebnis,

• die eigene Persönlichkeitsstruktur und die der anderen Teammitgliedern zu erkennen.

Gerade durch den Druck Teamarbeit zu implementieren, fehlt es häufig an einer entsprechenden Planung und Schulung der Mitarbeiter. Teamentwicklung ist keine einfache Angelegenheit. Selbst unter besten Voraussetzungen wird es eine anstrengende Aufgabe mit vielen unberechenbaren Faktoren sein.

Wenn man noch berücksichtigt, dass eine Umfrage der EU-Kommission 1997 ergeben hat, dass deutsche, aber auch andere europäische Manager, die Arbeitnehmer weiterhin zu wenig an den Betriebsfragen beteiligen, wird deutlich, dass ohne ein klares und funktionales Modell diese Aufgabe nur schwer zu bewältigen ist. Die Möglichkeiten einer dauerhaften Wettbewerbsverbesserung, vor allem gegenüber den USA, werden nicht genügend genutzt. In Deutschland ist die Teamarbeit um den Faktor fünf geringer als in den USA. Dies bedeutet, dass in den USA in 41 % der Betriebe mindestens die Hälfte der Beschäftigten im Team arbeitet, in Deutschland sind es gerade einmal 8 %. Damit bleibt Deutschland auch weit unter dem europäischen Durchschnitt von 16 %. Schweden kommt in Europa mit 31 % auf den höchsten Wert.

Wenn man die Literatur verfolgt, so kann man glauben, dass

Teams die Erfindung der Neuzeit sind. Die Veränderungen in den Firmen, die sich durch die Teamarbeit zeigen, werden häufig als „Transformation" oder als Resultat eines „neuen Paradigmas" beschrieben. Tatsächlich aber gibt es Teams solange es Menschen gibt. Nehmen wir z. B. die frühzeitlichen Indianer. Wenn sie ein Bison töten mussten, weil sie ansonsten ohne Abendessen dagestanden wären (von dem Ärger mit ihren Frauen mal ganz abgesehen), blieb keine Zeit eine Orgchart aufzumalen, Aufgaben zu verteilen und Autoritäten zu delegieren. Es lief einfach so, dass „Scharfes Auge" das Tier als erster in der Ferne sah, „Schneller Windhund" es am schnellsten verfolgen konnte, „Scharfer Pfeil" den Speer am genauesten werfen konnte und die Person, die von allen am meisten respektiert und angehört wurde, war der „Häuptling". Die Spontaneität dieses Beispiels ist genau das, was die heutigen Firmenkulturen so dringend bräuchten. Aber wir alle wissen ja, dass wir nicht mehr in der Wildnis leben und Entscheidungen nicht nur nach Kompetenzen getroffen werden.

Da es einige Gesetzmäßigkeiten der Teamentwicklung gibt, die auf jedes Team zutreffen, möchte ich ein Modell der Teamentwicklung vorstellen, das es Teammitgliedern und besonders Teamleitern erleichtert, die verschiedenen Entwicklungsstufen der Teamarbeit zu erkennen und die Arbeit entsprechend zu organisieren und zu planen.

Untersuchungen haben gezeigt, dass gut zusammengesetzte Teams unter Zeitdruck sogar noch besser funktionieren als ohne Zeitdruck, während inkompatible Teams ineffektiv werden (Schutz, 1984).

Des Weiteren konnte festgestellt werden, dass die Produktivität von gut entwickelten Teams steigt, wenn ein neues Teammitglied hinzukommt, während sie von wenig entwickelten Teams sinkt (Wekselberg, Goggin, Collings, 1997).

Deutschland hat hier aber noch einiges nachzuholen. Nur 11,8 Prozent der Beschäftigten arbeiten kooperativ, also mit gemeinsamen Problemlösungen und wechselnden Aufgaben in Teams. Legt man noch strengere Kriterien wie Autonomie und Partizipation an, so sind es lediglich 3,2 Prozent. Im Kontrast dazu stehen die Aussagen von Managern, wonach zwei Drittel von ihnen das Ziel, die Einführung von Teamarbeit in Bezug auf Kosten, Qualität, Durchlaufzeiten als erreicht ansehen.

So wie jeder Mensch seine eigene Entwicklung durchmacht und seine eigene Geschichte hat, entwickeln auch Teams ihre eigene „Lebensgeschichte": Themen, Situationen, Umfeld und vor allem die Persönlichkeit der Teammitglieder und des Teamleiters bedingen, dass sich Teamprozesse nie identisch wiederholen. Von daher hat jedes Team seine Eigenart, trotzdem ähnelt sich aber der Ablauf der Teamentwicklung. Es lassen sich also gewisse Gesetzmäßigkeiten in der Entwicklung eines Teams erkennen. Im Folgenden werde ich ein Modell vorstellen, das diese Gesetzmäßigkeiten beschreibt und Menschen in ihrer Teamfähigkeit besser erkennen lässt.

Die Kenntnis der Teamentwicklungsphasen hilft bei der Planung ebenso wie bei der Begleitung und der Auswertung des Teamprozesses, sofern man diese Gesetzmäßigkeiten nicht als festen Fahrplan versteht. Wenn es einmal nicht mehr weitergeht, wenn der Prozess „holpert", wenn man sich unschlüssig darüber ist, warum sich das Team jetzt so verhält, bringt ein Blick auf den bisherigen Verlauf der Teamentwicklung wertvolle Hinweise zur Klärung der Situation.

In der Auseinandersetzung mit Teamentwicklung spielt die Kommunikation der Teammitglieder in den einzelnen Phasen immer wieder eine wesentliche Rolle. Wer über Grundkenntnisse in Kommunikationsbegriffen verfügt, wird sie hier wiederfinden. Für diejenigen, die eine kleine Einführung brauchen, sind im Appendix die wichtigsten Begriffe aufgeführt.

Um die Theorie mit Leben zu füllen, wird uns in diesem Buch das Team der Firma Bacher, ein mittelständisches Unternehmen, begleiten.

Damit der Leser und die Leserin immer wieder daran erinnert wird, dass die Leitung von Teams von beiden Geschlechtern übernommen wird, wird im Text zwischen der weiblichen und männlichen Form abschnittsweise gewechselt.

2. Kompetenz durch Ganzheitlichkeit

„Handle stets so, dass weitere Möglichkeiten entstehen." (*Schiepek*, 1991)

Über Teamentwicklung lässt sich nicht sprechen ohne dabei zu klären, in welcher grundsätzlichen Situation sich ein Team befindet. Jedes Team ist in ein Firmensystem eingebunden, das wiederum in ein bestimmtes Marktsegment eingebunden ist, das wiederum in einer bestimmten Gesellschaft angesiedelt ist, die wiederum in einem bestimmten Land anzutreffen ist, usw.

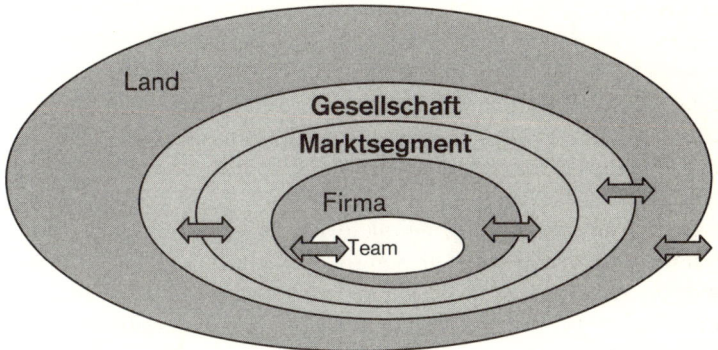

Abb. 1: Wechselseitigkeit der Systeme

All diese Elemente bilden eine komplexe Vernetzung, da sie jeweils aufeinander einwirken. Wenn z. B. eine deutsche Firma mit einer italienischen Firma Geschäfte tätigen möchte, so muss sie sich auf die Gepflogenheiten des Landes einstellen. Will sie hingegen Geschäfte mit einer japanischen Firma machen, so müssen das Verhalten und die Strategien ganz anders aussehen, um zum Erfolg zu führen. Heute erscheint es fast undenkbar, die vernetzten Zusammenhänge zu ignorieren. Jede Nachricht im Fernsehen oder in der Zeitung vermittelt uns die Abhängigkeit von ökologischen und ökonomischen Bedingungen auf der ganzen Welt. Dies ist uns inzwi-

5

schen so selbstverständlich geworden, dass wir gar nicht weiter hinterfragen, wie diese Vernetzungen überhaupt zustande kommen. Wer sich aber mit ganzheitlichen Denkweisen vertraut macht, erkennt Interaktionen und Probleme nicht als ein kausales „Wenn-Dann", sondern als eine Vernetzung von miteinander abhängigen Faktoren. Ändert sich ein Faktor (z. B. ein Verhalten), so müssen die anderen Elemente des Systems (z. B. die Teammitglieder) sich ebenfalls anpassen und sich ändern.

> So fragte mich einmal ein sehr strukturierter Manager, was er denn machen solle, da er sehr darunter litt, dass sein Chef ein sehr sprunghafter, kreativer Mensch sei, von dem selten verlässliche langanhaltende Zusagen zu erhalten waren. Ich riet ihm ein bisschen chaotischer zu werden. Er sah mit einem solchen Vorschlag natürlich das völlige Chaos ausbrechen. Als er sich aber dennoch dazu durchringen konnte, etwas unkonventioneller, weniger vorhersagbar zu sein, stellte er verwundert fest, dass sein Chef seit geraumer Zeit viel disziplinierter arbeitete.

Die Betrachtung dynamischer Wechselbeziehungen, die auch ohne äußeren Zwang geordnet ablaufen, hat sich erst in den letzten zwei bis drei Jahrzehnten wissenschaftlich durchgesetzt. Bis dahin wurde an dem Glauben (zum Teil gilt dies bis heute noch in der Wissenschaft und in Managementtheorien) festgehalten, dass eine erreichte und erfahrbare Ordnung als einmalige „Schöpfung" bestenfalls erhalten und konserviert werden kann und muss. Dieser konservierende Umgang mit Ordnung, der durch ständige Aufmerksamkeit und in fortwährendem Kampf die Kräfte des Chaos mühsam in Schach zu halten versucht, steht seit jeher im Gegensatz zu den konkreten Erfahrungen der überwiegenden Mehrheit der Menschen. Denn gerade sie erfahren, dass sich Ordnungen selbst organisiert entwickeln: Eltern, Bauern, Gärtner machen die Erfahrung, dass die komplexe Ordnung, die sie heranwachsen sehen, durch willkürliche Eingriffe eher behindert als gefördert wird und keinesfalls das Ergebnis ihrer Gestaltungsmacht ist (auch wenn sie sich das immer wieder wünschen). Sie wussten schon immer intuitiv, dass ihnen nicht die „Law-and-Order" Vorstellungen bei diesen Prozessen helfen, sondern dass sie nur in verständnisvollem Bemühen um Übereinstimmungen mit und in weit gehendem Vertrauen auf das Gesetz der Natur bestenfalls versuchen können, diese natürlichen Prozesse zu unterstützen, welche aus sich heraus eine Ordnung entfalten.

Wenn sich außerhalb des Systems etwas ändert, wirkt sich dies so aus, dass einige wenige Variablen (dies können Menschen oder Bedingungen sein) verstärkt oder gedämpft werden.

Allen Mitarbeitern ist bekannt, dass sich die Umsatzzahlen drastisch reduziert haben und dass die Geschäftsleitung wahrscheinlich Entlassungen vornehmen muss. Ein Mitarbeiter eines Entwicklungsteams ist sowieso schon seit einiger Zeit mit den Anforderungen in seinem Arbeitsbereich unzufrieden. Das Team diskutiert, ob sie bei einer eventuellen Entlassungswelle auch davon betroffen sein werden. Der unzufriedene Kollege hält dies für möglich und sagt, dass er sich eine neue Stelle suchen will.

Konkret schließen sich immer mehr Variablen dieser Richtung an, und je mehr es sind, desto schneller werden auch die anderen in diese Bewegungsdynamik mit hineingezogen – ein typischer Vorgang der Autokatalyse.

Durch die Entschiedenheit des Teamkollegen sind die anderen nun so verunsichert, dass sie es auch für notwendig erachten, sich nach neuen Stellen umzusehen, weil sie inzwischen davon überzeugt sind, dass ihr Team als erstes aufgelöst wird.

Dies führt letztlich dazu, dass die Freiheitsgrade des Systems im Allgemeinen auf einen extrem kleinen Bruchteil reduziert werden. Trotz extrem hoher Komplexität des Systems wird das Verhalten nur durch wenige Elemente bestimmt. Diese Elemente bestimmen dann faktisch die Ordnung – sie sind die Ordnungsparameter.

So passiert es, dass von dem 8 Teammitgliedern 5 eine neue Stelle finden, so dass sich das Entwicklungsteam praktisch auflöst und die Geschäftsleitung nun gezwungen ist, sich über den Fortbestand dieser Entwicklungsgruppe Gedanken zu machen, obwohl sie diese in ihre Überlegung zur Kostenreduzierung gar nicht berücksichtigt hatte.

Die klassische Regel, dass große Wirkungen nur durch große Ursachen erreicht werden können, gilt nicht für Systeme. Je nach Systemzustand können also minimale Einflüsse zu sehr großen Wirkungen führen, bzw. relativ große Einflüsse zu gar keinen Wirkungen. So kann ein Buchhaltungsteam durch einen kleinen Computerfehler, der die Zahlen falsch erfassen lässt, in großes Ungleichgewicht kommen (Überstunden, Stress, Beschuldigungen), während ein neuer Geschäftsführer, keine Wirkung zeigt, wenn das Buchhaltungsteam gut zusammen arbeitet, die Arbeitsabläufe klar sind und das Buchhaltungssystem gut eingeführt ist und sich bewährt hat.

2.1 Wer beeinflusst eigentlich wen?

Ein System entzieht sich demnach jeder zugriffssicheren linearen Außensteuerung, weil externe Anstöße nur dann Wirkung zeigen, wenn sie in Informationen transformiert werden, die für das System relevant sind. Diese Gesetzmäßigkeit wird häufig bei der Übermittlung von Inhalten von der Geschäftsleitung auf entsprechende Teams vergessen.

So wird der Geschäftsführer eines zyklischen Unternehmens mit seinen Warnungen vor einem Umsatzeinbruch nur Erfolg haben, wenn er diese Informationen in für die entsprechenden Teams relevante Informationen umformen kann. Ansonsten stößt er „auf taube Ohren", und die Teams wiegen sich weiter in Sicherheit der zurzeit guten Auftragslage.

Diese relative „Unkontrollierbarkeit" eines Systems wird in den meisten Firmen verleugnet, und der Teamleiter sieht sich mit der tagtäglichen Erfahrung dieser Unkontrollierbarkeit allein gelassen und lastet dies meist seiner eigenen Inkompetenz an. Es täte allen Teamleitern gut, ihre Omnipotenzansprüche auf ein realistisches Maß herunter zu schrauben.

Ein System ist also zu einem gewissen Grade von der Umwelt unabhängig, aber abhängig von der Bedeutungsgebung hinsichtlich der Konstellationen und der Ereignisse.

Ein Team ist aber auch ein Beziehungsgeflecht. Die Menschen stehen miteinander in vielfältigen Beziehungen und beeinflussen sich gegenseitig. Viele Menschen glauben, dass sie durch Passivität das System nicht beeinflussen. Das funktioniert aber nicht. Wenn einer durch Passivität den anderen zu einer aktiven Entscheidung bringt, hat er genauso zu dem Prozess beigetragen, wie der aktive Entscheider.

Es ist viel sinnvoller die Bedingungen des Handelns zu erweitern, so dass die Beteiligten mehr Handlungs- und Denkspielraum bekommen. Gerade darin ist das Potenzial eines vernetzten Denkens zu sehen. Dabei unterliegt das Management häufigen Denkfehlern, in dem es versucht, diese Komplexität zu verleugnen.

Denkfehler im Umgang mit komplexen Problemsituationen	Die Schritte des ganzheitlichen Problemlösens
Probleme sind objektiv gegeben und müssen nur noch klar formuliert werden.	**Abgrenzung des Problems** Die Situation ist aus verschiedenen Blickwinkeln zu definieren und eine Integration zu einer ganzheitlichen Abgrenzung anzustreben.
Jedes Problem ist die direkte Konsequenz einer Ursache.	**Ermittlung der Vernetzung** Zwischen den Elementen einer Problemsituation sind die Beziehungen zu erfassen und in ihrer Wirkung zu analysieren.
Um eine Situation zu verstehen, genügt eine „Fotografie" des Ist-Zustandes.	**Erfassung der Dynamik** Die zeitlichen Aspekte der einzelnen Beziehungen und der Situation als Ganzes sind zu ermitteln. Gleichzeitig ist die Bedeutung der Beziehungen im Netzwerk zu erfassen.
Verhalten ist prognostizierbar, notwendig ist nur eine ausreichende Informationsbasis.	**Interpretation der Verhaltensmöglichkeiten** Künftige Entwicklungspfade sind zu erarbeiten und in ihre Möglichkeiten mit einzubeziehen.
Problemsituationen lassen sich „beherrschen", es ist lediglich eine Frage des Aufwandes.	**Bestimmung der Lenkungsmöglichkeiten** Die lenkbaren, **nicht lenkbaren** und zu überwachenden Aspekte einer Situation sind in einem Lenkungsmodell abzubilden.
Ein „Macher" kann jede Problemlösung in der Praxis durchsetzen.	**Gestaltung der Lenkungseingriffe** Entsprechend systemischer Regeln sind die Lenkungseingriffe so zu bestimmen, dass **situationsgerecht** und mit optimalem Wirkungsgrad eingegriffen werden kann.
Mit der Einführung einer Lösung kann das Problem endgültig ad acta gelegt werden.	**Weiterentwicklung der Problemlösung** Veränderungen in einer Situation sind in Form lernfähiger Lösungen vorwegzunehmen.

Tab. 1: Schritte zur ganzheitlichen Problemlösung
(Götz, 1994)

Richtig verstandenes vernetztes Denken erkennt die Verflechtungen menschlicher Beziehungen, beachtet aber auch die persönliche Verantwortung für die Lebensgestaltung des Individuums. Das heißt, dass die Bedingungen, die ich in einem Team vorfinde, auf mich einwirken, ich aber gleichzeitig einen Gestaltungsspielraum habe, den ich nutzen oder ignorieren kann. Es kann sich also kein Teammitglied der eigenen Gestaltungsmöglichkeit entziehen. Nur wenn die Teammitglieder es verstehen, diese beiden Komponenten immer wieder in Beziehung zu setzen, wird Veränderung möglich.

Beispiel für das Beziehungsgeflecht eines 5-köpfigen Teams:

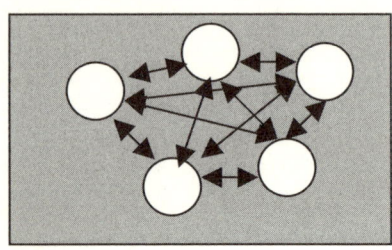

Abb. 2: Beziehungsgeflecht im Team

Wir sehen, wie bei nur 5 Teammitgliedern bereits ein komplexes Beziehungsgeflecht entsteht. Es ist hier bereits fast unmöglich, genau sagen zu können, wer wen wie beeinflusst. Es lässt sich lediglich sagen, dass jeder jeden beeinflusst. Die Teammitglieder werden aber auch wieder von äußeren Bedingungen beeinflusst und sie beeinflussen auch äußere Umstände, wie wir an dem Beispiel des Entwicklungsteams gesehen haben. Von daher wird es noch komplexer, wie Abb. 3 zeigt.

Durch ein vernetztes Denken weiß ich um die Komplexität von Situationen und Problemen und kann vorschnelle Einschränkung oder Ausgrenzung möglicher Problemdefinitionen und Persönlichkeitsanteile verhindern. Die Problemlöser müssen sich immer wieder darauf einlassen, dass es vielleicht auch noch ganz anders sein könnte. Denn sie sind nicht in der Lage, diese ganzen Abhängigkeiten zu erfassen, müssen sich also darauf einstellen, dass sie Einflussgrößen aufgrund der Komplexität nicht erkennen. Wenn sich

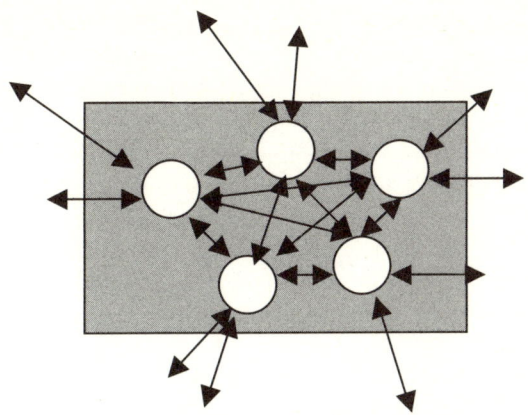

Abb. 3: Beziehungsgeflecht innerhalb und außerhalb eines Teams

die Verantwortlichen auf die Komplexität und Dynamik von Situationen einlassen, werden sie erfahren, dass viele Köpfe mehr Ideen haben als ein Kopf und werden kreative Lösungen eher zulassen, als wenn sie glauben, die Situation voll zu erkennen und von daher genau zu wissen, was passieren muss.

Gleichzeitig können wir dies aber nur, wenn wir auch wieder die Komplexität reduzieren, weil wir ansonsten überflutet werden von Möglichkeiten.

Zahlreiche Modelle für die Praxis dienen dem Zweck der Komplexitätsreduktion. Ist die Komplexität allerdings zu gering, werden zu viele Faktoren ausgeblendet, die vielleicht notwendige Informationen für zukünftige Entscheidungen enthalten. Ist die Komplexität des Modells zu groß, so verliere ich den Überblick und bin mehr mit der Theorie als mit der Lösung des Problems beschäftigt. Günstiger ist es, die Komplexität des Modells nach der Zwecksetzung zu variieren. Dies leistet das folgende Phasenmodell. Es kann für den „Anfänger" komplexitätsreduzierend genutzt werden. Mit fortschreitendem Verständnis des Phasenmodells wird die Erweiterung der Komplexität möglich, ohne den Überblick zu verlieren. Jeder kann also seine eigene Zeit wählen, in das Modell hineinzuwachsen und die Bedeutung der einzelnen Aspekte zu erkennen.

2.2 Wir wollen so bleiben wie wir sind

Ein System bemüht sich immer darum in einem Gleichgewicht zu bleiben. Ein menschliches System strebt immer einen Zustand an, den es selbst als normal bezeichnen würde. Da Normalität ein sehr relativer Begriff ist, kann auch für ein System ein Zustand normal sein, den ein Mensch aus einem anderen System völlig aus dem Gleichgewicht bringt. Diese Erfahrung macht jedes Kind, das die Gepflogenheiten der eigenen Familie für „normal" hält. Wenn es dann in ein Alter kommt, wo es auch andere Familiensysteme kennen lernt, ist es oft verwirrt, wenn dort andere Regeln und Normen gelten, und es weiß nicht, wie es sich „richtig" verhalten soll.

Dieselbe Erfahrung wiederholt sich manchmal als Erwachsener. Wenn einer lange in einer Firma gearbeitet hat, empfindet er das Arbeitsklima dort als „normal". Wechselt er die Firma, ist er zunächst verunsichert, weil die Normen und Regeln in einer anderen Firma eben auch andere sind.

Diese Faktoren verstärken sich natürlich erheblich, wenn zu solchen Bedingungen noch ein anderer Kulturkreis hinzukommt.

Dieser Prozess der Erhaltung eines Gleichgewichts, d. h. des Bemühens, dass alles so bleibt, wie es immer schon war, wird Homöostase genannt.

> Unter **Homöostase** (griechisch) wird die Erhaltung des normalen Gleichgewichts, (z. B. Konstanthaltung des Blutdrucks oder der Körpertemperatur) verstanden, bei offenen Systemen die Erhaltung der Binnenstabilität trotz sich wandelnder Umwelt.

Durchläuft ein Team massiven Veränderungen (z. B. Trennung von Teammitgliedern, Aufnahme von neuen Teammitgliedern) oder Einwirkungen von außen, so muss es sich wieder in ein Gleichgewicht bringen, ansonsten zerbricht es. Gleichzeitig sorgt das Prinzip des Gleichgewichts dafür, dass alle notwendigen Elemente vorhanden sind. Wird ein wichtiges Element der Teamfunktion nicht ausgefüllt, so springt immer ein Teammitglied in dieses „Vakuum". Infolgedessen kann ein ansonsten eher lockerer Kollege plötzlich zum fast zwanghaften Teammitglied werden, weil sich niemand für die

Strukturen im Team verantwortlich fühlt. Besonders das Maß an Freiheit und Strukturiertheit sucht immer nach einer Balance. Werden die Teammitglieder durch den Teamleiter stark kontrolliert, so werden sie für sich selber Nischen finden, in denen sie nicht zu kontrollieren sind. Ist der Teamleiter zu lasch, wird ein Teammitglied Kontrollfunktionen übernehmen.

Für Teams bedeutet dies, dass die Mitglieder unbewusst bereit sind, alle notwendigen Eigenschaften zu erfüllen. Dies ist immer schwer zu verstehen, wenn ein Teammitglied so gar nicht in das Team zu passen scheint. Nicht selten aber bleibt die Störung dieselbe, auch wenn das Teammitglied ausgetauscht wird. Das zeigt, dass nicht das Teammitglied das Problem, sondern das Thema, das diese Person in das Team einbringt, für das Team von Bedeutung ist. Und erst wenn dieses Thema beachtet und gelöst wird, kann das Teammitglied sein Verhalten ändern.

Genauso wird aber auch jeder, der schon einmal versucht hat, Firmenstrukturen (oder auch Familienstrukturen) zu verändern, festgestellt haben, wie widerspenstig ein System ist. Das ist selbst dann noch der Fall, wenn alle zustimmen, dass dringend etwas geändert werden muss. Aber Menschen fühlen sich immer am wohlsten in dem was sie kennen. Dies mag nicht unbedingt das sein, was sie glücklich macht, aber wenigstens kennen sie sich aus. In eine ungewisse Zukunft zu gehen, ist wohl für die meisten Menschen bedrohlicher als in einer unbefriedigenden Situation zu bleiben. Auch hier spürt die Person, die etwas verändern möchte, dass das System immer das Gleichgewicht anstrebt.

Ein Team aus Investmentmanagern einer großen Bank war ein bunter Haufen von älteren Frauen, die aus den verschiedensten Berufen kamen und sich in diese komplizierte Branche eingearbeitet hatten, und jungen Männern, die eine Banklehre oder sogar ein BWL-Studium absolviert hatten. Einer dieser jungen Mitarbeiter versuchte verzweifelt seine Kolleginnen für neue Fondsformen zu interessieren. Es erschien ihm selbstverständlich, dass das Team ständig auf dem Laufenden bleiben musste. Bei dem Vorschlag, einen kleinen Vortrag zu einer neuen Fondsform zu halten, wehte ihm ein eisiger Wind aus der Ecke der „Alteingesessenen" entgegen. Dort hatte eine Frau aufgrund der langen Zugehörigkeit zur Bank die Position des Primus inter Pares. Sie wurde bei vielen Fragen zu Rate gezogen. Hier wurde aber deutlich, dass sie plötzlich nicht mehr diejenige war, die das meiste Wissen hatte. Der Vortrag wurde zwar allgemein begrüßt, kam aber nie zustande.

2.3 Alle sind beteiligt

Ein sehr unangenehmer Aspekt des vernetzten Denkens ist der, dass sich niemand entziehen kann. Genauso wie niemand „nicht nicht kommunizieren" kann (Watzlawick, 2000), kann sich auch niemand „nicht nicht verhalten". Gerade Passivität hat einen starken Einfluss auf das Team. Die anderen müssen dieses Aktivitätsvakuum auffüllen und werden wahrscheinlich entsprechende innere und äußere Reaktionen dazu haben. Es kann sich also niemand entziehen und sagen, dass er damit nichts zu tun hat und dass dies das Problem des anderen ist. Es fällt den Menschen aber sehr schwer, davon Abschied zu nehmen, weil Schuldzuweisungen so einfach sind, und das Seelenleben schnell wieder friedlich ist. Wenn ich mir aber Gedanken darüber machen muss, was ich zu einer Situation beitrage (und das auch noch ständig), komme ich aus der Verantwortung nicht mehr heraus. Aber verantwortliches Handeln ist schließlich die Triebfeder für Teamarbeit.

„Ja aber!!!!", höre ich jetzt einige sagen. „Da gibt es aber auch noch die Machtverhältnisse und an denen kann ich doch nichts ändern." Ich will nicht leugnen, dass es machtvolle, aber damit auch meist gewalttätige Systeme gibt, die Menschen unterdrücken. Aber wir wollen uns hier mit ganz normalen Firmensituationen beschäftigen, wo niemand gefoltert wird, Gewerkschaften für ein Gleichgewicht der Kräfte sorgen, und es so etwas wie Kündigungsschutz gibt.

Die Unterordnung trotz demokratischer Arbeitsverhältnisse ist nur deshalb so beliebt, weil die Personen die Verantwortung nicht übernehmen wollen, und weil sie um ihre Privilegien fürchten. Selten geht es wirklich um existentielle Themen.

Damit ein Team systemisch funktioniert, d. h. zu einem reflektierenden Team wird, müssen die Teammitglieder folgende Fakten akzeptieren lernen:

(1) Es gibt nicht nur eine Wahrheit, sondern viele Standpunkte und die damit möglichen Perspektiven bereichern den Betrach-

tungsgegenstand. Jeder konstruiert sich seine eigene Wirklichkeit. So ist für die Optimisten das Glas halb voll, für die Pessimisten halb leer. Und beide haben Recht.

(2) Jedes Handeln macht für den Handelnden Sinn, besonders dann, wenn bewusst gehandelt wird. Erst die klare Konfrontation schafft ein Gefühl der Achtung für die letztendlich positive und sinnvolle Bedeutung des Handelns. Dies bedeutet nicht Vernebelung, Verleugnung und Beschwichtigung „negativer" Aspekte.

(3) Deutungs- und Handlungsalternativen dürfen nicht auf Kosten des Selbstwertes irgendeiner Person gehen, wenn sie hilfreich sein sollen.

(4) Deutungs- und Handlungsalternativen und -lösungen, die bereits vorhandene Tendenzen aufgreifen und verstärken, sind wahrscheinlich erfolgreicher als abgetrennte Theorien und Lebensweisheiten.

(5) Explizites Reden über Gedanken, Vermutungen und Deutungen schafft stets neue Wirklichkeiten gegenüber den starren impliziten Erwartungsstrukturen. Wir alle lieben es, Vermutungen über Menschen und Situationen anzustellen ohne diese zu überprüfen. Wenn andere Menschen auch noch meine Vermutungen teilen, werden diese schon bald zur Wahrheit, auf der ich mein weiteres Handeln aufbaue, ohne es je bei meinem Gegenüber abgeklärt zu haben.

3. Was ist ein Team?

Bei jedem Teamtraining werde ich mindestens von einem Teilnehmer gefragt, was denn nun ein Team sei. Dies ist sicherlich eine berechtigte Frage, und es ist immer wieder spannend die Teilnehmer zu hören, was sie denn darunter verstehen. Für viele ist es eine Bezeichnung für eine emotionale Anbindung an mehrere Menschen, andere sehen darin nüchtern eine Arbeitsgruppe und halten den Ausdruck Team lediglich für eine moderne Variante des Wortes Gruppe.

Ein Team sollte immer dann zusammengestellt werden, wenn ein komplexes Vorhaben eine interdisziplinäre Zusammenarbeit erfordert.

> Ein **Team** ist eine Gruppe von Mitarbeitern, die für einen geschlossenen Arbeitsprozess verantwortlich sind und die das Ergebnis ihrer Arbeit als Produkt oder Dienstleistung an einen internen oder externen Empfänger liefern.

Ein Team ist eine besondere Gruppe, die
- durch eine optimale Mitgliederzusammensetzung auch unter erschwerten Bedingungen außerordentlich leistungsfähig ist.
- ein ausgeprägtes Verantwortungsbewusstsein mit Zielorientierung hat.
- Synergieeffekte nutzt, d. h. die Gesamtleistung ist größer als die Summe der Einzelleistungen.
- sinnvolle Koordination der Teilaufgaben zur Optimierung des Ablaufs einsetzt.
- an einem zwischenmenschlichen Klima des Vertrauens und der Offenheit arbeitet.
- Kommunikation versteht als ein gegenseitiges Verstehen und eine optimale Verknüpfung von Informationen und dem aufrichtigem Ausdiskutieren verschiedener Ansichten.
- eine Identifikation mit einem „Wir" hat.
- gemeinsame Normen für das Verhalten festlegt.

Ein Team ist also eine kleine Gruppe von Menschen, die die Verantwortung für die Qualität und die Produktivität ihres Aufgabenbereiches übernimmt, ihre Arbeit selber managt und ihre Kenntnisse und Fertigkeiten ständig verbessert.

Dabei kann unterschieden werden zwischen einem

- Fachteam – übernimmt über einen längeren Zeitraum eine bestimmte Aufgabe. Dies ist z. B. das IT-Team einer Firma.
- Projektteam – Dauer ist auf ein bestimmtes Vorhaben begrenzt. Dies kann z. B. ein Team aus der Personalabteilung sein, das sich mit der Erarbeitung und Umsetzung von Trainingskonzepten beschäftigt, daneben aber jedes Teammitglied durchaus noch Tagesgeschäft zu erledigen hat.
- Strategieteam – meist im Management anzutreffen, entscheidet über die Strategien der Firma.

3.1 Voraussetzungen zur Teamentwicklung

Damit eine Gruppe sich überhaupt mit der Entwicklung zu einem Team beschäftigen kann, brauchen diese Menschen bestimmte Voraussetzungen:

(1) Das Management muss sicherstellen, dass das Team die Freiheit hat, die anstehenden Aufgaben selbst zu strukturieren. So können die Teammitglieder ihre Fähigkeiten untereinander abstimmen und haben die Chance, rivalitätsarm und damit effizient zu arbeiten. Das Management muss an das Team glauben.

(2) Die Teammitglieder müssen die Fähigkeit zum Prozessdenken mitbringen. Damit können sie die Abläufe der Arbeitsprozesse planen und die verschiedenen Stufen der Teamentwicklung richtig erkennen und sich entsprechend darauf einstellen.

(3) Die Aufgabenverteilung muss zielbezogen sein. Das klingt zwar selbstverständlich, aber nicht selten genug werden Aufgaben nur verteilt, um individuelle Bedürfnisse zu befriedigen oder Konflikte zu vermeiden.

(4) Das Verhalten der Teammitglieder muss partnerschaftlich sein. Viele Teams fangen partnerschaftlich an, verlieren sich aber in Konkurrenzkämpfen. Wieder andere sind erst einmal Solotän-

zer, bevor sie sich zusammenraufen und erkennen, dass sie gemeinsam produktiver sind und Fehleranalysen schneller vornehmen können.

(5) Das Team braucht das richtige Produkt, die richtige Dienstleistung.

(6) Eine Teamgröße von 5–8 Personen hat sich als optimal erwiesen. Deswegen sollten die anstehenden Aufgaben von dieser Teamgröße bewältigt werden können.

(7) Das Management und das Team stimmen in dem Grund der Zusammenstellung und in den Erwartungen überein.

(8) Das Management stellt die notwendigen Ressourcen zur Verfügung.

(9) Das Team hat ergebnisorientierte Technologien zur Hand.

(10) Es gibt eine kundenorientierte Kultur, die die Teamarbeit belohnt.

Teamarbeit sollte nicht überstrapaziert werden und nicht nur Modeerscheinung sein. Sie darf nicht als ein polarer Gegensatz zur Einzelleistung gesehen werden. Teams sind eine Organisationsform genauso wie die Einzelarbeit. Man darf weder eine dieser Arbeitsformen einseitig ausklammern, noch darf man sie heroisieren. Wie eine Arbeit am besten zu erledigen ist, welches die optimalste Form ist, muss von der Aufgabe bestimmt werden und nicht von Dogmen. Mitarbeiter sollten sich also dagegen wehren, wenn Teamarbeit nur deswegen eingeführt wird, weil das Management besonders innovativ erscheinen möchte, zu den oben genannten Voraussetzungen aber nicht bereit ist.

Teamarbeit ist sinnvoll, wenn

• komplexe Vorhaben verwirklicht und komplexe Probleme kreativ gelöst werden sollen.

• ein schnelles und gezieltes Reagieren auf Veränderungen notwendig ist.

• der Erfolg eines Auftrags von einer gleich bleibend und anhaltend hohen Motivation der beauftragten Mitarbeiter lebt.

• die Aufgabe möglichst praxisgerechte und realisierbare Entscheidungen fordert.

• in einem Unternehmen grundlegende Veränderungen durchgeführt werden sollen.

• das Unternehmen seine Mitarbeiter stetig weiterentwickeln möchte.

3.2 Größe des Teams

In der Vorbereitung zur Teambildung ist die Frage der Teamgröße ein schwieriges Unterfangen. Nach unten hin ist die Personenzahl dadurch begrenzt, dass man zwei Personen üblicherweise als Dyade oder Paar, aber nicht als Gruppe bezeichnet.

Eine Triade, d. h. drei Personen, ist immer ein ungleichgewichtiges System, weil sich bei dem Zusammenschluss von zwei Personen die dritte Person ausgeschlossen fühlt. Sie wird sich bemühen, wieder Kontakt zu den anderen zu bekommen. Von daher ist es wahrscheinlich, dass das Team in seinen Rollenzuschreibungen flexibel bleibt. Ein Viererteam ist da wesentlich stabiler, weil sich zwei Paare bilden können. Diese Stabilität ist aber gefährlich, weil sich beide Paare in diesem Bezug festfahren können und sie nicht mehr auf die anderen zugehen, bzw. die Rollen sehr festgeschrieben sind. Ein Sechserteam lässt eine große Flexibilität zu. Es können sich Paare (Dyaden) und Dreierbeziehungen (Triaden) bilden, ohne dass jemand ausgeschlossen wäre.

Eine Teamzusammensetzung macht nur dann Sinn, wenn der Sachzwang die Zusammenstellung einer Kleingruppe zulässt. Nur diese Größe ermöglicht einen direkten Kontakt, so dass jedes Teammitglied mit allen Teammitgliedern unkompliziert und schnell ins Gespräch kommen kann. Aufgrund unserer ersten Kindheitserfahrungen mit einer Gruppe, nämlich der Familie, sind wir offensichtlich nicht in der Lage, eine größere Gruppe zu bewältigen. Werden größere Teams zusammengestellt, so bilden sich sofort informelle Untergruppen von ca. 4–5 Leuten. Diese bilden sich aufgrund von Freundschaft und Sympathie und nicht aufgrund des Auftrages, den das Team zu erfüllen hat. Von daher sollte ein Team die oben genannte Größe nicht übersteigen, bzw. sollten die Arbeitsbereiche sinnvoll aufgeteilt werden.

Ein weiterer entscheidender Grund ist das Kommunikationsverhalten in Gruppen. Untersuchungen haben gezeigt, dass sich der

Prozentsatz der Personen, die Ideen haben, sie aber nicht äußern, bei steigender Teamgröße zunehmend erhöht. Bereits bei 4 Personen bleiben 10 % der Ideen ungesagt, bei 10 Personen sind es bereits 20 %.

Ebenso steigt der Prozentsatz der Personen, die während einer Diskussion nie sprechen bei steigender Teamgröße beständig an. Während es bei einer Teamgröße von 5 Personen fast gar nicht vorkommt, ist es bei einer Größe von 10 bereits eine Person, die nie etwas sagt (Wahren 1994).

Neben diesen kommunikativen Verhaltensweisen hängt die Festlegung der Teamgröße natürlich auch von dem Arbeitsauftrag und den kommunikativen Kompetenzen der Teammitglieder ab. Daraus ergeben sich folgende Orientierungspunkte:

- Je mehr es auf die kommunikative Einbeziehung und die Ideen eines Teams ankommt (z. B. in einem Marketingteam), desto kleiner sollte das Team sein.
- Je mehr es auf die Erfüllung eines Arbeitsbereiches ankommt und damit der kommunikative Aspekt etwas in den Hintergrund rückt (z. B. bei der aufgeteilten Arbeit eines Buchhaltungsteams), desto größer kann das Team sein.

Woran merke ich, dass das Team nicht die richtige Größe hat?
Wenn ein Team zu **klein** ist, sind die Auswirkungen:
- Die geforderten Leistungen werden nicht erreicht.
- Termine werden nicht eingehalten.
- Die Teammitglieder machen häufig Überstunden und klagen darüber.
- Wichtige Details werden vergessen.
- Spezialwissen muss häufig von außen abgerufen werden.

Wenn ein Team zu **groß** ist, sind die Auswirkungen:
- Die Teammitglieder wissen nicht, was die anderen machen.
- Es findet zu wenig persönliche Zusammenarbeit statt, so dass es entweder zu Doppelarbeit kommt oder aber zu Lücken im Ablauf.
- Wichtige Ereignisse und Probleme gehen an einigen Mitgliedern völlig vorbei.
- Informationen fließen zu langsam.

- Die Entscheidungsfindung ist zu langwierig oder einige Mitglieder sind nicht mit einbezogen.
- Es bilden sich Untergruppen und Cliquen.

Diese Anzeichen können auf eine inadäquate Teamgröße hinweisen, können aber auch Anzeichen für Schwierigkeiten und Spannungen in den Beziehungen sein. Bevor also in die Teamstruktur eingegriffen wird, sollten diese Anzeichen sorgfältig analysiert werden. Hier können die Teammitglieder häufig selbst am besten Auskunft geben. Betrifft es allein die Teamgröße, so wird dies auch in den Kommentaren der Teammitglieder deutlich („Uns fehlen einfach Leute.", „Man kennt sich ja kaum noch." u.ä.).

3.3 Merkmale eines Teams

Damit sich ein Team bilden kann sind verschiedene Aspekte zu berücksichtigen, die für alle Entwicklungsphasen wichtig sind. In Experimenten wurde nachgewiesen, dass es sechs Bedingungen gibt, damit sich ein Team auch als solches fühlt (Rosini 1996).

(1) Kommunikation und Interaktion: Die Teammitglieder müssen die Möglichkeit zur direkten Interaktion und Kommunikation haben, d. h. sie müssen sich sehen und sprechen. Dies ist nicht zu verwechseln mit Informationsaustausch. Auch wenn dieser sichergestellt sein muss, so müssen die Teammitglieder die Chance zu einem direkten Kontakt haben. Alle modernen „Kommunikationsmedien" können den direkten Kontakt nicht ersetzen. Nur so können die Teammitglieder sowohl auf der Sach- als auch auf der Beziehungsebene miteinander kommunizieren und die erforderlichen Aufgaben übernehmen. Gleichzeitig müssen die Teammitglieder auch in ihrer Kommunikationsfähigkeit geschult werden.

(2) Persönliche Motivation: In jeder Person wohnt eine Kraft, die nach höherer Leistung, Wachstum und persönlicher Erfüllung strebt. Diese Kraft ist zwar in den Menschen unterschiedlich stark vorhanden, aber jedes Individuum hat den Drang zu arbeiten und produktiv zu sein (Buller, 1986). Wenn ein Teammitglied also nicht hinreichend motiviert ist, liegt es mit hoher Wahrscheinlichkeit an den Bedingungen des Teams (Arbeitsauftrag, Personen, etc.).

(3) Aktivitäten: Jedes Teammitglied braucht eine klare Aufgaben- oder Rollenzuweisung, um für sich einen Sinn im Team zu sehen.

(4) Gefühle: Die Teammitglieder müssen eine Gemeinsamkeit auch auf dem emotionalen Sektor haben, sonst wird es schwierig, sich als Team zu fühlen. Um aufkommende Schwierigkeiten zu meistern ist ein positives Grundgefühl gegenüber den Teammitgliedern wichtig („Die find ich nett."). Sind z. B. alle Teammitglieder sehr ehrgeizig und ordnen alles in ihrem Leben dem Beruf unter, werden sich alle Teammitglieder einig darin sein, ständig und ohne Murren Überstunden zu leisten.

(5) Verhältnis zur Umgebung: Eine klare Absprache über das Verhältnis zu anderen Teams, zum Management, zum Kunden etc. wird die Zusammengehörigkeit festigen. Dies sollte allerdings nicht in die Suche nach Feindbildern ausarten, sondern die Erwartungen an die Umgebung klären helfen.

(6) Akzeptanz: Die gegenseitige Akzeptanz ermöglicht die Identifikation mit dem Team.

(7) Gemeinsames Ziel: Nur ein gemeinsames Ziel wird all die Voraussetzungen mit Leben erfüllen und sollte deshalb bei der anfänglichen Bildung des Teams abgeklärt werden.

(8) Aufgabenspezifische Kräfte: Die Arbeitskraft der Teammitglieder kann sich nur dann auf die Aufgabe konzentrieren, wenn
(a) die Klarheit der Erwartungen, Ziele und Positionsanforderungen in Zusammenhang mit der Aufgabe stehen.
(b) die individuellen Kenntnisse und Fähigkeiten zur spezifischen Aufgabe passen.
(c) die dafür bereitgestellten Werkzeuge hilfreich sind, um diese Aufgabe zu erfüllen.

3.4 Zusammensetzung der Teammitglieder

Bei der Entscheidung für die Zusammensetzung des Teams spielen in der Regel die fachlichen Qualifikationen der einzelnen Personen die zentrale Rolle. Dabei sollte aber nicht außer Acht gelassen werden, dass ein Team sich nicht aus Qualifikationen zusammensetzt, sondern aus Menschen mit verschiedenen Persönlichkeiten.

Für die Zusammensetzung von Persönlichkeiten (aber auch für das Fachwissen) gilt:

„So heterogen wie möglich, so homogen wie nötig".

Wenn die Teammitglieder hinsichtlich Alter, Geschlecht, Ausbildung, Herkunft, Qualifikation zu homogen sind, entwickeln sich die so genannten „blinden Flecken" in der Wahrnehmung, weil alle der gleichen Meinung sind oder das gleiche Vorgehen bevorzugen. Dies führt zwar zu einer großen Harmonie, denn immerhin sind sich alle einig, aber es ist nicht zuträglich für das Fortkommen der Teamaufgabe. Es kann sogar fatal sein, wenn wichtige Aspekte von niemandem gesehen oder hinterfragt werden. Auf der anderen Seite darf die Zusammensetzung nicht so heterogen sein, dass eine gemeinsame Kommunikationsebene kaum zu erreichen ist. In Experimenten konnte nachgewiesen werden, dass Homogenität umso nützlicher ist, je kürzer die Zusammenarbeit ist. Heterogenität ist jedoch zu bevorzugen, wenn das Team auf eine längere Dauer angelegt ist. Jedoch bedarf es Mitglieder, die zwischen den Gegensätzen vermitteln können (Schmidbauer, 1999).

4. Von der Familie zum Team

Wir machen unsere ersten Teamerfahrungen in unserer Familie. Unabhängig davon wie groß die Familie war, wie die wirtschaftliche Situation oder das Wohnumfeld war, wir werden in ein bereits bestehendes System hineingeboren. Entweder waren die Eltern schon da, die ein Paarsystem bildeten oder es waren schon Geschwister da, so dass sich bereits ein Familiensystem entwickelt hatte. Von daher sind wir davon abhängig, dass die Bezugspersonen uns Platz machen, – in emotionaler wie in tatsächlicher Hinsicht. Das System wird also eine Veränderung erfahren. Mit zunehmender körperlicher und geistiger Entwicklung lernt das Kind, sich in diesem Familiensystem durchzusetzen. Durch die Gefühle der Zugehörigkeit und des Einflusses auf dieses Familiensystem entstehen starke emotionale Bindungen. In der Familie lernen wir die Tricks und Kniffe, mit denen wir uns in diesem System, bei diesen Menschen durchsetzen. Kinder bekommen ganz schnell heraus, ob sich die Eltern in Erziehungsfragen einig sind, wen sie als Jugendliche am besten um Geld anpumpen können, und wie man am besten kleine und große Geschwister ärgert oder je nach Bedarf sich mit ihnen verbündet.

Das Verhalten der Eltern, Geschwister und weiterer Bezugspersonen in der Familie bietet dem heranwachsenden Kind ein Modell für sich selbst. Mit allem, was die Eltern tun oder lassen, senden sie zugleich auch Botschaften an das Kind. Sie bilden die Grundlage für seine Entscheidung, wie man in dieser Welt mit anderen umgeht und am besten überlebt.

Bei einem Eintritt in eine neue Gruppe wiederholen sich unbewusst die in der Familie erlernten Muster für soziale Beziehungen.

Es ist immer wieder erstaunlich, wie wir bei jedem Eintritt in eine neue Gruppe auf die alten Erfolgsstrategien zurückgreifen. Wir sind wieder genauso witzig, intelligent, schweigsam, charmant oder beobachtend wie wir es schon immer waren. Ob das für die aktuelle Situation überhaupt passend und angebracht ist, können wir häufig gar nicht erkennen. Und wenn wir es erkennen, fällt uns trotzdem nichts Besseres ein. Da nimmt sich die Stille noch so sehr vor, diesmal als erste das Wort zu ergreifen und dann kommen ihr die anderen doch wieder zuvor. Der Clown nimmt sich ganz fest vor, sich dieses Mal nicht mit einem schlechten Witz zu blamieren und kann es doch nicht lassen, einen witzigen Kommentar zum Besten zu geben.

In der Familie lernen wir auch den Umgang mit der Sach- und Beziehungsebene.

Wenn die Eltern den Kontakt zu den Kindern nur suchen, wenn es um schulische Dinge geht, werden die Kinder ein Beziehungsmodell verinnerlichen, das sie glauben lässt, man könne nur auf der Sachebene eine Beziehung herstellen. Hier fehlt vielleicht nicht die Anerkennung, aber das Kind hat nie die Möglichkeit, über Ängste oder Freuden zu sprechen und sich an „sinnlosen" Dingen zu erfreuen.

> Frau Rechwald, die Mutter von Eduard, legt sehr viel Wert auf die Ausbildung ihrer Kinder, da ihr dies in ihrer Jugend aufgrund der schwierigen finanziellen Verhältnisse nicht möglich war. So wird Eduard bereits im Kindergarten zu allen möglichen Kursen gebracht, damit er „optimal gefördert" wird. Mit Eintritt in die Schule geht ihre Konzentration völlig auf die Schulleistungen ihres Jungen. Eduards jahrelanges Nägelkauen hält sie für eine unnötige Marotte, der sie weiter keine Beachtung schenkt. Eduard entspricht den Erwartungen der Mutter und vollendet die Schule und die Ausbildung erfolgreich. Er hält es selber für sehr wichtig beruflich voran zu kommen. Der fehlende Kontakt zu Freunden hat er immer damit begründet, dass er keine Zeit hat für die Albernheiten seiner Schul- und Studienkameraden. Er kann auch nicht verstehen, warum die Frauen kein Interesse an ihm haben, wo er doch einiges zu bieten hat.

Wächst das Kind in einer warmen, kommunikativen Umgebung auf, in der aber keinerlei Strukturen eingehalten werden, so wird es später sicherlich auch Schwierigkeiten haben, diese Strukturen einzuhalten, oder es wird überkompensieren und sehr viel Struktur einfordern und bei jedem freien Gedankenfluss sofort das Chaos wieder ausbrechen sehen.

> Carlos wuchs in einer Familie auf, in der es immer lebendig und laut war. Jeder wollte seine Geschichten erzählen. Wenn er und seine Geschwister aus der Schule kamen, buhlten sie durch Lautstärke darum,

wer am besten die neuesten Schulgeschichten los wurde. Dabei regten sich alle immer fürchterlich über die Lehrer auf. Es kam auch schon mal vor, dass für den einen oder anderen Lehrer oder Lehrerin geschwärmt wurde. Die Eltern fanden dies alles sehr amüsant und hörten die Geschichten gerne. Sie freuten sich auch immer, wenn eines der Kinder noch Freunde mit nach Hause brachte, was auch ziemlich häufig vorkam. Auch wenn die Familienmitglieder zusammen hielten, waren sie durch den Beruf des Vaters häufig gezwungen umzuziehen. Auch dies war für die Mutter immer wieder ein neues Abenteuer. Die Neugierde auf die neue Umgebung ließ sie auch schon mal vergessen, die letzten Kisten auszuräumen. Die Unordnung im Haus störte sie nicht. Bei vier Kindern erschien ihr der Versuch einer Ordnung sowieso hoffnungslos.

Auch wenn der Teamleiter nicht immer die familiären Hintergründe der Teammitglieder kennt, sollte er diese im Bewusstsein haben, besonders wenn das Verhalten eines Teammitglieds aus der aktuellen Situation heraus unerklärlich erscheint.

Erfahrungsgemäß suchen wir uns die Arbeits- und Teamstrukturen, die unseren früheren Familienstrukturen entsprechen. Das geht manchmal so weit, dass Personen bei einem Team bleiben, das von der Mitgliederzahl genau der Familiengröße entspricht. Nicht selten passieren in der Wahrnehmung Überlappungen mit früheren Beziehungen und Ereignissen.

So muss jede Teamleiterin und jede Vorgesetzte immer berücksichtigen, dass sie die Elternbilder wieder belebt. Mit Vorgesetzten verbringen wir täglich mehr Zeit als wir wahrscheinlich mit unseren Eltern verbracht haben. Von daher ist die Verführung groß zu versuchen, alle ungeklärten Aspekte der Eltern-Kind-Beziehung in der Vorgesetzten-Mitarbeiter-Beziehung zu klären. So kann es passieren, dass ich nie genügend Anerkennung von meinem Vater bekommen habe. Nun brauche ich von meinem Vorgesetzten mehr Anerkennung als dieser bereit ist zu geben. Nicht selten suche ich mir auch noch einen Vorgesetzten, der genauso mit Anerkennung geizt.

Besonders zu Beginn der Teamentwicklung wiederholen sich unbewusst die Modelle der frühen Beziehungen. Dies dauert so lange, bis eine befriedigende und angstfreie Kommunikationsstruktur gefunden wurde.

Viele Aspekte des Rollenverhaltens der Teammitglieder lassen sich aus diesen frühen Erfahrungen erklären. Gleichsam als Erbe wird dieses Verhalten in das Team eingebracht. Die Festlegung auf eine bestimmte Rolle führt allerdings dazu, dass nur bestimmte Verhaltensweisen von einzelnen Rolleninhabern praktiziert und erlernt werden. Potentielle Anlagen der anderen kommen nicht zur Entfaltung, das Reservoire des Teams wird nicht voll ausgeschöpft. Die Teammitglieder delegieren also bestimmte Fähigkeiten und Verhaltensweisen auf ein bestimmtes Teammitglied, das diese Delegation auch annimmt. Stellt das Team fest, dass ein Teammitglied besonders gut mit Zahlen umgehen kann, so legen die anderen diesem Teammitglied ihre Zahlen immer noch einmal zur Kontrolle vor. Es entlastet sie, weil sie wissen, sie müssen nicht so genau rechnen, weil das Teammitglied die Fehler viel schneller entdeckt. Es führt aber zu einer Überlastung dieses Teammitgliedes, weil es die Arbeit der anderen kontrollieren soll. Das Ergebnis ist eine Verfestigung der Rolle. Ein Teammitglied ist ein Rechengenie, die anderen lassen in ihren Rechenleistungen immer mehr nach, weil sie sich auf das Rechengenie verlassen. Solche Delegationen passieren sehr schnell und jedes Teammitglied muss für sich selbst aufpassen, ob es diese Delegation annehmen möchte oder nicht. Da genau diese Delegationen häufig bereits in der Familie vorkamen, fällt es dem Teammitglied erst einmal gar nicht auf. Es fühlt sich wohl in seiner vertrauten Rolle. Das nimmt die Ängste der ersten Teamphase. Erst später merkt es die Überlastung und versucht eventuell einen Rollenwechsel. Von daher kann es für jedes Teammitglied hilfreich sein, die Delegationen aus der Familie zu kennen, um direkt zu Beginn der Teamentwicklung bewusst entscheiden zu können, ob es diesen Auftrag annehmen will oder nicht. Denn nur weil ich in der Familie immer die Verantwortung für alle übernommen habe, muss dies nicht automatisch bedeuten, dass ich dies auch im Team machen muss.

So bringt jeder Erwachsene aus seiner Familie das mit, was er in seiner persönlichen Geschichte noch nicht erledigt und gelernt hat. So ist es auch nicht verwunderlich, dass ein häufiger Satz, den ich von Teamleitern höre, etwa folgender ist: Hier geht es zu wie in einem Kindergarten.

Genauso wie die Teammitglieder untereinander die Geschwisterthemen aufleben lassen, werden die Erfahrungen mit den Eltern zunächst auf den Teamleiter übertragen. Die Leitungsposition teilt sich in zwei Leitungsrollen, die in etwa den Erfahrungen mit Vater und Mutter entsprechen. Diese Rollen sind nicht an das entsprechende Geschlecht gebunden, sondern sie entscheiden sich aus den Eigenschaften des Teamleiters und aus den Bedürfnissen des Teammitgliedes.

> Einem Teamleiter war es sehr wichtig, seine Teammitglieder gut zu kennen und ihre Beweggründe zu verstehen. Er gab sich große Mühe, auch die privaten Zusammenhänge zu verstehen und die beruflichen Pläne zu kennen und zu berücksichtigen. Dadurch verbrachte er sehr viel Zeit mit jedem einzelnen Teammitglied und hörte allen aufmerksam zu. Die Teammitglieder waren dankbar, endlich einmal einen Teamleiter gefunden zu haben, der sich auch für sie als Person interessierte. Umso erstaunter waren sie, als derselbe Teamleiter, der gerade noch eine so fürsorgliche Seite gezeigt hat, plötzlich sehr klar Leistungen verlangte.

Besonders das Thema Anerkennung wird von den meisten Teamleitern unterschätzt. Wahrscheinlich haben wir alle zu wenig Anerkennung in unserem Leben erhalten, so dass wir als Erwachsene immer sehr darauf angewiesen sind. Wir sind alle sehr hungrig nach Anerkennung, weil wir als Kinder nicht hinreichend „gesättigt" worden sind. Entweder war die Leistung, die wir erbracht haben noch nicht genug („Wenn es eine 2 ist, hätte es ja auch eine 1 sein können, wenn du dich ein bisschen mehr angestrengt hättest.") oder sie wird für selbstverständlich erachtet („Ich habe von dir ja auch nichts anderes erwartet.").

In den meisten schlummert eine Unsicherheit über die eigene Leistung, so dass sie sich nur sicher sind, wenn sie von anderen eine Rückmeldung bekommen. Dabei zählt die Rückmeldung der Teamkollegen (Geschwister) nicht soviel wie die Rückmeldung des Teamleiters (Eltern). Ich musste mir auch erst nach Beschwerden angewöhnen, Rückmeldungen zu wiederholen, die von Gruppenmitgliedern bereits gesagt wurden. Für das betreffende Teammitglied hat es emotional eine andere Wirkung, wenn das Gleiche noch einmal vom Teamleiter kommt.

Ein Teamleiter, der im Gespräch mit anderen Kollegen immer wieder die hohen Fähigkeiten seines Teams hervorhob, dies aber nie dem Team selber sagte, wurde zusehends genervt von einem Teammitglied, das jeden Tag mindestens einmal in seinem Zimmer stand und für alle wichtigen und unwichtigen Vorgänge von ihm eine Rückmeldung wollte. Er spürte, dass das Teammitglied hören wollte, dass es seine Arbeit gut machte. Der Teamleiter hielt dies allerdings für albern. Denn er nahm an, dass das Teammitglied doch wissen müsse, dass es gute Arbeit leiste.

Natürlich kann eine Teamleiterin nicht alle unerfüllten Bedürfnisse, die an die Adresse der Eltern gehen, erfüllen. Wenn sie sich dennoch bewusst ist, dass sie durch alles, was sie tut oder lässt, Erwartungen erfüllt oder Enttäuschungen auslöst, die mit ihr ursächlich nichts zu tun haben, wird sie entspannter auf scheinbar unerklärliche Reaktionen der Teammitglieder reagieren können.

5. Teamentwicklung in Firmen

Das gemeinsame Ziel eines jeden Teams ist die Entwicklung oder Erhaltung von Kompetenz, um die anstehenden Aufgaben optimal erfüllen zu können. Der Erfolg der Teamarbeit hängt aber nicht nur vom Wissen der einzelnen Teammitglieder ab, sondern die Teamkompetenz schließt auch die soziale Lernfähigkeit des Teams mit ein. Aber kaum jemand, der nach der Ausbildung in das Berufsleben eintritt, verfügt über das für Teamarbeit erforderliche professionelle Repertoire an sozialen Fähigkeiten: Aufmerksamkeit, Zuhören können, Entscheidungen finden, Konflikte lösen, Anerkennung geben und nehmen. Jedes Team ist also immer auch eine Lerngruppe. Und selbst Teammitglieder, die schon in anderen Teams waren, werden mit jeder neuen Teamzugehörigkeit wieder neue Erfahrungen machen, genauso wie sie alte Erfahrungen einbringen können.

Jedes Team durchläuft Entwicklungsphasen. Wenn eine Organisation oder ein Teamleiter es versteht, die Entwicklungsstufen eines Teams zu erkennen und diese günstig zu beeinflussen, werden bestimmte Verhaltensweisen verständlich und können zur Weiterentwicklung des Teams genutzt werden.

Ich möchte ein Modell der Teamentwicklung in vier Phasen vorstellen, mit dem jeder schnell erkennen kann, in welcher Entwicklungsphase sein Team steckt und welche Aufgaben zu erfüllen sind. Es hilft Teamleitern oder Personen, die für Personalentwicklung zuständig sind, zu erkennen, wann ein Team Hilfe für seine Weiterentwicklung braucht. Die meisten Teams verharren an den Übergängen von einer zur nächsten Phase und brauchen dort einen kleinen Anschub, um sich in die nächste Phase zu wagen, oder aber sie haben Aspekte einer vorherigen Phase nicht hinreichend beachtet und bearbeitet, so dass die Weiterentwicklung blockiert ist.

Das Team der Firma Bacher

Aber zunächst möchte ich das Team der Firma Bacher vorstellen:

In der Firma Bacher, ein mittelständisches Unternehmen, gibt es ein Team, das uns nun durch dieses Buch begleiten wird. Wir werden mit ihm durch die

Tücken der Teamentwicklung gehen und sehen welche Hindernisse und welche Erfolge das Team erlebt.

Das Team besteht aus 5 Personen, die alle schon lange zusammen arbeiten.

Da ist zunächst

Abraham, ein kleiner untersetzter Mann von 57 Jahren, ein eher ruhiger Typ. Er ist seit 20 Jahren in der Firma und hat seitdem immer im gleichen Fachbereich gearbeitet. Von daher verfügt er über ein großes Wissen, die Umstellung auf neue Technologien fällt ihm aber immer schwerer. Er ist sehr belesen und seine Allgemeinbildung ist für die anderen immer wieder erstaunlich. Es fällt ihnen aber auch schwer, seine zeitweilige Begeisterung für literarische Werke zu teilen. Meistens kennen sie sie nicht einmal.

Carlos ist ein charmanter, gut aussehender 32-jähriger Mann, der sich selber gerne reden hört, selbst dann noch, wenn er von einer Sache nichts versteht. Er ist seit 10 Jahren in der Firma, hat in verschiedenen Abteilungen gearbeitet und verfügt über gutes Fachwissen, neigt aber manchmal zu Flüchtigkeitsfehlern, die er nicht als so problematisch ansieht, die den anderen aber das Leben schwer machen können.

Hilde ist 47 Jahre alt, ruhig und macht ihre Arbeit sehr gewissenhaft. Sie weiß oft mehr als die anderen, was aber keiner mitbekommt, da sie dies nicht öffentlich mitteilt. Sie ist seit 7 Jahren bei der Firma. Sie redet nicht gerne über sich persönlich, hält auch sonst nicht viel von Tratschen, sondern bemüht sich, die Arbeit schnell und effizient zu erledigen.

Eduard ist ein ehrgeiziger junger Mann, 24 Jahre alt, sehr ordentlich und eher konservativ in der Kleidung und Ansichten. Bei Vorgesetzten kommt er deshalb gut an. Kollegen sind da schon weniger begeistert, Frauen finden ihn einfach langweilig. Er hat direkt nach seinem Studium in der Firma angefangen, ist ambitioniert, wirkt dadurch auf die anderen manchmal etwas übereifrig, verfügt aber aufgrund des Studiums über gutes Grundlagenwissen.

Ruth ist die Teamleiterin, sie ist 42 Jahre alt, weiß was sie will, hat viel Fachkompetenz und kann ihre Vorschläge oft durchsetzen, weil sie einleuchtend sind. Das Team mag sie, weil sie ihre Interessen vertreten kann, aber manchmal ist sie ihm auch etwas zu forsch. Sie wurde vor 5 Jahren als Teamleiterin eingestellt. Es war ihre erste Stelle, in der sie Personalverantwortung übernommen hat. Das Team ist in dieser Konstellation seit 2 Jahren zusammen.

In dieses Team soll ein neues Teammitglied aufgenommen werden, weil die Arbeit für die 5 Personen alleine nicht mehr zu bewältigen ist. Das neue Teammitglied ist

Belinda 25 Jahre alt, hübsch, agil und immer offen für Neues. Sie wurde wegen ihrer fachlichen Qualifikation und der Lebendigkeit, die sie in das Team bringen soll, ausgewählt. Neben ihrer Berufsausbildung hat sie eine zusätzliche Fachqualifikation, die sonst niemand im Team hat.

Gleichzeitig muss sich das Team auf eine neue Systemsoftware einstellen, die demnächst installiert werden soll. Die alten Arbeitsvorgänge müssen mit anderen Teams koordiniert werden, um die Software firmenspezifisch zu konfigurieren.

5.1 Erste Phase: Zugehörigkeit

Abb. 4: Die Integration in der Zugehörigkeitsphase

Vor den Erfolg haben die Götter die Achtsamkeit gesetzt.

Immer dann, wenn ein Team neu zusammengesetzt wird oder eine Veränderung in der Teamzusammensetzung vorgenommen wird, muss sich das Team mit dem Thema Zugehörigkeit auseinander setzen.

Genau genommen hat die Phase der Zugehörigkeit aber noch eine Vorphase. Denn bevor ein Team zusammenkommt, haben sich die Teammitglieder entweder für die Teilnahme an diesem Team entschieden oder mussten aufgrund von Sachzwängen Mitglieder werden oder wurden von den Vorgesetzten ausgesucht. Die Mitglieder haben sich also mehr oder weniger intensiv mit dem zukünftigen Team befasst, sei es durch Phantasien, die Vorbereitung oder durch die Auswahl.

Diese Vorgeschichte hat einen Einfluss auf den Anfang des Teams und muss berücksichtigt werden.

In der eigentlichen Zugehörigkeitsphase werden die Personen versuchen, das richtige Maß an Kontakt zu finden, um sich kennen zu lernen. Manche Leute sind neugierig, arbeiten mit Vorliebe in einem Team, fangen gerne eine Unterhaltung an und begrüßen neue Kollegen. Andere Leute bevorzugen es, alleine zu bleiben. Sie sind lieber für sich, wirken reservierter, fangen selten eine Unterhaltung an.

Als neues Teammitglied möchte ich zunächst herausfinden, wie und ob ich in das Team passe. Normalerweise beschäftige ich mich damit, bevor ich in das Team komme. Im ersten Stadium meiner Zugehörigkeit stelle ich mir die Frage, ob ich in diesem Team sein möchte oder nicht. Ich werde genau registrieren, ob ich Aufmerksamkeit erhalte, oder ob ich ignoriert werde. Ich werde sehr wohl registrieren, ob sich die Verantwortlichen Gedanken gemacht haben, wie mein Arbeitsplatz tatsächlich und inhaltlich aussehen soll. Wenn ich einen Schreibtisch vorfinde und sich jemand für meine Einarbeitung zuständig fühlt, dem ich auch die banalsten Fragen stellen kann, wird es leicht fallen, anzukommen.

Wenn ich unsicher bezüglich der Zugehörigkeit bin (weil ich z. B. zu oft in meinem Leben übersehen und vergessen worden bin), werde ich ein ich-zentriertes Verhalten an den Tag legen. Entweder sorge ich selbst dafür, dass mich die anderen wahrnehmen (aus der Sorge, dass die anderen dies nicht freiwillig tun werden), indem ich übermäßig viel rede und mich zur Schau stelle, oder ich sorge dafür, dass mich die anderen übersehen (weil ich mit der Aufmerksamkeit nicht umgehen kann), indem ich mich zurückziehe und der stille Beobachter werde.

Die Frage, ob ich in das Team will oder nicht, läuft eigentlich immer im Stillen ab. Das Teammitglied ist zwar anwesend, aber innerlich pendelt es eine ganze Weile hin und her: Ja, ich möchte in diesem Team sein, weil die Leute nett sind. Nein, ich möchte nicht in diesem Team sein, weil ich vielleicht so viel arbeiten muss, dass mein Privatleben darunter leiden wird. Dieses innere Hin und Her ist ganz normal. Da die Teammitglieder sich aber noch nicht kennen, spricht es niemand aus und jeder glaubt, nur er alleine habe diese Zweifel. Findet ein Teammitglied den Mut es anzusprechen, so können oft auch die anderen diese Zweifel zugeben. Ich habe immer wieder Teams getroffen, wo Einzelne das Gefühl hatten, ihren Platz noch nicht gefunden zu haben, aber sie glaubten, die anderen hätten dies längst geklärt. Hatten sie den Mut dies anzusprechen, so zeigte sich, dass es noch mehr Mitglieder gab, die ebenfalls mit dieser Frage kämpften.

Dieser innere Zweifel dient dazu, die Verbindlichkeit zu klären und sollte sehr ernst genommen werden. Jedes neue Mitglied muss sich entscheiden, wie viel Zeit und Energie es von anderen Aktivitäten abziehen und in das Team einbringen will. Es werden (meist nur innerlich) Fragen gestellt, so z. B.: Wie wichtig bin ich in diesem Team? Werden die anderen ein Interesse daran haben, wer ich bin und was ich kann? Werde ich mich von den anderen unterscheiden können?

Hierzu gibt es einen schönen Cartoon von Gary Larson: Tausende von identischen Pinguinen stehen auf einer Eisscholle. Mittendrin steht einer, der ein bisschen herausragt, und er singt: „Ich bin ich, einfach ich...".

Dieser Cartoon illustriert deutlich das Spannungsverhältnis der Zugehörigkeitsphase. Menschen wollen etwas Besonderes sein und sich gleichzeitig einer Gemeinschaft zugehörig fühlen.

Bei einem Einstieg in ein Team stellt sich dem neuen Mitglied die Frage, ob es seine Individualität aufgeben muss, um zu diesem Team dazuzugehören. Erst wenn es das Gefühl bekommt, dass die Zugehörigkeit und die Individualität keinen Widerspruch darstellen, kann es sich für das Team entscheiden.

> In ein Team soll ein junger Mann aufgenommen werden, der einen Ohrring trägt. In der Arbeitswelt war er schon oft auf seinen Ohrring angesprochen worden, er hat auch schon Ablehnung erfahren. Von daher war er zunächst misstrauisch, ob das Team seinen Ohrring akzeptieren würde. Erst als er merkte, dass die Teammitglieder kein großes Aufsehen um den Ohrring machten, konnte er sich in dem Team wohl fühlen. Die anderen Teammitglieder akzeptierten den Ohrring als Ausdruck seiner Individualität.

Dies trifft auf alle Eigenschaften zu, die jeder in das Team bringt. Nur wenn ich sicher sein kann, dass ich in diesem Team mit meinen Eigenschaften und meinen Eigenarten akzeptiert werde, kann ich mich für das Team entscheiden. Jeder kennt das Gefühl, wenn er sich in einer Gruppe von Menschen befindet, die sich im Erscheinungsbild oder der Ausdrucksform deutlich von einem selbst unterscheiden. In einer solchen Gruppe wird es mir schwer fallen, meinen Platz zu finden. Wahrscheinlich will ich ihn auch gar nicht finden.

Von daher trifft man in einem Team häufig Menschen an, die sich im Erscheinungsbild und Ausdrucksform nicht zu sehr unterscheiden. Inwieweit es dem Team aber auch einmal gut täte, sich mit Andersartigkeit auseinander zu setzen, sei hier einmal dahingestellt.

Um diese Balance zwischen Individualität und Team herzustellen, spielt die **Achtsamkeit** eine wesentliche Rolle. Aber was ist Achtsamkeit überhaupt? Die einen verstehen darunter Höflichkeit, die anderen Aufmerksamkeit. Aber es ist noch mehr.

Achtsamkeit ist eine bewusste, aufnahmebereite Hinwendung zum anderen, die die Achtung gegenüber jeglicher Lebensform mit einschließt.

Da ich den anderen noch gar nicht kenne, versuche ich meine Vorurteile und vorschnellen Urteile zu zügeln, um mir den Menschen erst einmal richtig anzuschauen, ihm zuzuhören und zu zeigen, dass ich ein Interesse an ihm habe. Achtsamkeit bedeutet indessen, in der Zugehörigkeitsphase den anderen in seiner Andersartigkeit zu sehen, zu achten und es auszuhalten, noch nicht jedes Verhalten zu verstehen. Indem ich auch an „Kleinigkeiten" denke, vermittele ich dem anderen, dass es mir wichtig ist, dass er sich wohl fühlt, und es mir ebenso wichtig ist, dass er von sich erzählt.

Hier sind kleine Gesten von großer Wirkung. Wenn z. B. in einer Teambesprechung jemand daran denkt, einen Stuhl für das neue Teammitglied hinzustellen, wird sich dieses mehr willkommen fühlen, als wenn es sich den Stuhl selber holen muss und alle erst umständlich rutschen müssen. Es tut auch gut, wenn bereits am ersten Arbeitstag das Namensschild an der Tür steht. Diesen kleinen aber wichtigen Gesten wird in der Zugehörigkeitsphase (und leider auch später) viel zu wenig Beachtung geschenkt.

Ein weiteres wichtiges Hauptthema der Zugehörigkeit sind **Grenzen**. Ein neues Teammitglied tritt in das Team ein, und das Team muss dem neuen Mitglied Platz machen, damit es sich zugehörig fühlen kann. Hier ist es die Aufgabe des Teamleiters, bereits im Vorfeld die Teammitglieder auf das neue Teammitglied vorzubereiten. Wird ein Team ganz neu gegründet, hält er bereits Kontakt mit den zukünftigen Teammitgliedern und informiert sie über die Entwicklung der Teamzusammenstellung.

Ebenso müssen die formalen Grenzen eines Teams (Anzahl der Mitglieder, Verpflichtungen, Häufigkeit der Meetings, etc.) als äußere Grenze bei Eintritt abgeklärt werden. Sie helfen den Personen sich zu entscheiden, ob sie die Modalitäten des Teams akzeptieren können. Werden die formalen Grenzen nicht eindeutig gezogen, verständlich dargelegt und unmissverständlich in Regeln und Absprachen festgehalten, hat das Team keine Chance sich weiterzuentwickeln.

Zu diesen formalen Grenzen gehört auch, dass jedes Teammitglied genau weiß, wer zu diesem Team gehört und wer nicht. Schaffen es die Verantwortlichen nicht, klar zu definieren, wer Teammitglied ist und wer nicht, bleibt das Team in der Zugehörigkeitsphase stecken.

In der Phase der Zugehörigkeit stellt sich für das Mitglied offen oder verdeckt, bewusst oder unbewusst die Frage, ob es **rein oder raus** will.

Damit eine Person sich für ein Team entscheiden kann, muss

(1) das äußere Setting und damit die äußeren Grenzen klar abgesteckt und damit berechenbar sein.

(2) der Person im Team Platz gemacht werden, damit sie sich wichtig fühlt.

(3) allen Beteiligten klar sein, wer zum Team dazugehört.

(4) für das neue Teammitglied deutlich sein, warum es für das Team wichtig ist.

Der **Platz** ist ein weiterer wichtiger Aspekt in der Zugehörigkeitsphase. Wenn ein neues Teammitglied ankommt und sieht, dass ein Arbeitsplatz vorbereitet ist, und das Team sich Gedanken darüber gemacht hat, wie das Arbeitsfeld geändert werden muss, wird sich das neue Teammitglied berücksichtigt und wichtig fühlen. Es muss vorgestellt und die Arbeitsplatzsituation neu organisiert werden.

Eine zufrieden stellende Lösung der Zugehörigkeitsthematik ist immer zweigleisig. Das neue Teammitglied muss sich einfügen, und die alten Teammitglieder müssen der neuen Person Platz machen.

Ich habe häufig beobachtet, dass ein Team große Widerstände hatte, die Zugehörigkeit erneut zu bearbeiten (besonders wenn das Team vorher gut zusammengearbeitet hat), wenn ein neues Teammitglied anfängt. Wird aber die Zugehörigkeitsthematik entweder vom Teamleiter oder den Teammitgliedern ignoriert, so führt dies unweigerlich zu einem Verharren in dieser Phase und die Produktivität der Gruppe kann sich nicht entwickeln.

Das neue Teammitglied wird sich wichtig fühlen, wenn die alten Teammitglieder es berücksichtigen und bemerken. Gleichzeitig muss das neue Teammitglied entscheiden, wie stark es sich für das neue Team verpflichten will. Wie viel Energie will diese Person von anderen Aktivitäten abziehen, um diese ins Team zu investieren? Das neue Teammitglied wird entscheiden, wie viel Kontakt, Interaktion und Kommunikation es haben möchte.

Die Teammitglieder werden zunächst einmal nach Harmonie suchen. Sie möchten es „nett" im Team haben. Der berühmte Small Talk dient dazu, die andere Person kennen zu lernen, ohne sich in den eigenen Einstellungen und Gefühlen zu weit vorzuwagen. Nur wenn alle Teammitglieder sich in dieser ersten Situation wohl fühlen, werden sie das Gefühl bekommen: Ja, hier ist es angenehm, hier möchte ich mitarbeiten. Es wird also den Teammitgliedern in erster Linie um ein harmonisches Verhältnis untereinander gehen. Selbst wenn die Teammitglieder etwas stören sollte, werden sie es mit großer Wahrscheinlichkeit nicht ansprechen, sondern erst einmal abwarten.

Nur auf dieser Grundlage sind die Teammitglieder auch in der Lage, eine verbindliche Zusage für das Team zu geben. Von daher sind harte Themen, Auseinandersetzungen, Konfrontationen usw. in der Anfangsphase unangebracht. Die Teammitglieder sollen sich kennen lernen und erzählen, wie sie in das Team kamen, was ihre Motivation und eventuellen Widerstände waren, und ob diese behoben wurden.

Ein weiterer wichtiger Aspekt der Zugehörigkeit ist die Entscheidungstransparenz über die Zusammensetzung des Teams. Die Teammitglieder müssen verstehen, warum genau sie zu diesem Team zusammengeführt wurden. Dies bedeutet, dass alle erkennen können, dass die anstehenden Aufgaben und Probleme nur mit dieser spezifischen Teamzusammensetzung zu lösen sind. Es muss den Teammitgliedern vermittelt werden, dass sie dazugehören, nicht nur weil sie eine bestimmte Fähigkeit oder Fertigkeit besitzen, sondern auch um sich selbst, das Team, das Arbeitsumfeld und die Firma als Ganzes zu verbessern.

In dieser ersten Phase der Teamentwicklung muss der Teamleiter die Aufgabe der Strukturierung und Organisation übernehmen, so dass die anfänglichen Unsicherheiten der Teammitglieder aufgefangen werden. Erst in späteren Phasen können die Teammitglieder eigenverantwortlich damit umgehen. Zu Beginn erwarten sie diese Informationen und Orientierungen vom Teamleiter.

Am Ende der Zugehörigkeitsphase muss das Teammitglied das Gefühl haben, „zu Hause angekommen zu sein".

Die Stichworte zum Thema Zugehörigkeitsphase sind:

- gegenseitiges Kennenlernen
- Harmonie
- Platz suchen und finden
- äußere Grenzen abklären
- Verpflichtung (commitment)
- wichtig sein
- gesehen werden
- Achtsamkeit
- nett zueinander sein
- Unsicherheit der Teammitglieder
- Wahrung von Distanz
- keine festen Bindungen
- geringe Übernahme von Verantwortung durch die Teammitglieder
- klare Strukturen durch den Teamleiter

Was ist in der Zugehörigkeitsphase des Teams der Firma Bacher passiert?

Ruth hat Belinda mit dem Abteilungsleiter zusammen ausgesucht. Ruth war von Belindas Energie angetan und sie erhofft sich eine Unterstützung von ihr, denn innovative Ideen, wie z. B. die neue Systemsoftware, werden vom Team immer eher zurückhaltend aufgenommen. Das Team möchte am liebsten, dass alles so bleibt wie es ist. Ruths Chef lässt ihr einen großen Entscheidungsfreiraum, es fiel ihm allerdings nicht schwer, Ruths Entscheidung für Belinda zu unterstützen, da er auch von Belinda überzeugt war. Dass er es lieber gesehen hätte, wenn sie einen kompetenten Mann gefunden hätten, sagt er ihr nicht.

Ruth ist stark in das Projektteam der Systemsoftware involviert, das viel Aufmerksamkeit und Zeit von ihr in Anspruch nimmt, an dem sie aber interessiert mitarbeitet.

Der Abteilungsleiter ist 59 Jahre alt und Ruth wäre daran interessiert, seine Nachfolgerin zu werden. Sie weiß, dass dies aber nur dann möglich sein wird, wenn sie für den entsprechenden Unterbau gesorgt hat. Auch dies hat in der

Entscheidung für Belinda eine Rolle gespielt. In ein paar Jahren mit mehr Erfahrung und gezieltem Training hält sie Belinda für fähig, eine Teamleitung zu übernehmen. Nach der Entscheidung für Belinda hat Ruth das Team darüber informiert und in den höchsten Tönen von Belinda geschwärmt – besonders von ihrer Offenheit für Innovationen. Sie erhofft sich davon eine Motivation für die Installation der neuen Systemsoftware, die von allen große Anstrengung verlangen wird. Aber den Umfang der Anstrengungen kann bisher nur sie einschätzen, da sie in das Planungsteam involviert ist.

Belinda ist neu in dem Unternehmen. Sie ist aber sehr entspannt, da sie weiß, dass sie gut qualifiziert und auch noch jung genug ist, um sofort einen neuen Arbeitsplatz zu finden, falls es ihr in diesem Team nicht gefällt. Sie war aber von Ruth sehr angetan. Sie spürte eine Wellenlänge.

Abraham zeigt auf die Entscheidung für Belinda keine Reaktionen. Er möchte sie erst einmal kennen lernen. Er ist nur froh, wenn das Team eine Entlastung bekommt, denn er hat in der letzten Zeit viele Überstunden machen müssen, so dass er mehrere Theaterbesuche absagen musste, was zu einigen Spannungen mit seiner Frau geführt hat.

Carlos zeigt sich begeistert von der Neueinstellung. Er hat sofort herausbekommen, dass es sich um eine attraktive, junge Frau handelt. Von daher ist er begeistert, denn es ging ihm manchmal ein bisschen langweilig in diesem Team zu, auch wenn er die Harmonie durchaus genoss.

Hilde und Eduard geben sich eher etwas reserviert auf die Ankündigung. Sie halten die Innovationsfreude für übertrieben, erhoffen sich aber dennoch eine Arbeitsentlastung.

Ruth möchte den Einstieg von Belinda gut vorbereiten und hat deshalb ein gemeinsames Frühstück an Belindas erstem Arbeitstag geplant. Leider kommen ihr wichtige Termine dazwischen, so dass sie Belinda nur ganz kurz vorstellt und das Team nach 10 Minuten verlässt. Carlos fängt sofort an, mit Belinda zu flirten, die zwar etwas reserviert ist, aber dennoch darauf einsteigt, weil sie froh ist, dass sich jemand für sie interessiert. So reden die beiden, während die anderen eine Weile zuschauen, dann aber wieder an ihre Arbeit gehen. Da noch geklärt werden muss, welche Aufgaben Belinda genau übernehmen soll und wer Belinda einarbeitet, fühlt sich Carlos dazu berufen, Belinda nach dem Frühstück in der Firma herumzuführen und sie als neue Teamkollegin vorzustellen, während die anderen Teammitglieder wieder ihrer Arbeit nachgehen.

Ruth beruft zweimal ein Meeting ein, um die neue Arbeitsaufteilung mit dem Team zu besprechen, aber jedes Mal muss sie das Meeting wegen anderweitiger Verpflichtungen wieder absagen. Sie wollte auch selbst die Einarbeitung von Belinda übernehmen, muss aber einsehen, dass ihr dazu die Zeit fehlt. Da Carlos schon angefangen hat, Belinda die Firmenstrukturen und Arbeitsabläufe zu erklären, belässt sie es einfach dabei und sagt Carlos, er solle Belinda so gut es geht einarbeiten, sie würde den Rest der Einarbeitung übernehmen.

5.2 Zweite Phase: Verantwortung

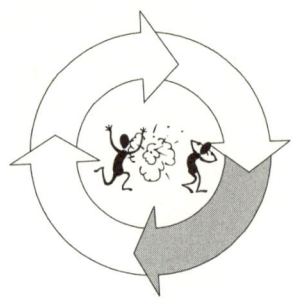

Abb. 5: Die Auseinandersetzung in der Verantwortungsphase

> Nicht jene, die streiten, sind zu fürchten, sondern jene, die ausweichen.
> *Marie von Ebner-Eschenbach*

Sind die Grenzen des Teams eindeutig geklärt, haben sich alle Teammitglieder verpflichtet und wissen, dass sie für das Team wichtig sind, setzt die nächste Phase, die **Verantwortung,** ein.

Das Einläuten der Verantwortungsphase zeichnet sich dadurch aus, dass es nicht mehr so nett im Team ist. Die Teammitglieder fangen an zu kritisieren. Aggressionen und Unstimmigkeiten werden jetzt mehr zugelassen – auch dem Leiter gegenüber. Das Team hat von daher oft das Gefühl, jetzt ist etwas nicht in Ordnung, weil es doch vorher schöner war. Auch wenn es jetzt ungemütlicher wird, so ist dies trotzdem ein gutes Zeichen. Das Team traut sich nun, schwierigere Themen anzugehen.

Die Verantwortungsphase ist die eigentliche Arbeitsphase. Während innerhalb der Zugehörigkeitsphase die Modalitäten der Arbeit abgeklärt werden, gehen die Teammitglieder jetzt an die inhaltliche Arbeit.

Das Team muss nun Entscheidungen treffen, Verantwortlichkeiten aufteilen und die Macht klären. Während dieser Phase zeigt sich gewöhnlich ein Kampf um die Leitungsfunktion; es entsteht Konkurrenz. Die Teammitglieder haben Angst vor zu wenig oder zu viel Verantwortung oder vor zu viel oder zu wenig Einfluss. Es geht den Mitgliedern darum, das richtige Maß an Verantwortung zu übernehmen. Wer Verantwortung übernimmt, kann bestimmen, dominiert die anderen und ist oben. Wer Verantwortung ablehnt, muss die Entscheidungen anderer akzeptieren, sich ihnen unterordnen und steht unten. Verantwortung hat mit **oben oder unten** zu tun.

Wenn die Teammitglieder ihre eigenen Kompetenzen realistisch einschätzen, werden sie in der Lage sein, sich auf konstruktive Art zu konfrontieren. Wenn ein Team in Machtkämpfen festhängt und nicht in der Lage ist, die gestellten Aufgaben zu erledigen, ist es sehr wahrscheinlich, dass die Teammitglieder ein unrealistisches Bild ihrer eigenen Kompetenz haben. Sie versuchen dies zu verstecken, indem sie gegeneinander kämpfen. Jede endlose „Richtig-Falsch-Diskussion" weist auf ungelöste Verantwortungsthemen hin. Wenn ich die andere Person davon überzeugen kann, dass ich Recht habe, bin ich oben. Daraus entstehen meistens lange und ineffektive Diskussionen. Eine gute Teamleiterin versteht es, sich nicht in solche Diskussionen hineinziehen zu lassen, keine Partei zu ergreifen, sondern das Ganze im Auge zu behalten.

Wenn in einer Diskussion oder einer Aufgabenbewältigung die Beteiligten andere Standpunkte sehen und respektieren können, ohne die Bedürfnisse der anderen zu unterdrücken, werden sie schneller Resultate erlangen oder zwei gleichwertige Wirklichkeiten herausfinden.

Besonders in Konkurrenzsituationen, wie wir sie in der Arbeitswelt antreffen, versuchen Teammitglieder häufig, Zugehörigkeitsthemen mit Verantwortungsaufgaben zu lösen („Wenn Sie diesen Computer programmieren können, werden wir Sie als neues Teammitglied akzeptieren." „Wenn Sie nicht versuchen, besser als ich zu sein, können Sie in dem Team bleiben."). Diese Einstellung fördert niemals die Entwicklung eines effizienten Teams.

Jeder will, muss und kann in dieser Phase seine eigenen Interessen klarer ausdrücken. Damit wird auch die Unterschiedlichkeit der

Interessen und Erwartungen der Teammitglieder deutlicher, ohne dass schon klar ist, wie man mit so viel Unterschiedlichkeit umgehen soll. Die Entscheidungsregeln sind noch nicht erprobt. Das verunsichert, fördert aber gleichzeitig den Drang zur Selbstbehauptung, zur Rivalität und zum Durchsetzungswillen. Rollen- und Statusbehauptungen im Team beeinflussen das Klima und sind Themen, die sich in der Beziehungsebene abspielen. Es wird jedoch oft versucht, sie an den Inhalten der Sachebene abzuhandeln. Dies kann immer dann vermutet werden, wenn sich das Team länger als eigentlich nötig um ein „richtiges" Vorgehen, um die „Richtigkeit" von Informationen und Formulierungen balgt – alles ganz sachlich –, aber in Wirklichkeit geht es meist um Durchsetzung, Abwehr, Statusverteidigung, Rivalität, Konkurrenz und Ähnliches.

Die Teammitglieder müssen ihre Kompetenzen in das Teamgeschehen einbringen. Dies birgt viele Konfliktpunkte in sich. Denn da gibt es zum einen das Teammitglied, das sich alles zutraut und von daher immer wieder in Aufgabenbereiche anderer Teammitglieder hineinpfuscht und Dinge verpfuscht. Es gibt aber auch die Teammitglieder, die sich trotz ihrer Kenntnisse und Fähigkeiten immer so zurückhalten, dass die anderen alle Arbeit machen müssen. Dies führt unweigerlich zu Diskussionen um Zuständigkeiten und Verantwortungsbereiche.

Jedem Teammitglied muss hier klar werden, wofür es in Bezug auf seine Leistung und den Fortschritt des Teams Verantwortung übernehmen möchte. Durch die Auseinandersetzung um die Verantwortlichkeiten entsteht Klarheit, denn die Konturen der Persönlichkeiten mit ihren Licht- und Schattenseiten werden sichtbar, und die Teammitglieder lernen sich auf einer tieferen Ebene als in der Zugehörigkeitsphase kennen. Aber auch die Konturen des Problems werden sichtbar, das sich erst so bewältigen lässt.

Beim Abstecken der Grenzen und Freiräume werden automatisch auch die Fragen nach Normen, Werten und Regeln wach und bedürfen der Thematisierung. Besonders auf diesem Gebiet muss Gemeinsamkeit gefunden werden, wenn das Team langfristig zusammenarbeiten soll. Während in der Zugehörigkeitsphase die Teammitglieder aufeinander achten und versuchen hineinzupassen, werden in der Verantwortungsphase die Autoritäten hinterfragt.

Das Team diskutiert offen oder hinter vorgehaltener Hand, ob die Teamleiterin die richtigen Entscheidungen getroffen hat, ob sie zu viel oder zu wenig Leitung zeigt. Die Teamleiterin muss sich auf einige Konfrontationen einstellen und muss selber auch in der Lage sein, das Team zu konfrontieren.

Egal wie gut ein Team zusammenpasst, es werden immer Probleme zu lösen, Aufgaben zu erfüllen und Herausforderungen zu begegnen sein (was ja die eigentliche Aufgabe eines Teams ist). Wenn Probleme entstehen, kommen Teammitglieder sehr schnell in eine anklagende Position. Die unterschiedlichen Einstellungen, was falsch an der Arbeits- oder Personalsituation ist, werden zu anklagenden Äußerungen. Der Chef klagt den Teamleiter an, dass er schlampige Arbeit macht, der Teamleiter klagt die Mitglieder ihrer Ineffizienz an, die Teammitglieder kritisieren die Geschäftsleitung für eine schlechte Organisation, usw.

Eine produktive Konfrontation hat nichts mit Anklagen zu tun. Es ist völlige Energieverschwendung zu schauen, wen ich denn anklagen kann (auch wenn es dem Menschen offensichtlich viel Spaß macht). Wenn ich alle Energie darauf verwende, mein eigenes Verhalten zu verteidigen, soviel Fehler wie möglich bei den anderen zu finden und sicherzustellen, dass es an mir nichts zu kritisieren gibt, werde ich genau diese Energie nicht für kreative und produktive Problemlösungen zur Verfügung haben. Ferner ist es sehr zeitaufwendig, den Fehler bei anderen zu suchen. Aufgrund fehlender Informationen ist dies meist auch nicht möglich. So entstehen Gerüchte anstatt kluger Analysen.

Ein wertvollerer und effizienterer Weg Verantwortung anzugehen sind folgende Einstellungen:
- Alle Personen, die in eine Situation eingebunden sind, sind auch dafür verantwortlich.
- Da gibt es immer etwas, das jeder tun kann, damit ein positives Ergebnis entsteht.
- In jeder Beziehung lässt sich etwas ändern, um ein zufrieden stellendes Resultat zu erzielen.

Diese Aspekte muss der Teamleiter vorleben. Die Modellfunktion ist wesentlich entscheidender für das Leiten eines Teams als viele kluge Worte.

Eine Schwierigkeit ist ein Problem, das es zu lösen gilt und nicht eine Situation, in der Angeklagte gesucht werden. Wenn jedes Teammitglied (einschließlich der Leitung) verstanden hat, dass jeder etwas zu der schwierigen Situation beigetragen hat, ziehen alle an einem Strang. Je vertrauter den Teammitgliedern das vernetzte Denken ist, desto eher können sie ihren Anteil am Geschehen erkennen. Denn die vernetzte Sichtweise macht lediglich deutlich, dass alle beteiligt sind, beschäftigt sich aber nicht mit der Schuldfrage. Jeder wird sich bemühen, die festgefahrene Position zu verändern, um die Situation zu verbessern, anstatt die anderen zu attackieren und sich selbst zu verteidigen. **Alle stellen sich gegen den gemeinsamen Feind: das Problem. Jeder ist verantwortlich und niemand ist anzuklagen.**

Wenn diese Veränderung erreicht ist, können die Ressourcen einer jeden Person integrativ zum Nutzen aller eingesetzt werden. Wenn sich Fraktionen bekämpfen, neutralisieren sich die Ressourcen und die Effizienz ist minimal.

Die Verantwortungsphase wird nicht zufrieden stellend verlaufen, wenn sich alle Mitglieder zwar verantwortlich fühlen, die Verantwortungsbereiche aber nicht klar festgelegt werden. Zu den Verantwortungsbereichen, die geklärt werden müssen, zählen:

- **Rahmenbedingungen:** Für die Rahmenbedingungen sind alle Teammitglieder gleichberechtigt verantwortlich. Dies umfasst Pünktlichkeit beim Beginn und Ende von Meetings, pünktliche Abgabe von Protokollen oder sonstigen Unterlagen, die allen zugänglich sein müssen, um ihre Arbeit effektiv zu gestalten.

- **allgemeine Verantwortungsbereiche:** Hierzu zählen Vereinbarungen, die z. B. über das Sammeln und Weiterleiten von Informationen getroffen werden. Wenn alle Teammitglieder Kontakt zum Kunden haben, muss sich das Team ein gutes Informationssystem überlegen, damit die Kontakte entsprechend dokumentiert werden und möglichst jeder jeden jederzeit ersetzen kann.

- **individuelle Verantwortungsbereiche:** Je nach Diversifizierung des Teams haben einzelne Teammitglieder bestimmte Aufgabenbereiche, die zur Gesamtverantwortung des Teams beitragen. Jedes Teammitglied bringt in der Regel unterschiedliche Kompetenzen mit, aber auf jeden Fall unterschiedliche Fähigkeiten und Begabungen, die nicht durch falsch verstandene Gleichmacherei ungenutzt bleiben sollten. Dies ist allerdings nicht zu verwechseln mit dem häufig anzutreffenden Zuschieben von Verantwortung nach dem Motto: „du kannst doch so gut organisieren, kannst du nicht die Gesamtplanung für die Präsentation beim Kunden übernehmen?"

Bei der Aufteilung der Verantwortungsbereiche lernen sich die Teammitglieder auf einer anderen Ebene kennen. Teammitglieder sehen vielleicht Fähigkeiten bei einem Teammitglied, die es selbst gar nicht erkennen will. Oder ein Teammitglied überschätzt bei weitem seine Fähigkeiten in einem bestimmten Bereich, übernimmt also Verantwortung für etwas, für das es keine Kompetenz oder Begabung hat. Dies sind auch die Dynamiken in einem Team, die unweigerlich zu Konflikten führen müssen.

Traut sich ein Mitglied bestimmte Aufgaben nicht zu, so ist dies noch recht einfach zu bekämpfen, indem die anderen Teammitglieder den Kollegen ermutigen und gemeinsam Schritte überlegt werden, die dem Teammitglied helfen, mehr Verantwortung zu übernehmen. Ist in der Zugehörigkeitsphase eine Atmosphäre der Achtung entstanden, wird sich das Teammitglied durch die anderen ermutigt und nicht bevormundet fühlen. Wesentlich schwieriger ist es bei Kollegen, die sich zu viel zutrauen, somit für Bereiche Verantwortung übernehmen, die sie nicht ausfüllen können. Es ist für die anderen schwierig ein Teammitglied auf Inkompetenz hinzuweisen. Meist sind sie auch damit beschäftigt, die Fehler des Kollegen wieder auszubügeln, was nicht selten Mehrarbeit und Missmut bedeutet.

Dann gibt es aber auch noch die Kollegen, die es verstehen, so wenig Verantwortung wie möglich zu übernehmen. Sie werden immer wieder gute Gründe dafür finden, warum sie nicht genauso viel leisten wie die anderen. Denn es gibt kaum einen Menschen, der zugibt faul oder ineffizient zu sein. Jeder ist von sich überzeugt, gut zu arbeiten. Die Inkompetenz liegt offensichtlich immer bei den anderen.

Nur in einem Klima der gegenseitigen Achtsamkeit, das in der Zugehörigkeitsphase eingeübt wurde, können die Potentiale der einzelnen Teammitglieder gesehen und Fehleinschätzungen durch konstruktive Konfrontation aufgelöst werden.

Schafft ein Team kein gutes Konfliktmanagement, so passiert es nicht selten, dass ein Klima der Konkurrenz entsteht. Die Menschen sind zwar als Team zusammengestellt, letztendlich zählt aber nur die Leistung des Einzelnen. Er wird von daher bemüht sein, selbst gut dazustehen. Dies kann er durch gute Leistung erbringen, oder durch den Versuch, die anderen kleiner zu machen, indem er ihre Arbeit kritisiert, eigene Fehler den anderen unterschiebt oder die Arbeit anderer als seine eigene ausgibt. So wirkt er größer, ohne wirklich größer zu sein. Bleibt ein Team in Konkurrenzthemen hängen, so wird sich Misstrauen ausbreiten, das eine gute Zusammenarbeit und eine Weiterentwicklung des Teams behindert.

Da es in der Verantwortungsphase um die Leistung des Teams geht, ist es wichtig, für eine Leistung auch **Anerkennung** zu erhalten. Diese Anerkennung kann von dem Teamkollegen ausgehen oder aber von höher gestellten Autoritäten. Während sich die Achtsamkeit in der Zugehörigkeitsphase auf das Sehen des anderen bezieht, so bezieht sich die Achtsamkeit der Verantwortungsphase auf das Anerkennen der Leistung des anderen. Auch hier kann die Liebe zu den kleinen Dingen des Lebens den Teamgeist sehr fördern („Danke, dass du jeden Morgen einen so tollen Kaffee machst.").

Stichworte zum Thema Verantwortung

- innere Grenzen des Teams abklären
- Kompetenz
- Leistung
- Konfrontation
- Kontrolle
- Konkurrenz
- Normen und Werte
- Anerkennung
- Einflussnahme der Einzelnen auf das Geschehen
- eigene Position finden
- Kritik an der Leitung
- Regeln des Umgangs abklären
- eigene Ideen und Fähigkeiten einbringen

Was ist in der Verantwortungsphase des Teams der Firma Bacher passiert?

Ruth hat Belinda so gut es geht eingearbeitet, aber immer wenn sie das Systemsoftwareprojekt zu stark in Anspruch nahm, war Carlos bereitwillig eingesprungen und hatte Belinda die Dinge erklärt. Ruth sah dies zwar nicht allzu gerne, da sie ahnte, warum Carlos dies so engagiert übernehmen wollte, sie beugte sich aber dem Druck des Terminkalenders. Da Carlos schon lange in der Firma ist, konnte er Belinda gut die allgemeinen Abläufe erklären und auch erläutern, warum sie sich historisch so entwickelt haben. Belinda bekam dadurch einen guten Gesamtüberblick über die Firma und es gelang ihr zügig, die allgemeinen Aufgaben korrekt auszuführen. Dass Carlos es nicht lassen konnte, ihr auch den ganzen Klatsch und Tratsch mitzuliefern, ließ sie über sich ergehen, auch wenn es sie überhaupt nicht interessierte. Carlos erläuterte Belinda auch die Arbeitsbereiche der anderen. Da er sich da aber nicht so gut auskannte, waren einige Detailerklärungen ungenau und Belinda machte in der letzten Zeit aufgrund dieser lückenhaften Informationen einige Fehler. Jetzt erst schalten sich die anderen Teammitglieder ein und erläutern Belinda die Abläufe. Während Belinda am Anfang noch ganz gerührt war von Carlos Engagement, geht er ihr zunehmend auf die Nerven, zumal sie langsam erkennen kann, dass Hilde eine wesentlich kompetentere Person ist. Obwohl Eduard in ihrem Alter ist, kommen die beiden gar nicht gut klar, da sie grundverschieden sind. Belinda hinterfragt ständig die Prozeduren im Arbeitsablauf und will wissen, warum die Dinge so gemacht werden, wie sie gemacht werden. Erscheinen sie ihr unlogisch oder kompliziert, fragt sie nach, warum es denn nicht geändert wird. Dies geht Eduard ziemlich auf die Nerven, weil er einerseits gut dastehen will, andererseits aber nicht zu viel ändern will, weil ihn das verunsichern würde. Er spürt auch, dass Ruth Belindas Innovationsfreude sehr gefällt, ihm ist aber wichtig, sich auch bei ihr gut zu positionieren, schließlich möchte er auch möglichst bald Teamleiter werden.

Abraham schaut dem Ganzen amüsiert zu. Er spürt eine deutliche Distanz zu den anderen. Er weiß, dass er nicht mehr erreichen wird, als die Position, die er jetzt inne hat. Er weiß, dass es ihm an Durchsetzungskraft gefehlt hat, um für höhere Positionen vorgesehen zu werden. Wenn er aber ehrlich ist, hätte er dazu auch gar keine Lust gehabt, weil ihm seine Familie und seine Freizeitinteressen ebenfalls sehr wichtig sind und er sieht, dass die Manager dafür wenig Zeit und Energie übrig haben. Er strebt für sich selber an, mit 60 Jahren in den Vorruhestand zu gehen, von daher tangieren ihn die Innovationsdiskussionen nur noch bedingt, auch wenn er sie aufmerksam verfolgt.

So passiert es immer häufiger, dass Eduard und Belinda sich in langen Diskussionen um die Notwendigkeit der Implementierung der Systemsoftware verlieren, ohne dass eine Seite von ihrem Standpunkt abweicht. Wenn Ruth mitmischt, ist sie immer eindeutig auf Belindas Seite, da ihr Belindas Innovationsfreude gefällt und im Zuge dessen auch erst richtig merkt, wie konservativ Eduard ist. Diese Diskussionen werden zwar engagiert geführt, aber sie haben keinerlei Konsequenzen für die Arbeitsabläufe. Von daher dienen diese Diskussionen nicht der Verbesserung der Arbeit, sondern nur der Verfestigung der eigenen Position. Ruth spürt, dass sich eine Spaltung im Team auftut. Auf der einen Seite Abraham, Hilde und Eduard als „Innovationshemmer" und auf der anderen Seite Belinda, Carlos und sie als „Innovationsförderer". Sie nimmt dies wahr, aber die Arbeitsbelastung verhindert immer ein genaues Hinsehen.

Gleichzeitig hat sich eine neue Situation ergeben. Ihr Vorgesetzter ist plötzlich schwer erkrankt und sie muss verstärkt seine Aufgaben übernehmen. Da sie schon immer sein volles Vertrauen genossen hat, ist dies auch ohne weiteres möglich. Allerdings fühlt sich das Team zunehmend vernachlässigt, da Ruth nun nicht nur wegen der Systemsoftware abwesend ist, sondern auch noch wegen der übergeordneten Aufgaben. Ruth sieht sich unter Druck, eine Stellvertretung für sich zu finden. Sie weiß auch, dass sie am liebsten Belinda zu ihrer Stellvertreterin machen würde, aber Belinda ist noch sehr jung und auch noch nicht sehr lange im Unternehmen. Eduard erkennt die Notwendigkeit des Stellvertreters und versucht sich entsprechend zu positionieren, was Ruth aber nur auf die Nerven geht, weil es so überangepasst ist. So zeigt er sich plötzlich engagiert, die Abläufe für die Umstellung auf die neue Software zu strukturieren. Auf der einen Seite freut sich Ruth darüber, auf der anderen Seite ist sie skeptisch und traut diesem Engagement nicht. Ohne etwas zu sagen, springt Hilde mehr und mehr in das Vakuum von Ruths Abwesenheit und erledigt ohne große Worte die alltäglichen Aufgaben von Ruth. Da sie gleichzeitig aber an sich den Anspruch stellt, ihre eigene Arbeit gewissenhaft zu machen, findet sie sich schon wieder in einer Überarbeitungssituation, die doch durch Belindas Einstellung endlich besser werden sollte. Sie sagt aber nichts, da sie sieht, wie sehr sich Ruth bemüht, allen Anforderungen gerecht zu werden, ohne dies tatsächlich zu schaffen. Sie unterstützt sie so gut sie kann, auch wenn es ihr in letzter Zeit öfters schwindelig wird und sie sich am liebsten hinlegen würde.

5.3 Dritte Phase: Offenheit

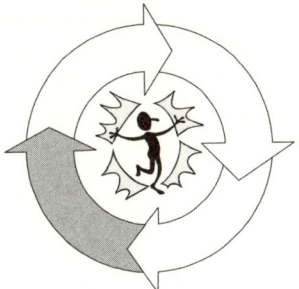

Abb. 6: Die Offenbarung der Offenheitsphase

> Zu viel Vertrauen ist häufig eine Dummheit,
> zu viel Misstrauen ist immer ein Unglück.
> *Johann Destroy*

Die meisten Menschen fühlen sich unwohl, wenn sie über einen längeren Zeitraum die Teammitglieder nur als „Arbeitstiere" wahrnehmen oder selbst nur als solches gesehen werden. So passiert es, dass man entweder selbst mit den anderen über Belange reden möchte, die tiefer gehen, oder aber ein Teammitglied verhält sich anders als sonst und man möchte wissen, was mit dem Teammitglied los ist. Dies ist die Situation, in der – meist eingeleitet durch den so genannten emotionalen Anführer – das Team in die Offenheitsphase übergeht. Die Teammitglieder kennen sich jetzt auf einer eher oberflächlichen Art, wie sie arbeiten und was sie in ihrem Bereich wissen, aber nicht auf einer tieferen persönlichen Ebene. Es kann auch fast immer davon ausgegangen werden, dass in der Verantwortungsphase Dinge passieren, die ein Teammitglied tiefer treffen als nur auf der arbeitstechnischen Ebene. Dann wird es notwendig, dies offen im Team anzusprechen, damit die Arbeitsfähigkeit nicht durch diese „Beziehungsstörung" behindert wird.

Wenn ich offen bin, möchte ich meine Gefühle und innersten Gedanken teilen. Ich freue mich, eine oder einige Personen zu kennen, denen ich vertraue. Zu anderen Zeiten oder mit anderen Menschen ziehe ich es vor, nicht offen zu sein. Ich halte den Kontakt lieber unpersönlich und habe eher Bekannte als einige enge Freunde. Menschen unterscheiden sich darin, wie sehr sie es mögen, **offen** oder eher **verschlossen** zu sein. Menschen mit diesen unterschiedlichen Bedürfnissen nach Offenheit und Vertrautheit treffen in einem Team aufeinander. Es gibt aber nur wenige Menschen, die nicht genau spüren, ob eine offene oder eher verschlossene Atmosphäre in einem Team vorherrscht. Sie merken es, wenn der Teamleiter keinen Mut zur Offenheit hat und immer wieder vom Thema ablenkt, um die „positive" Stimmung nicht zu verderben. Die Teammitglieder kennen die Wahrheit. Aber viele von uns haben gelernt, die Wahrheit zu vermeiden. Schon als Kinder werden wir von den Autoritäten angehalten, die Wahrheit aus unterschiedlichen Gründen zu vermeiden. („Du tust nur jemanden weh." „Weck keine schlafenden Hunde auf."). Die Wahrheit zu sagen, ist der erste Schritt, ein System wirklich zu verändern. Es mag vielleicht riskant sein, die Realität zu bemerken, es kann aber noch schädlicher sein, sie zu verstecken.

Die wenigsten Menschen halten negative Spannungen lange aus. Sie wollen wissen, warum der andere so reagiert, wie er reagiert. Sie haben nun entweder die Möglichkeit, über das Verhalten des anderen zu spekulieren oder die Person direkt anzusprechen. Bei der ersten Möglichkeit bin ich nur meinen eigenen Phantasien ausgesetzt. Ich erfahre also nicht wirklich etwas Neues (Leider merken die meisten nicht, dass ihre vermeintlich neuen Erkenntnisse nur auf Vermutungen beruhen.). Bei der zweiten Möglichkeit entsteht ein Austausch über innere Beweggründe, Gefühle und Motive, die das Verhalten erst verständlich machen. Diese wesentlich intimeren Informationen fördern im besonderen Maße das Wir-Gefühl eines Teams. Denn nun erfahre ich Dinge über den anderen Menschen, die vielleicht nur wenige oder gar kein anderer weiß. So vertraut ein Teammitglied dem Team an, dass sein Vater im Sterben liegt und es deshalb im Moment emotional stark belastet ist. In der Offenheitsphase findet es nicht nur emotionale Unterstützung in einer so schwierigen Phase, sondern das Team überlegt auch gemeinsam, wie es das Teammitglied in dieser schweren Zeit entlasten kann, so dass es genügend Zeit hat, sich um den Vater zu kümmern. Gleichzeitig bittet das Teammitglied aber die anderen niemandem davon zu erzählen, weil die Menschen mit einer solchen Situation nicht umgehen können – was es noch mehr belasten würde. Das Team sichert ihm dies zu. Durch solche Ereignisse bekommt das Team das Gefühl, in dieser Zusammensetzung etwas Einzigartiges zu sein.

Das Eintreten in diese Phase wird dadurch deutlich, dass die Mitglieder sowohl miteinander als auch mit der Leitung wohlwollender und offener umgehen. Es findet eine intensivere Beteiligung nicht nur an Sachthemen, sondern auch am Teamleben statt. Dabei wird den Teammitgliedern bewusst, was das Team für sie emotional bedeutet. Es entsteht eine starke Identifikation mit dem Team und den anderen Teammitgliedern. Erst in dieser Phase entwickelt sich das „Wir-Gefühl". Häufig wird dieser Teamzusammenhalt mit Leistungsverbesserung gleichgesetzt. Dies muss allerdings kritisch gesehen werden. Es ist zwar richtig, dass die Überlebenschance eines Teams am höchsten ist, wenn dieses für alle Mitglieder gleichermaßen attraktiv ist. Die Leistungsfähigkeit des Teams kann jedoch auch bei geringem „Wir-Gefühl" weiterbestehen, wenn durch den Verlust der Mitgliedschaft Vorteile eingebüßt werden, die woanders oder alleine nicht zu erreichen wären. In so einem Fall kann aber nur von einer Teamabhängigkeit die Rede sein.

In dieser dritten Phase wird aber nicht nur die effektive Leistungsfähigkeit des Teams als oberstes Ziel verfolgt, sondern auch die Zufriedenheit der Teammitglieder, damit diese sich in einem tieferen, persönlicheren Bezugsrahmen entwickeln können. Deshalb ist es durchaus erstrebenswert, das sich bildende „Wir-Gefühl" zu steuern und zu verbessern.

Abhängig von den Arbeitsanforderungen ist mehr oder weniger Offenheit notwendig, damit sich ein Team entwickeln kann. Wenn die Arbeit ohne viel menschlichen Kontakt erledigt werden kann, können Verantwortung und Kompetenz für eine effiziente Ausführung reichen. Wenn die Arbeitsanforderung kreative Teamimpulse verlangt, können nur durch Offenheit zufriedenstellende Ergebnisse erzielt werden. Dasselbe gilt für Teams, die auf lange Zeit erfolgreich zusammenarbeiten sollen.

Für produktive Teamarbeit ist es von großer Bedeutung, dass die

Teammitglieder offen zu dem stehen, was sie empfinden und was sie wollen. Diese Offenheit sorgt dafür, dass

- Probleme unverhohlen ausgesprochen werden und somit ihre Lösung unverzüglich angegangen werden kann, und
- die Mitglieder mehr voneinander erfahren, sich so besser in den anderen einfühlen können und sich persönlich näher kommen.

Das Problem liegt hierbei in der Tatsache, dass viele Menschen ihre Meinungen und Empfindungen verbergen, weil sie glauben, diese seien für die anderen nicht akzeptabel und würden ihnen daher Nachteile, wie z. B. Spott und Geringschätzung, einbringen. Manche befürchten auch, dass durch ihre Offenheit Schwächen und Fehler offensichtlich werden und sie sich damit zur Zielscheibe für Kritik machen. Fehlt den Mitgliedern der Mut zur gegenseitigen Offenheit, bleibt das Team in den negativen Aspekten der Verantwortungsphase hängen und es entstehen Machtspiele zur Verwirklichung von Bedürfnissen und Vorstellungen. In Besprechungen wird z. B. stundenlang um den „heißen Brei geredet", Unstimmigkeiten zwischen den Mitgliedern werden hinter Fassaden der Höflichkeit sorgfältig versteckt und Probleme aller Art verschleiert. Diese Verhaltensweisen stellen ernsthafte Hindernisse für die Entfaltung eines konstruktiven Arbeitsklimas dar (Haug 1994). Jedes Teammitglied ist innerlich nur damit beschäftigt, sich günstig zu positionieren und ist nicht an der Gesamtentwicklung des Teams interessiert. In vielen Firmen ist ein solches Verhalten so „normal", dass es niemandem auffällt, dass kein Teamgeist entsteht. Eine solche Gruppe wird aber nie ein offenes Teamklima entwickeln.

Offenheit im Team – Chancen und Risiken

Vorteile
- Schwere Enttäuschungen werden vermieden.
- Die Beziehungen im Team werden persönlicher.
- Probleme kommen auf den Tisch und können angepackt werden.
- Das Feedback ist stichhaltig und hilft den Mitgliedern, zu lernen und sich weiterzuentwickeln.
- Das Lösen der zentralen Probleme setzt neue Energien frei.
- Das Maß an Bürokratie wird kleiner.

Nachteile
- Der Einzelne gibt mehr von sich preis und wird dadurch angreifbarer.
- Offen ausgesprochene Unsicherheiten können als Schwäche interpretiert werden.
- Manche Mitglieder fühlen sich bedroht und reagieren aggressiv oder ziehen sich zurück.
- Möglicherweise kommen Probleme zur Sprache, denen das Team oder der Einzelne (noch) nicht gewachsen ist. (Meier, 1996)

Das entsprechende Gefühl zur Offenheit ist **Liebenswürdigkeit**.

> **Liebenswürdigkeit** ist die Fähigkeit eine Atmosphäre herzustellen, wo sich andere gemocht fühlen.

Wenn ein Mensch den Mut hat, sich in seiner Vielfältigkeit zu zeigen, macht er es den anderen leicht, ihn zu mögen. Wir alle erleben immer wieder, dass es wenig mit dem Charakter einer Person zu tun hat, ob jemand gemocht wird. Es hängt damit zusammen, wie diese Person von anderen wahrgenommen wird. Wenn jemand wichtig und kompetent ist, heißt das noch lange nicht, dass jemand liebenswert ist. Es gibt z. B. erfolgreiche Kriminelle.

In der Verantwortungsphase konzentrieren sich Teams mehr auf die objektiven Aspekte der Arbeit. Aber jedes Team, das innovativ und kreativ arbeiten muss, muss sich auch zur Phase der Offenheit weiterentwickeln. Der Teamleiter muss eine Atmosphäre des Respekts für die Vielfältigkeit der Empfindungen und Gedanken von Menschen herstellen. Nur in einer Atmosphäre von Respekt und Vertrauen werden sich die Teammitglieder sicher genug fühlen, ihre inneren Gedanken und Gefühle anzubringen ohne Angst vor Ablehnung zu haben. Ein gut funktionierendes Team wird es jedem Mitglied ermöglichen, seine kreativen Ideen vorzutragen und Probleme anzusprechen. Das Team hat in der Verantwortungsphase genug Disziplin und Kompetenz entwickelt, um schnell Lösungen zu finden.

In einer respektlosen Atmosphäre verstecken die Teammitglieder ihre Gedanken und Gefühle. Innovative Veränderungen können nicht implementiert werden.

Nach dem Verteilen von Verantwortungsbereichen aufgrund der individuellen Kompetenzen können sich die Teammitglieder in der Offenheitsphase die Beziehungsaspekte der Arbeit anschauen, Zuneigungen und Abneigungen in die Arbeit integrieren und die individuellen Vorlieben und Talente eines jeden Teammitglieds fördern.

Die Teammitglieder sind nun in der Lage, die anderen als verschiedenartige Individuen wahrzunehmen und zu akzeptieren, zu denen sie auch unterschiedliche Gefühle aufgebaut haben. Dies führt zu einer einzigartigen Teamerfahrung, mit der auch die wachsende Fähigkeit einer differenzierten Betrachtungsweise einhergeht. Das Team kann sich künftig mit anderen Teams vergleichen. Es kann sich von anderen Teams abgrenzen ohne zwanghafte Bindungen und konformes Verhalten der Teammitglieder.

Die Teammitglieder fühlen sich sicher, persönliche Dinge beim anderen zu erfragen und selber auch Auskunft über das persönliche Befinden wie auch über die persönliche Situation zu geben. Dies ermöglicht den anderen Teammitgliedern, dessen individuelle Situation in die Teamplanung mit einzubeziehen. Die einzelnen Teammitglieder können mehr und mehr sie selbst sein, mit den vielen Facetten, die jeder Person zu Eigen sind. So kann zum Beispiel ein weibliches Teammitglied ansprechen, dass sie beabsichtigt, schwanger zu werden. Sie kann vorausschauend erläutern, welche Auswirkungen die Realisierung ihres Wunsches auf das Team haben wird, ohne plötzlich gemieden zu werden oder keine Aufgaben mehr übertragen zu bekommen. Oder das Team muss eine Präsentation vorbereiten: Neben den Kompetenzen können die Teammitglieder auch ansprechen, was sie gerne machen, wovor sie Angst und welche Bedenken sie bei den anderen haben, wenn sie bestimmte Teile übernehmen. All diese Überlegungen werden in die Planung integriert.

Die Verbindung von Beziehungs- und Sachebene ermöglicht es dem Team in der Offenheitsphase so zusammenzuarbeiten, dass es die unterschiedlichsten Aufgaben und Themen bewältigen und mit Konflikten und Meinungsverschiedenheiten in konstruktiver Art und Weise umgehen kann. Erst in der Offenheitsphase ist ein Team in der Lage, sachlich und konzentriert an einem Thema zu arbeiten, aber auch schnell auf die Beziehungsebene zu wechseln, wenn dies für die Problemlösung notwendig ist. Dadurch sind Teams in der Offenheitsphase wesentlich effizienter als Teams, die in der Verantwortungsphase verhaftet bleiben und die Beziehungsprobleme untereinander nicht ansprechen können.

Das Team befindet sich also auf einem hohen Maß der Produktivität, und in Anbetracht der sich daraus ergebenden positiven Auswirkungen hat es sich für alle Beteiligten gelohnt, bis zum Erreichen dieser Phase einiges an Zeit und Bemühungen investiert zu haben. Erst in dieser Phase ist es den Teammitgliedern möglich, den Sinn von gut ausgetragenen Konflikten zu erkennen. In den Phasen vorher herrscht der Glaube vor: „Was ich nicht weiß, macht mich nicht heiß."

Ob ausgesprochen oder unausgesprochen, den einzelnen Teammitgliedern liegt viel an den anderen. Zu jeder einzelnen Person hat das Teammitglied eine einzigartige Beziehung aufgebaut, die von Respekt und manchmal von Zuneigung gekennzeichnet ist. Jedes Teammitglied merkt jetzt aber auch deutlich, wenn es sich zu einem anderen Teammitglied emotional nicht so hingezogen fühlt. Auch dies kann Bestand haben, falls das Team nicht in der Zugehörigkeitsthematik der Harmonie stecken geblieben ist, sondern es aushalten kann, dass Beziehungen unterschiedlich intensiv sind.

Es gibt auch viele „Pseudoteams". In diesen „Pseudoteams" geht es immer lustig zu, die Personen unternehmen viel miteinander, aber sie wollen sich nicht wirklich den ernsten Themen der Teamarbeit stellen. Diese Teams werden häufig von anderen beneidet, weil es dort so „nett" ist. Es wird aber von beiden Seiten nicht erkannt, dass es in diesem Team eben **nur** „nett" ist und die Teammitglieder eigentlich nicht wirklich etwas voneinander wissen oder sich kennen. Sie kommunizieren auf einer oberflächlichen Ebene, sie führen Small Talk über das Wetter, das letzte Fußballspiel oder den neuesten Tratsch. Sie kämen auch nie auf die Idee, etwas von sich preiszugeben, weil das ja die Stimmung verderben könnte.

Ein solches Team klammert sich aus Angst vor Konflikten an die positiven Seiten der Zugehörigkeit, kann somit aber nie zur Offenheitsphase gelangen.

Je nach Thematik kann sich das Team entweder mehr den Sachthemen oder mehr den Beziehungsthemen zuwenden und erkennt mehr und mehr, wie sehr diese beiden Ebenen miteinander verbunden sind. In der Offenheitsphase hören die Teammitglieder also nicht auf zu arbeiten, um nur noch über die emotionalen Belange im Team zu diskutieren, sondern sie integrieren die Beziehungsaspekte in die Arbeitsproduktivität und können sie damit steigern.

So gibt es immer wieder Teams, wo einem Teammitglied nicht das volle Vertrauen entgegengebracht wird. Dies gründet sich meist auf Vorfällen in der Vergangenheit, die das Vertrauen ins Wanken gebracht haben. Wenn das Team in der Lage ist, offen und vorsichtig dieses Vertrauensthema anzusprechen, kann das Teammitglied sich sein Verhalten anschauen und daran arbeiten, das Vertrauen der Teammitglieder zurückzugewinnen. Wird dies aber nicht angesprochen, so werden die anderen dieses Mitglied immer mehr meiden. Dieses wird nicht verstehen, warum sich die anderen distanzieren und wilde Vermutungen darüber anstellen. Aufgrund der Vermutungen ändert es sein Verhalten, das für die anderen noch unerklärlicher ist und zu erneuten Vermutungen ihrerseits verleitet: ein Teufelskreis.

Ich möchte noch einmal betonen, dass zur Offenheit immer Mut gehört. Es fällt niemandem leicht, wichtige persönliche Themen anzusprechen. Oft ist es auch hilfreich eine neutrale dritte Person, wie z. B. einen Trainer, hinzuzuziehen um sicherzustellen, die richtige Wortwahl zu treffen, damit der andere die Gedanken und Gefühle des Gegenübers verstehen kann.

Die Offenheitsphase verlangt viel Fingerspitzengefühl und Vorsicht von den Teammitgliedern. Aber meist gibt es eine Person im Team, die den Mut hat, persönliche und emotionale Dinge anzusprechen, weil sie es nicht länger aushält, dass um den heißen Brei herumgeredet wird oder sich bestimmte Teammitglieder meiden.

Die Achtsamkeit der Offenheitsphase besteht darin, dass sich die Teammitglieder bemühen, die Gefühle der anderen **respektvoll** zu behandeln. Dazu gehört vor allen Dingen, dass ich die Empfindungen des anderen ernst nehme, auch wenn ich sie nicht nachvollziehen kann. Hier gibt es viele Redewendungen, die zwar meist nett gemeint sind, aber genau diese Achtsamkeit nicht ausdrücken.

So berichtet ein Teammitglied, dass es nicht den Mut hat, den Teamleiter auf die letzte Präsentation anzusprechen, um ihm zu sagen, dass es sich dort nicht entsprechend vertreten gefühlt hat. Es hilft diesem Teammitglied wenig, wenn ein anderer mit dem Spruch reagiert: „Ach, da brauchst du doch keine Angst zu haben. Mit dem kann man doch reden."

Der Kollege wollte den anderen nur ermutigen. Tatsächlich hat er ihm aber gesagt, dass sein Gefühl der Unentschlossenheit falsch ist. Gefühle können aber nicht falsch sein. Sie sind entweder da oder nicht da. Wenn sich z. B. ein Teammitglied finanziell benachteiligt fühlt, obwohl alle gleich behandelt werden, so wird sich sein Gefühl nicht ändern, indem man ihm sagt, dass das Quatsch sei. Das Gefühl wird sich erst ändern, wenn entweder dem Gefühl Fakten entgegengesetzt werden oder aber geschaut wird, warum sich dieses Teammitglied so benachteiligt fühlt. Vielleicht geht es gar nicht ums Geld, sondern um andere Dinge. Der Teamleiter und die Teammitglieder müssen also zu sorgfältigem Zuhören und vorsichtigem Umgang miteinander bereit sein. Ironische Kommentare sind hier völlig unangebracht. Es kann aber durchaus passieren, dass bei fortgeschrittener Offenheit der Ton immer deutlicher wird. Die Beziehungen sind dann so gefestigt, dass ein offenes Wort als Unterstützung und nicht als Vernichtung verstanden wird.
Stichworte zur Offenheitsphase
• Mut
• Empathie
• Respekt
• Vertrauen
• Differenzierung in den Beziehungen
• Emotionalität
• Schutz
• Zusammenhalt
• Identifikation des Einzelnen mit dem Team
• „Wir-Gefühl"

Was ist in der Offenheitsphase des Teams der Firma Bacher passiert?

Die Spaltung im Team wurde für Ruth so unerträglich, dass sie sich selbst nicht mehr in der Lage sah, diese Spaltung zu überwinden. Die einzelnen Teammitglieder bestätigen die Verschlechterung des Arbeitsklimas und meinen, dass etwas getan werden muss. Aber niemand weiß so recht, was getan werden könnte. Deswegen erkundigt sich Ruth nach einem Teamtraining und schlägt dem Team vor, ein solches Training zu veranstalten. Das Team stimmt dem zu, auch wenn die Motivationen dazu sehr unterschiedlich sind. Ruth erhofft sich eine Verbesserung des Arbeitsklimas und die Überwindung der Spaltung im Team, wenn sie auch keine Vorstellung davon hat, wie das denn geschehen könnte. Hilde hofft, dass die Situation sich bessern wird, wenn in Ruhe darüber gesprochen wird. Insbesondere wünscht sie sich, dass Ruth mehr Zeit für das Team hat. Belinda erhofft sich ein Öffnen der anderen Teammitglieder für die neuen Ideen und ist sich Ruths Unterstützung sicher. Abraham hat schon viel von solchen Trainings gehört. Er ist dazu bereit, über die Situation im Team zu sprechen, er ist aber nicht bereit, irgendwelche albernen Spielchen zu machen, denn er hat von Kollegen schon gehört, dass sie die seltsamsten Dinge tun mussten. Eduard hat zwar zugestimmt, weil er gemerkt hat, dass es Ruth sehr wichtig ist. Er hält aber von der ganzen Sache nichts. Er findet Belinda mit ihren Ansichten einfach nur arrogant und meint, sie müsse nur ein bisschen von ihrem hohen Ross herunterkommen, dann wäre die Situation im Team auch wieder besser. Diese Ansicht behält er aber für sich und meint nach außen hin nur, dass ein Teamtraining eine ausgezeichnete Idee sei. Carlos findet den Vorschlag gut. Er hat sich in letzter Zeit immer mehr zwischen allen Stühlen gesehen. Auf der einen Seite möchte er solidarisch zu den „alten" Kollegen halten, auf der anderen Seite findet er aber den frischen und auch streitbaren Wind im Team ganz gut. Er kann die kontroversen Diskussionen aushalten; er findet sie spannend. Da er aber auch ein großes Interesse an einer guten Zusammenarbeit hat, schlägt er noch vor, sich schon am Abend vorher zum Abendessen zu verabreden, um sich auf das Training einzustimmen. Die anderen halten dies für eine gute Idee und Ruth übernimmt die Organisation des Trainings. Sie findet einen Trainer, den sie kompetent findet und der ihr sympathisch ist. Es ist vereinbart worden, zunächst für einen Tag das Training anzusetzen, um zu schauen, wie es ihnen damit geht, denn niemand hatte zuvor Erfahrung mit einem solchen Training.

Zwei Tage vor dem Training wird Hilde am Arbeitsplatz ohnmächtig. Die anderen sind sehr erschrocken. Sie hatten nicht gemerkt, wie schlecht es Hilde geht. Da Hilde innerlich inzwischen aber sehr unter Druck steht, möchte sie auf jeden Fall an dem Training teilnehmen, da sie sich einiges davon erhofft.

Sie entscheidet sich also am Abendessen vor dem Training nicht teilzunehmen, aber zum Training zu kommen. Dort passiert dann, dass es nach einigen „Aufwärmübungen" aus ihr herausbricht. Sie muss den anderen erzählen, wie sehr sie sich unter Druck gesetzt hat. Sie schaffe es einfach nicht mehr und sie brauche für sich eine andere Lösung. Sie sei aber auch auf die Hilfe der anderen angewiesen, da sie sich selber kenne und immer in das Vakuum springe, wenn die Arbeit niemand erledige.

Alle sind sehr betroffen. Ruth macht sich große Vorwürfe, dass sie Hildes Überforderung nicht gesehen hat. Sie war zu involviert in die Überzeugungsarbeit für die neue Systemsoftware.

Innerhalb kürzester Zeit verschiebt sich die ganze Dynamik im Team. Abraham mischt sich zum ersten Mal ein, indem er nun seinerseits Ruth stützt und ihr versichert, dass sie sich keine Vorwürfe zu machen brauche, denn Hilde hätte ja was sagen können. Dies sieht Hilde genauso. Carlos hat es die Sprache verschlagen. Er fühlt sich in dieser Situation ganz unwohl. Er weiß nicht, ob er jetzt auch Schwächen zugeben soll, was ihm höchst unangenehm wäre. Er wünscht sich nur heimlich, dass der Tag schnell vorbei gehen würde. Belinda wird klar, wie fordernd sie manchmal sein kann und dass sie die Unterstützung der anderen braucht. Sie ermutigt die anderen, sie ruhig einmal auszubremsen. Sie würde das auch nicht zu persönlich nehmen. Sie verspürt nur ständig einen inneren Druck gegen das Vorurteil anzuarbeiten, dass auch hübsche Frauen gute Arbeit abliefern können. Dies habe ihr Vater ihr nie geglaubt. Beim Thema Vater wird Eduard ganz unruhig. Zögerlich beginnt er zu berichten, dass sein Vater große Erwartungen in ihn setzt und er gar nicht weiß, ob er diesen Erwartungen entsprechen möchte. Er weiß nicht einmal, was seine persönlichen Ziele und Pläne sind. Auch hier steigt Abraham wieder ein, indem er anfängt von seinem Sohn zu erzählen. Er hatte zunächst auch für seinen Sohn klare Vorstellungen, was aus ihm werden sollte. Da er persönlich immer ein großes Interesse an Schauspiel und Theater gehabt hat, hätte es ihm gut gefallen, wenn sein Sohn in eine solche Richtung gegangen wäre. Aber seinem Sohn gingen die kulturellen Vorträge schon immer auf die Nerven und Theaterbesuche mit der ganzen Familie waren stets mit Stress verbunden. Abraham war entsetzt, dass sein Sohn sich so gar nicht für die kulturellen Hintergründe der verschiedenen Gesellschaften interessierte. Wenn er heute ehrlich ist, so habe sein Sohn aber schon sehr früh ein großes Interesse für jede Art von Technik gehabt. Dies wollte er nur nicht sehen, weil er diese Menschen für seelenlose Wesen hielt, die kulturell völlig verkümmert vor ihren Computern hocken. Der Sohn habe aber trotzdem nach langen Diskussionen ein Ingenieurstudium begonnen, dies inzwischen erfolgreich abgeschlossen und ist nun sehr in einer kleinen Softwarefirma engagiert, die rasend schnell wächst. Inzwischen weiß er, dass er seinem Sohn nur seine eigenen Vorstellungen aufzwingen wollte. Da er seinen Sohn jetzt so akzeptiert, wie er ist, bringt sein Sohn ab und zu Theaterkarten für moderne Stücke mit, in denen die Technik ein wichtiger Teil der Inszenierung ist. Vater und Sohn führen anschließend immer rege Diskussionen über die Notwendigkeit der Technik, aber sie akzeptieren sich beide in ihren Standpunkten. Abraham hat dies alles so ausführlich erzählt, weil er Eduard ermutigen möchte, sich seinen eigenen Wünschen und Bedürfnissen zu stellen. Eduard ist ganz traurig geworden, weil er insgeheim Abrahams Sohn um einen solchen Vater beneidet. Aber gleichzeitig erkennt er zum ersten Mal die unterstützende väterliche Seite an Abraham, die er früher nie wahrnahm.

Nach all diesen Offenbarungen ist das Team sichtlich erschöpft, aber auch erleichtert. Es hat sich innerlich wie äußerlich viel bewegt. Zu Beginn des Trainings fiel dem Trainer bereits auf, dass die beiden Gruppierungen auf jeweils zwei Seiten des Stuhlkreises gesessen hatten, während er sie nun darauf hinweisen kann, dass sie jetzt alle „durcheinander" sitzen. Die starren Positionen haben sich aufgelöst.

Das Team vereinbart, dass es nun selbstständig in der Lage ist, die Stellvertreterproblematik zu diskutieren. Sie entscheiden sich aber dafür, sich noch einmal einen Tag zurückzuziehen und die Sache sorgfältig und ohne Störungen von außen zu bearbeiten. Als Stellvertreter für Ruth kommen Carlos, Eduard und Hilde in Frage. Abraham und Belinda haben daran kein Interesse. Für den einen ist es zu spät und für die andere zu früh.

Ruth gelingt es, sich zurückzuhalten und das Team erarbeitet gemeinsam die Talente der einzelnen Personen. Ohne dass irgendjemand etwas bestimmen muss, entscheidet sich das Team für Hilde. Obwohl sie gar nicht an eine solche Position gedacht hat, wird deutlich, dass sie im Prinzip genau diese Position bereits jetzt ausfüllt. Um Hilde zu entlasten, werden einige ihrer Aufgaben auf die anderen Teamkollegen übertragen. Auch wenn dies zum Teil einiger Diskussion bedarf, werden auf diese Weise die Kompetenzen der einzelnen Teammitglieder noch einmal sehr deutlich. Carlos merkt, dass ihm die Interaktion mit allen Bereichen der Firma viel Spaß macht, also wird er zum „Pressesprecher" des Teams gewählt. Er soll sich ab jetzt um die Schnittstellenproblematik mit anderen Bereichen in der Firma kümmern. Eduards technisches Verständnis und sein genaues Arbeiten prädestinieren ihn für Ruths Stellvertretung im Systemsoftwareteam. Das Team vereinbart, dass Ruth ihn stärker einbindet, so dass er sie vertreten kann, und er das Erarbeitete noch einmal genau auf die Durchsetzbarkeit hin überprüft. Das Team kann ebenfalls formulieren, was es sich von Ruth auch weiterhin wünscht. Dies ist hauptsächlich mehr Zeit, denn nur wenn Ruth wirklich mit ihnen zusammen im Raum arbeitet, bekommt sie auch die alltäglichen Probleme mit.

5.4 Vierte Phase: Trennung

Abb. 7: Das Loslassen der Trennungsphase

> Ich lebe mein Leben in wachsenden Ringen,
> die sich über die Dinge ziehn;
> ich werde den letzten vielleicht nicht vollbringen,
> aber versuchen will ich ihn.
> *Rainer Maria Rilke*

Immer dann, wenn ein Team mit Veränderung in der Gruppe umgehen muss (z. B. jemand verlässt das Team, ein Produkt läuft aus, ein Projekt ist beende(t) geht es um **Trennung.**

Da das Leben ein Prozess ist, kann kein Team Themen der Trennung vermeiden. Es gibt keine Entwicklung ohne Verlust.

Unabhängig davon, wie viele Phasen das Team durchläuft, Trennung ist unvermeidlich. Ein Team kann bei schnellem Personalwechsel ständig zwischen Zugehörigkeit und Trennung hin- und herspringen, d. h. es kommt nie in die produktiven Phasen der Verantwortung und Offenheit. Dies macht deutlich, wie wichtig es ist, an der Beständigkeit des Teams zu arbeiten.

Verläuft die Verantwortungsphase nicht günstig und die Teammitglieder verrennen sich im Machtkampf, so kann sich daraus eine verfrühte Trennung ableiten, weil einzelne Teammitglieder die Stimmung nicht mehr aushalten und das Team verlassen.

Menschen versuchen, das richtige Maß an Veränderung in ihrem Leben zu finden. Einige Menschen brauchen viel Veränderung, sie fangen gerne neue Sachen an, und es fällt ihnen leicht Altes loszulassen. Sie mögen Veränderung und Trennung. Andere Menschen ziehen es vor, einer Situation treu zu bleiben. Sie sind gerne in derselben Stadt, am selben Arbeitsplatz, mit ein und demselben Partner und mit immer gleichen Freunden zusammen. Sie versuchen, Veränderungen und Trennungen zu vermeiden.

Ein und dieselbe Person kann zu einer Zeit mehr Interesse an Veränderungen haben als zu anderen Zeiten. Es gibt jedoch eine Grundtendenz im Menschen, Trennung zu initiieren oder zu vermeiden.

In einer Zeit der Trennung wird der Prozess der Teamentwicklung zurückgedreht. Wenn Teammitglieder wissen, dass ihre gemeinsame Zeit begrenzt ist, werden sie zunächst darüber reden. Sie reden über ihre Gefühle und Gedanken bezüglich der Trennung. Sie realisieren, dass jedes Teammitglied andere Empfindungen bezüglich dieser Ablösezeit hat **(Offenheit)**. Einige sind froh, dass das Projekt beendet ist, weil sie sich neuen Aufgaben zuwenden wollen, wieder andere sind froh, dass das Teammitglied das Team verlässt, weil sie es sowieso nie besonders mochten. Manche sind traurig, weil eine gute Zeit vorbei ist. Andere sind wütend, weil sie sich im Stich gelassen fühlen.

Die Teammitglieder müssen sich den Aufgaben zuwenden, die in dieser Teamkonstellation noch zu erledigen sind. Sie müssen diese beenden, um inhaltlich zu einem Abschluss zu kommen und um einen sanften Übergang zu gewährleisten **(Verantwortung)**.

Letztendlich reden sie gerne darüber, wie es war, als das Team begonnen hat, als das neue Teammitglied in das Team kam, oder als das Projekt angefangen hat **(Zugehörigkeit)**. Sie klären abschließend die Wichtigkeit der sich trennenden Person, des beendeten Projekts oder des vollendeten Produkts.

Die Gefühle, die zur Trennung gehören, sind Trauer, Wut und Erleichterung.
- Ich bin traurig, weil ich jemanden (oder etwas) verliere.
- Ich bin wütend, weil ich keine Kontrolle über die Trennung habe.
- Ich fühle mich erleichtert, weil eine unangenehme oder anstrengende Situation vorbei ist.

Je wichtiger die Person (oder das Projekt) war, desto mehr Gefühle werden in dem Trennungsprozess aufkommen. Für manche Leute ist ein einziges Gefühl vorherrschend. Andere gehen durch das Chaos verschiedener Gefühle. Da wir alle offensichtlich wenig geübt in Trennung sind, habe ich selten einen guten Trennungsprozess erlebt. Fast immer findet eine kollektive Verleugnung der Trennung statt. Offensichtlich erhalten in unserer Gesellschaft die Menschen wenig Anleitung zur guten Trennung. Freundschaften schlafen einfach ein, wenn man damit unzufrieden ist, es findet aber kein Austausch über die Unzufriedenheit statt. Eltern trennen sich und niemand weiß, wie man Kindern dies auf eine für sie verständliche Art erklären kann. Der Tod findet außerhalb der Familie statt, so dass Kinder dies nicht als natürlichen Bestandteil des Lebens erfahren können.

Deswegen arbeitet das Team wie immer und hofft, dass die Trennung keine Auswirkungen haben wird. Leute ziehen alle Tricks aus der Verleugnungskiste: Sie vergessen den Termin der Abschiedsfeier, buchen eine Geschäftsreise zu dieser Zeit oder behaupten, dass die Person (oder das Projekt) sowieso nicht wichtig war. Besonders beliebt als Abwehr der Trauer ist die Abwertung des Teamleiters.

Jedoch: Jede Verleugnung bezüglich der Trennung wird die Energie für den nächsten Entwicklungsschritt blockieren.

Im Prinzip kann ein Team solange weiterbestehen, solange es gemeinsame Aufgaben findet und es ihm gelingt, die Bedürfnisse der Sach- und Beziehungsebene zu befriedigen. Diese Bedürfnisse unterliegen der Veränderung, z. B. durch neue Ziele, neue Interessen der Mitglieder oder neue Aufgaben. Häufig allerdings ist das Ende eines Teams entweder durch die vorgegebene Dauer oder durch die Erreichung seiner Ziele „vorprogrammiert". Da in diesem Fall das Ende festgelegt ist, nimmt es auch keine Rücksicht darauf, ob jeder seine eigenen Ziele erreicht hat, ob das Thema erledigt ist oder ob die Mitglieder sich trennen wollen, weil die Zeit dafür reif ist. Das Ende muss also bewusst vorbereitet und angesteuert werden. Der Leiter muss das bevorstehende Ende in die Planung und Prozessbegleitung mit einbeziehen. Das Team geht, speziell in der Offenheitsphase, innerlich von der beinahe unbegrenzten Dauer der Teamexistenz aus. Entstehung und Wachstum werden als positiv erlebt, ihre Auflösung und Beendigung dagegen eher als unangenehm und schmerzlich. Das Team schiebt diesen Schmerz vor sich her und will sich möglichst spät damit auseinander setzen.

- Abschluss,
- Transfer und
- Abschied

sind die drei beherrschenden Themen der Trennungsphase.

Abschluss heißt, die Arbeit oder das Projekt zu einem Ende zu bringen und zwar auf der Sachebene wie auch auf der Beziehungsebene. Hierzu zählen auf der Sachebene Abschlussberichte und Dokumentationen, damit andere an den Früchten der Arbeit teilhaben können. Auf der Beziehungsebene sollten sich die Teammitglieder ein Feedback über die Art der Zusammenarbeit geben und wenn nötig, die Einarbeitung eines neuen Teammitglieds besprechen.

Im **Transfer** setzen sich die Mitglieder damit auseinander, was denn in Zukunft für Aufgaben auf sie zukommen, was sie aus diesem Team mitnehmen können, was daran einmalig war und sich nicht wiederholen lässt. Die Teammitglieder brauchen auch eine Perspektive für neue Aufgaben, die ebenfalls interessant sind. Es wird diskutiert, wie sich das angeeignete Wissen auf die neue Situation übertragen lässt oder mit welchen Hindernissen bei einer solchen Umsetzung zu rechnen ist. An die Stelle von Illusionen treten realistische Einschätzungen und Schritte.

Der eigentliche **Abschied** braucht umso mehr Zeit und Energie, je länger das Team zusammen war und/oder je persönlicher und intensiver die Beziehungen waren. Das Team sollte nicht nur den Abschied feiern, sondern sich auch die Zeit nehmen, den Abschied so zu planen, dass er eine persönliche Note bekommt, also das Besondere des Teams symbolisiert.

Es ist hilfreich, Rituale für die Trennung zu entwickeln. Wenn die Teammitglieder ein Ritual finden, das sie alle mögen, werden sie eher dazu bereit sein, in einer anderen Teamzusammensetzung wieder neu mit der Zugehörigkeitsphase zu beginnen.

Haben die Teammitglieder die Teamerfahrung als positiv erlebt, finden sich folgende Verhaltensweisen:

- **Neuinszenierung:** Entwicklungsstufen und Ereignisse, die aus allen vorherigen Phasen stammen können, werden noch einmal reinszeniert.

- **Rückschau:** Es findet ein bewusster Erinnerungsvorgang an das Teamleben und seine Ereignisse und Ergebnisse statt. („Weißt du noch,...")

- **Auswertung:** Es findet eine gemeinsame Auswertung über das Erreichte und Nicht-Erreichte statt. Dies leitet meist auch den Übergang in das Stadium nach dieser Teamsituation ein.

- **Rückzug:** Dem einzelnen Teammitglied ist klar, dass sich nicht mehr alles in der noch zu verbleibenden Zeit klären lässt, es beschränkt sich auf die wichtigsten Aspekte und behält die anderen Themen für sich.

In dieser Phase wird von der Teamleiterin wieder wesentlich mehr Struktur verlangt als in der Verantwortungs- und Offenheitsphase. Die Teammitglieder brauchen einen klaren äußeren Rahmen, um die Balance zu schaffen zwischen dem Ansprechen und Erledigen wichtiger Themen einerseits und andererseits der Akzeptanz, dass nicht mehr alles angesprochen oder erledigt werden kann.

Jede Trennung eines Teams wird die Art der Zusammenarbeit noch einmal widerspiegeln. Waren die Beziehungen sehr eng und intensiv, werden die Mitglieder auch einen intensiven und persönlichen Abschied wünschen. Waren die Beziehungen eher oberflächlich und ist das Team vielleicht nie über die Zugehörigkeit hinausgekommen, wird auch der Abschied kurz und oberflächlich sein und die Teammitglieder werden wahrscheinlich keinen weiteren Kontakt halten.

Gerade wenn ein Teammitglied in ein anderes Team derselben Firma wechselt, wollen die Teammitglieder gerne die Trennung verleugnen, weil sie die Person ja weiterhin sehen. Aber die Person trennt sich von diesem Team und jede Beteuerung, dass sich an der Beziehung nichts ändern wird, ist Quatsch. Wenn mir ein Mensch nicht mehr tagtäglich gegenüber sitzt, und ich mich nicht mehr sofort mit allem an ihn wenden kann, wird sich unsere Beziehung verändern. Der andere wird sich in seiner neuen Zugehörigkeit dafür entscheiden, Energie und Zeit vom alten Team auf das neue Team und die neue Aufgabe zu richten. Und auch das verbleibende Team muss sich entweder einem neuen Teammitglied oder einer neuen Teamstruktur zuwenden, in der das alte Teammitglied keinen Platz mehr hat. Es ist sehr verführerisch, den Ausstieg nicht richtig zu planen, weil das Teammitglied ja noch in der Firma ist und so das Team der Illusion erliegt, dass es das Wissen und die Annehmlichkeiten nach wie vor jederzeit von dem ehemaligen Teammitglied abrufen kann. Ich habe oft erlebt, dass ein schlecht geplanter oder zu schneller Wechsel eines Teammitglieds von einem Team in ein anderes zur Folge hatte, dass noch viele Fragen offen waren. So wurde das Teammitglied durch seine Verfügbarkeit ständig in Problemstellungen der täglichen Arbeit des alten Teams involviert. Dadurch fehlte ihm Zeit und Energie für die Aufgaben im neuen Team. Nicht selten wandert das Teammitglied mental und tatsächlich zwischen den beiden Teams hin und her und versucht verzweifelt beide Teams zufrieden zu stellen. Dies kann allerdings nicht gelingen, ohne dass sich auf beiden Seiten Unmut breit macht. Entweder beschwert sich das neue Team, dass das Teammitglied zu viel Zeit in das alte Team investiert, oder das alte Team fühlt sich zurückgestoßen, wenn das Teammitglied sich klar abgrenzt. Von daher ist es besonders bei einem Wechsel von einem zum anderen Team notwendig, sehr sorgfältig auf den Übergang zu achten und diesen Übergang als eine Trennung zu behandeln.

Von den Teammitgliedern wird in der Trennungsphase erwartet, dass sie achtsam mit der unterschiedlichen Bewertung der Teamhistorie umgehen können. So kann es für ein Teammitglied sehr erleichternd sein, dass sich das Team auflöst, während es für ein anderes Teammitglied sehr belastend ist, weil es sich in diesem Team zu Hause gefühlt und die Zusammenarbeit sehr geschätzt hat. Die Teammitglieder müssen es schaffen, diese Andersartigkeit der Empfindungen zu achten. Denn nur so werden alle Teammitglieder den Mut haben, ihre eigenen Empfindungen und Einschätzungen zur Teamhistorie zu erzählen.

Die Art, wie sich das Team trennt, symbolisiert oft den ganzen Beziehungsverlauf. Sind die Teammitglieder immer respektvoll miteinander umgegangen, so werden sie dies auch im Abschied zum Ausdruck bringen. Haben die Teammitglieder gut zusammengearbeitet und ein gutes Produkt, eine gute Dienstleistung zustande gebracht, so werden sie bei der Trennung stolz darauf sein. Wird das Team allerdings aufgelöst, weil es genau diese Leistung nicht erbracht hat, so werden eher Scham und Wut vorherrschen und den Teammitgliedern wird nicht nach Abschiedsfeier zumute sein. Dasselbe gilt selbstverständlich, wenn nur ein Teammitglied das Team verlässt.

Trennung hat also damit zu tun, wie gut jemand **loslassen** kann, oder ob er lieber **festhalten** möchte.

Logan (1993) fragte Teammitglieder aus verschiedenen Organisationen (Transport, Versicherungen, Nahrungsmittel, Gesundheitswesen, Regierung, Computer), was sie für notwendig erachten, damit ein Projekt ein gutes Ende findet. Um das herauszubekommen, sollten sie drei Sätze zu Ende führen:

- Ein erfolgreiches Projekt hat zum Ergebnis... (Resultat)
- Ein erfolgreiches Projekt ist... (Eigenschaft)
- Ein erfolgreiches Projekt besteht aus... (Merkmale)

Aus diesen Satzergänzungen kristallisierten sich fünf Themenschwerpunkte heraus:

(1) ein größeres Verständnis für allgemeine Zusammenhänge
(2) Empfehlungen, die auf soliden Daten beruhen
(3) Vollständigkeit mit messbaren Ergebnissen
(4) Begleitung und Beachtung des Managements
(5) Implementierung der Empfehlungen

Dies zeigt also, wie sehr Menschen sich eine gute Begleitung und einen guten Abschluss wünschen.

Stichworte zum Thema Trennung
- Abschied nehmen
- Ritual
- loslassen
- Akzeptanz von Begrenztheit
- Perspektive
- Trauer
- Wut
- Erleichterung
- Stolz
- Dank
- Reflexion

- Abschluss (-dokumentation, -feier, -bericht)
- Zukunftsaussichten

Was ist in der Trennungsphase des Teams der Firma Bacher passiert?

Nach dem Teamtraining verlief die Arbeit wieder reibungsloser. Belinda fühlte sich mehr denn je in das Team integriert, Abraham hatte durch seine väterliche Rolle die Distanz zum Team verloren und Eduards Verwirrung über seine eigenen Ziele entschärfte die Diskussion zwischen ihm und Belinda. Gleichzeitig suchte er vermehrt Kontakt zu Abraham, weil dieser ihn sehr unterstützt. Hilde fühlte sich entlastet, da alle jetzt offiziell in Kenntnis gesetzt waren, dass sie die ganze Zeit über viel geleistet hatte. Sie konnte offen auflisten, um was sie sich alles gekümmert hatte und welche Dinge trotz ihres Bemühens vernachlässigt worden waren. In ihrer ruhigen Art versteht sie es, Anweisungen zu geben. Diese werden vom Team auch gerne erfüllt, weil sie sinnvoll sind und den anderen genug Entscheidungsspielraum lassen.

Ruth bemühte sich vermehrt im Team anwesend zu sein und fühlte sich auch nicht mehr so angespannt, seitdem die Spaltung im Team aufgehoben war.

Als alle gerade dachten, jetzt sei etwas Ruhe in das Team eingekehrt, verstirbt der Abteilungsleiter plötzlich an seiner schweren Erkrankung. Neben dem Schock des plötzlichen Todes stellt sich nun die Frage der Nachfolge schneller als geplant.

Wie zu erwarten, wird Ruth eine Woche nach der Beerdigung von dem Geschäftsführer gefragt, ob sie die Nachfolge des Abteilungsleiters antreten wolle. Aus formalen Gründen müsse aber eine Ausschreibung der Stelle erfolgen. Auch wenn es ihr selbst ein bisschen zu schnell geht und sie auf keinen Fall das Team im Stich lassen will, weiß sie, dass dies eine einmalige Chance ist. Gleichzeitig spürt sie nun nach dem Tod des Abteilungsleiters, wie sehr sie ihn als Mentor gebraucht hat. Die Beziehung zum Geschäftsführer ist wesentlich unterkühlter. Bei ihm spürt sie auch einen stärkeren Druck beweisen zu müssen, dass auch eine Frau einen solchen Posten ausfüllen kann. Durch Gespräche mit Freunden und ein kurzes Einzelcoaching wird ihr klar, dass sie diesen Posten annehmen möchte. Die Situation im Team muss noch geklärt werden.

Schweren Herzens teilt sie dem Team ihre Entscheidung mit. Sie weiß, dass sie in der neuen Funktion nicht mehr so viel mit den Leuten zu tun haben wird, auch wenn sie weiterhin für sie verantwortlich bleibt. Entgegen ihrer Erwartung fasst das Team die Entscheidung freudig auf, weil sie den Geschäftsführer auch nicht mögen. Sie haben die Hoffnung, kaum etwas mit ihm zu tun zu haben, wenn Ruth ihre Abteilungsleiterin wird.

Noch in der Diskussion um die Umstrukturierung des Teams findet Ruth durch einen Zufall heraus, dass ihre Position auch öffentlich ausgeschrieben wurde und bei einer Personalagentur Bewerberinterviews laufen. Niemand hatte ihr davon etwas gesagt. Ruth fühlt sich tief gekränkt. Sie spricht den Geschäftsführer darauf an. Dieser behauptet aber, sie habe da etwas falsch verstanden, da es sich um eine andere Position handele. Ruth fragt genauer nach, weil sie von keiner ähnlichen Position weiß, erfährt aber keine zufrieden stellende Auskunft. Ein paar Tage später wird sie von einer Kollegin erstaunt gefragt, ob sie denn den Abteilungsleiterposten nicht mehr haben wolle. Ruth fragt, nichts Gutes ahnend, wie sie darauf komme. Ja, weil doch Bewerbungsgespräche mit externen Bewerbern für diese Position laufen. Ruth konfrontiert ihren Chef erneut mit dieser Tatsache. Er flüchtet sich nur in Allgemeinplätze. Es wird Ruth klar, dass ihr Chef sie nicht haben will und nach jemand anderem sucht. Falls die Suche aber erfolglos bleiben würde, würde er sie dennoch, sozusagen als notwendiges Übel, auf diese Position setzen. Ruth erkennt, dass ihr Chef völlig unfähig zur Offenheit ist. Da sie selber so gute Erfahrungen mit der Offenheit in ihrem Team gemacht hat, und sie merkt, dass sie überhaupt kein Vertrauen mehr zu diesem Mann hat, fängt sie ihrerseits an, die Stellenanzeigen zu durchforsten. Mehr aus Enttäuschung als aus Begeisterung geht sie zu einigen Bewerbungsgesprächen. Sie sieht sich plötzlich in einer Situation, die sie sich noch vor ein paar Wochen nicht hätte träumen lassen. Bei einer kleinen Firma spürt sie aber, dass sie sich sehr wohl fühlt. Es wird ihr offen berichtet, was die Position beinhalten soll, welche Schwierigkeiten auf sie warten. Die Abteilung wäre zwar wesentlich kleiner als in der alten Firma, aber das wäre ihr sogar recht. Die Atmosphäre ist locker aber professionell. Das gefällt ihr. In einem zweiten Interview lernt sie das Team kennen, das in dem Bewerberverfahren ebenfalls ein Mitspracherecht hat. Auch das gefällt Ruth und sie nimmt sich vor, dies zukünftig auch so zu machen. Letztendlich macht ihr die Firma gehaltlich noch ein traumhaftes Angebot. Sie spürt, dass sie bei der Firma anfangen möchte. Dies bereitet ihr aber einige Magenschmerzen, weil dies bedeuten würde, dass sie ihr Team in dieser unoffenen, unklaren Situation zurücklassen wird. Aber der Wunsch, die Firma zu wechseln, ist inzwischen so stark geworden, dass sie es dem Team endlich sagen muss. Eine Freundin muss sie allerdings mehrmals anstoßen, es dem Team endlich zu sagen, da nicht mehr viel Zeit bis zur offiziellen Kündigung bleibt.

Als es Ruth endlich schafft dem Team mitzuteilen, dass sie die Firma verlassen wird, sind alle wie vor den Kopf gestoßen. Jetzt hatten sie sich gerade als Team so gut entwickelt, und nun soll das alles vorbei sein. Jedes Teammitglied stellt sich sofort innerlich die Frage, ob es denn weiterhin bei der Firma bleiben will. Das Team hatte inzwischen auch von dem heimlichen Bewerbungsverfahren gehört und findet es eine Sauerei. Es ist für alle klar, dass sie Hilde als Teamleiterin haben wollen. Hilde ist aber nur bereit die Teamleitung zu übernehmen, wenn Ruth ihre Vorgesetzte bleibt. Eine fremde Person ist ihr einfach zu ungewiss. Sie lehnt deshalb ab, die Teamleitung zu übernehmen. Carlos und Eduard geht es genauso. Plötzlich will niemand mehr die Teamleitung übernehmen. So entscheidet sich das Team, anstatt ein neues Teammitglied als Ersatz für Ruth einen neuen Teamleiter zu suchen. Dies wird dem Geschäftsführer mitgeteilt. Das entsprach genau seinen Vorstellungen, er hatte bereits die Bewerbervorauswahl abgeschlossen. Das Bewerbungsverfahren erweist sich aber als wesentlich unergiebiger als es die Geschäftsleitung angenommen hatte. So verlässt Ruth die Firma noch bevor ein Ersatz für sie gefunden ist. Hilde wird kommissarische Leiterin, Eduard übernimmt im Systemsoftwareprojekt die Aufgaben von Ruth. Die Software steht kurz vor der Implementierung. Ruth kann noch all die Dinge regeln, die in ihrer Macht stehen, dennoch macht es sie sehr unzufrieden, dass so viele Dinge ungeklärt bleiben. Aufgrund ihrer persönlichen Kränkung hat sie diesbezüglich aber nichts mehr unternommen. Es ist ihr lediglich wichtig, mit dem Team einen guten Abschied hinzubekommen. Sie überlegt lange, was denn ein angemessener Rahmen für den Abschied wäre. Da alle mit der Entwicklung in der Firma unzufrieden sind, lädt sie das Team zu einem Abschiedsessen zu sich nach Hause ein. Früher hat sie ihr Privatleben sehr von ihrem Berufsleben getrennt gehalten. Jetzt verspürt sie den Wunsch, ihr zu Hause mit den anderen zu teilen. Es ist ein schöner Abend, selbst wenn die Traurigkeit latent spürbar ist. Es wird auch nicht offen darüber gesprochen, dass fast jeder die Stellenanzeigen der Zeitungen durchforstet. Für Abraham ist die Situation besonders schwierig, da er ja in seinem Berufsleben eigentlich nichts mehr ändern will. Er will auch erst einmal abwarten, wer jetzt kommt, aber gleichzeitig hat er ein ganz ungutes Gefühl. Es wird jetzt sehr deutlich, das der Abteilungsleiter die Interessen des Teams gegen den Geschäftsführer durchgesetzt hat. Hilde fühlt sich sehr unwohl, muss aber auch erkennen, dass es sehr schwer sein wird, in ihrem Alter eine neue Stelle zu finden. Belinda ist relativ ruhig. Sie will sich die neue Situation eine Weile anschauen; wenn sie ihr nicht gefällt, wird sie sofort die Konsequenzen ziehen. Eduard durchforstet die Stellenanzeigen verstärkt nach Positionen für eine Teamleitung. Er will jetzt endlich wissen, ob er so etwas leisten kann. Carlos wurde so arg aus seiner Zufriedenheit gerissen, dass er sich ebenfalls nach einer neuen Stelle umsieht. Ihm ist aber klar, dass er nicht mehr in einem festen Team mitarbeiten möchte, weil ihm die Vermittlertätigkeit viel Spaß macht und er sich auch weiterhin darin betätigen möchte. Eine Stabsstelle für Marketing in einer anderen Firma würde ihn schon sehr reizen. Er hat schon Bewerbungsunterlagen eingereicht.

6. Verschiedene Modelle im Vergleich

Neben dem eben vorgestellten gibt es auch noch andere Modelle, die selbstverständlich viel Ähnlichkeit aufweisen, weil die Teamentwicklung stets in ähnlichen Bahnen verläuft. Sie alle sind zyklische Modelle. Es gibt aber auch noch andere Modellformen, die ich hier kurz vorstellen möchte. Wer sich für diese theoretischen Feinheiten nicht so interessiert, kann dieses Kapitel einfach überspringen ohne den Zusammenhang zu verlieren.

6.1 Das Equilibrium-Modell

Das Equilibrium-Modell nimmt an, dass eine Gruppe ihre Anstrengungen in instrumentelle (aufgabenorientierte) und expressive (soziometrische) Bedürfnisse aufteilt. Diese ähneln den bereits vorgestellten Sach- und Beziehungsebenen. Im Equilibrium-Modell ist die Gruppe ein System, das versucht zwischen diesen beiden Bedürfnissen ein Equilibrium (Gleichgewicht) herzustellen. Jede Störung bringt dieses Gleichgewicht durcheinander und Gegenkräfte versuchen, es wieder herzustellen. In diesem Modell gibt es drei Phasen: 1. Die **Orientierung** repräsentiert die explorative Phase, in der die Teammitglieder nach Informationen fragen und diese auch von anderen Teammitgliedern bekommen. 2. Die **Evaluation** repräsentiert die Phase, in der die Mitglieder nach Meinungen fragen und diese auch von den anderen bekommen. 3. Die **Kontrolle** ist hier die letzte Phase, in der die Mitglieder Kontrolle ausüben, um die Aktionen der Gruppe zu beeinflussen. (Mennecke, Hoffer, Wynne, 1992)

6.2 Linear-progressive Modelle

Linear-progressive Modelle haben gemeinsam, dass sie annehmen, die Gruppe entwickele sich in einer bestimmten Entwicklungsordnung von einer Phase zur nächsten.

Das am häufigsten genannte Modell ist das 4-Phasen-Modell von Tuckman (Rosini, 1996):

Erste Phase: Formierungsphase (Forming)

Die Teammitglieder erkennen sowohl ihre Aufgaben als auch die Regeln und die Methoden des Teams. Angst ist das vorherrschende Grundgefühl, denn jedes Mitglied versucht noch, seinen Platz innerhalb des Teams zu finden. Dabei werden verschiedene Verhaltensmuster ausprobiert. Oft wird in dieser Phase die Nähe zu einem einzigen Teammitglied gesucht. Zudem bestehen oft starke Abhängigkeitsgefühle gegenüber dem Teamleiter.

Diese Beschreibung ähnelt sehr der Zugehörigkeitsphase in meinem Modell. Jedoch habe ich beobachtet, dass die Hinwendung zu nur einer Person immer dann stattfindet, wenn auf die Zugehörigkeitsbedürfnisse nicht eingegangen wird und die Personen mit der neuen Situation überfordert sind. Insofern kann man dieses Verhalten mit einer guten Planung (gemeinsame Aktivitäten) unterbinden.

Zweite Phase: Konfliktphase (Storming)

Es bilden sich Untergruppen, die nicht selten untereinander rivalisieren. Rebelliert wird gegen die Kontrolle des Teamleiters und der Gruppe selbst. Es findet eine Polarisierung von Meinungen statt. Diese Machtkampfphase ist emotional sehr aufgeladen und führt zur Festlegung von Teamnormen, die für den weiteren Verlauf maßgeblich sind. Die Konfliktphase von Tuckman ist vergleichbar mit der Verantwortungsphase meines Modells. Die Probleme des Konkurrenzverhaltens werde ich noch eingehend diskutieren. Aber auch hier zeigt sich, dass diese Phase nicht notwendigerweise ein solches Verhalten zeigen muss, sondern dies fehlgeleitetes Verhalten ist. Hier ist vor allem kompetentes Leiterverhalten gefordert.

Dritte Phase: Normierungsphase (Norming)

Diese Phase ist geprägt von hoher Akzeptanz, starker Identifikation und großem Zusammenhalt. Die Rollen sind gefunden, Widerstände verschwunden, es wird nach Normen gesucht und Konflikte werden beigelegt. Es findet ein offener Austausch von Meinungen und Gefühlen statt, Kooperationsfähigkeit entsteht.

Diese Phase beschreibt eher eine gut verlaufende Verantwortungsphase. Durch ein gut geleitetes Konfliktmanagement lässt sich die Stormingphase also schnell in eine Normingphase leiten. Des Weiteren glaube ich nicht, dass Normen sich erst so spät herausbilden. Ich beobachte immer wieder, dass bereits beim ersten Treffen Normen meist unbewusst festgelegt werden (Wer fängt an zu sprechen? Wer sagt immer zum Schluss etwas? Braucht das Team immer einen Kritisierer, einen Schönredner, etc.?). Es zeigt sich lediglich, dass in der von Tuckman als Normierungsphase benannten Entwicklungsstufe die Normen häufig neu verhandelt werden müssen, weil dem Team nun Erfahrung mit dem Teamverlauf vorliegt. Normen können also nun viel bewusster verhandelt werden.

Vierte Phase: Arbeitsphase (Performing)

Dadurch, dass interpersonale Probleme gelöst wurden und die Rollen innerhalb des Teams inzwischen flexibel und funktional sind, steht die gesamte Energie für die eigentliche Arbeitserfüllung bereit. Treten Störungen auf, stehen nun effektive Problemlösungstechniken zur Verfügung. Bei dieser Phase handelt es sich um die Hauptarbeitsphase. Dies beschreibt die positiven Seiten der Verantwortungsphase in meinem Modell.

Tuckman berücksichtigt nicht die Offenheitsphase und er vergisst völlig, die Trennung des Teams zu thematisieren. Dies ist in vielen Modellen anzutreffen und in unserer Gesellschaft sicherlich bezeichnend für den unsicheren Umgang und die Verleugnung von Trennung.

6.3 Lebenszyklische Modelle

Diese Modelle nehmen an, dass sich eine Gruppe ähnlich den Lebenszyklen eines Individuums entwickelt – Geburt, Wachstum, Tod. Diese Modelle unterscheiden sich von den linear-progressiven Modellen dadurch, dass sie die Trennung als Gruppenphase betonen, wie es ebenfalls in dem hier von mir vorgestellten Modell der Fall ist.

Das fünfphasige Modell von Garland, Jones und Colodny basiert auf Untersuchungen in der sozialen Gruppenarbeit; es deckt sich sehr mit meinem Modell. (Rosini, 1996)

Erste Phase: Voranschluss oder Orientierung

Die Gruppenmitglieder wollen Kontakt zueinander, aber gleichzeitig respektvolle Distanz halten. Sie möchten etwas über die anderen wissen, jedoch nicht zu viel von sich selbst preisgeben. Vorherrschende Gefühle sind Angst, Unsicherheit, Neugierde und Abhängigkeit. Diese Phase entspricht der Zugehörigkeitsphase in meinem Modell.

Zweite Phase: Machtkampf und Kontrolle

In dieser Phase sind Äußerungen zur Macht und Kontrolle vorherrschend. Es treten Probleme des Status, des Ranges, der Verständigung sowie der Entscheidung in den Vordergrund. Es wird versucht, eine Ranghierarchie aufzubauen sowie Beziehungen festzulegen und zu formalisieren. Jetzt können sich Cliquen und Bündnisse entwickeln, die gegeneinander rivalisieren. Dies entspricht der Verantwortungsphase. Früher hieß diese Phase in meinem Modell auch Kontrollphase. Ich habe sie aber in Verantwortungsphase umbenannt, weil damit meines Erachtens das konstruktive Thema dieser Phase am besten beschrieben ist. Kontrolle ist dabei ein wesentlicher Aspekt, aber die Überbetonung der Rivalisierung und Auseinandersetzung scheint mir nicht zuträglich für den Teamprozess.

Dritte Phase: Vertrautheit und Intimität

Die Gruppenmitglieder haben ein Beziehungssystem aufgebaut, das zu intensiveren persönlichen Beteiligungen am Gruppengeschehen führt. Einzelne Mitglieder sind dazu bereit sich zu exponieren, d. h. sie zeigen Schwächen, gehen Wagnisse und Bindungen ein. Dies entspricht der Offenheitsphase.

Vierte Phase: Differenzierung

Nach Klärung der Intimitätskonflikte sind die Mitglieder besser in der Lage zu differenzieren sowie die Beziehungen und Ereignisse innerhalb der Gruppe realitätsnäher zu bewerten. Mitglieder und Leiter können nun als unterschiedliche Individuen wahrgenommen und die Gruppenerfahrung als einzigartig betrachtet werden. Machtprobleme verringern sich. Entscheidungen werden jetzt aufgrund objektiver Tatsachen und gegenseitiger Abmachungen getroffen. Die Gruppe befindet sich auf dem Höhepunkt ihrer Produktivität und hat jetzt ihre größte Stabilität erreicht.

Die Differenzierung wird in meinem Modell als Bestandteil der Offenheit gesehen. Da mein Modell auf Arbeitsteams und nicht auf soziale Gruppen ausgerichtet ist, müssen die oben beschriebenen Entscheidungsprozesse früher fallen und werden auch noch ausführlich behandelt.

Fünfte Phase: Trennung

Die Arbeit ist getan und das gewollte oder geplante Ende steht bevor. Die Gefühle schwanken zwischen der Erleichterung, etwas geschafft zu haben, und der Traurigkeit, es nun hinter sich zu haben.

Dieses Modell ist eines der wenigen, das auch noch die Trennung des Teams berücksichtigt.

6.4 Diskussion

Wie bei allen theoretischen Modellen sind die Modellphasen in jedem lebendigen Team von unterschiedlich langer Dauer, sie überlappen sich und treten wieder auf. So passiert es immer wieder, dass ein offensichtliches Verhalten, das einer bestimmten Phase zugeordnet werden kann, häufig nur die ursprüngliche Thematik verdeckt. Ein Team kritisiert z. B. den Teamleiter wegen der Form und des Ablaufes der Teamsitzung. Erst im Laufe der Auseinandersetzung wird deutlich, dass jedes einzelne Mitglied das Gefühl vermisst, wichtig zu sein, d. h. eine Zugehörigkeitsthematik wurde durch ein Verantwortungsthema angegangen.

Wenn ein Team die Phasen sehr schnell durchläuft, passiert es meistens, dass zu einem späteren Zeitpunkt die vorherigen Phasen teilweise wiederholt werden. Jede Wiederholung eröffnet neue Möglichkeiten der Bearbeitung und sollte nicht als Versagen angesehen werden. Die Phase, in die Teams am häufigsten zurückkehren müssen, ist die Zugehörigkeitsphase. Die Notwendigkeit dieser Phase wird am häufigsten übersehen und bringt schließlich Konflikte hervor, die die Behandlung der Zugehörigkeitsthemen erforderlich macht. Auch in einem solchen Fall sollte das Team und besonders der Teamleiter aus ihrem Vergessen lernen und diesen Fehler nicht beim nächsten Mal wiederholen.

Es ist auch noch wichtig zu erkennen, dass das gesamte Team einerseits und die einzelnen Teammitglieder andererseits durchaus in unterschiedlichen Phasen stecken können. Hier darf die Teamleiterin nie den Blick für das Ganze verlieren. Wenn z. B. ein Teammitglied bereits am Anfang des ersten Meetings die Verteilung der Verantwortlichkeiten geklärt haben will, weil es die Abklärung der Verbindlichkeiten für nicht so wichtig erachtet, bedeutet das noch lange nicht, dass das Team in der Verantwortungsphase ist. Es wird auch immer wieder Teammitglieder geben, die aus lebensgeschichtlichen Gründen bis zur Terminierung des Teams immer noch mit einem Gefühl des Unwichtig-Seins, also einem Zugehörigkeitsthema, kämpfen.

Teams können an bestimmten Stellen festhängen, versuchen einige Phasen zu überspringen (was nach meiner Erfahrung noch keiner Gruppe gelungen ist), müssen aus verschiedenen Gründen in einer Phase länger verharren oder können sich aufgrund organisatorischer Gegebenheiten nicht sehr weit entwickeln. Jedes Team wird ganz spezielle Stärken und Schwächen in den einzelnen Phasen haben, da die Persönlichkeiten der einzelnen Teammitglieder immer für eine einzigartige Zusammensetzung des Teams sorgen, dessen es sich bewusst werden muss, so dass es die Stärken schätzen und die Schwächen bearbeiten kann.

Es macht keinen Sinn, gewisse Phasen früher einzuleiten oder andere Phasen, weil sie unbequem erscheinen und Probleme hervorbringen (hier vor allem die Verantwortungsphase), überspringen zu wollen. Die Thematiken und Problematiken der einzelnen Phasen lassen sich nicht überspringen. Diese tauchen an anderer Stelle doch wieder auf und werden dadurch oftmals schwerwiegender. Konflikte und Probleme gehören da gelöst, wo sie entstehen und nicht erst dann, wenn sie sich nicht mehr vermeiden lassen.

Das Bewusstsein für solche Prozesse ist am Anfang eines jeden Teamprozesses recht unterentwickelt. Häufig ändert erst die konkrete Erfahrung die Einstellung. Primäres Ziel jeden Teams ist die Leistung und zwar von Anfang an. Dass die Zusammenarbeit in einem Team aber maßgeblich vom Stand seiner Entwicklung abhängig ist und erst ab einem gewissen Zeitpunkt wirklich effektiv sein kann, wird oft ignoriert.

7. Themen der einzelnen Phasen

Entsprechend der Teamentwicklung muss sich das Team mit unterschiedlichen Aufgaben und Themen beschäftigen. Wenn ein Team ein Thema oder eine Aufgabe zu früh oder zu spät angeht, so mag die Aufgabe vielleicht richtig und wichtig sein, aber der Erfolg ist durch das falsche Timing gefährdet. In jeder Phase hat das Team die Chance, die Dinge sorgfältig zu bearbeiten und somit zum Fortkommen des Teams beizutragen. Nicht selten passiert es aber auch, dass sich ein Team in jeder Phase hemmt. Deswegen werde ich hier fördernde und hemmende Themen der einzelnen Phasen aufzeigen, die die Schwerpunkte der einzelnen Phasen noch einmal verdeutlichen sollen. Wenn ein Team nicht zufrieden stellend funktioniert oder vorzeitig auseinander bricht, so sind dafür vielfältige Faktoren verantwortlich. Diese können in der Firmenstruktur, im Teamprozess, im Verhalten des Teamleiters und in der Persönlichkeitsstruktur der Teammitglieder liegen.

7.1 Was fördert die Zugehörigkeit?

7.1.1 Das Zugehörigkeitsmeeting

Bei der Gründung eines Teams muss das Motto gelten „wehret den Anfängen". Alles, was am Anfang klar und gut gelaufen ist, wird anschließend die Arbeit ungeheuer erleichtern. Alles, was nicht geklärt wurde, wird später zur Arbeitsbehinderung führen. Die Zugehörigkeitsthemen können in einem oder mehreren Meetings geklärt werden. Diese Zugehörigkeitsmeetings sind so lange notwendig, bis alle aufgeführten Punkte geklärt worden sind. Das Team sollte sich nicht dazu verleiten lassen, sich in die eigentliche Arbeit zu stürzen, bevor nicht die Rahmenbedingungen geklärt sind. Auch wenn diese Anfangsdiskussionen manchmal mühselig und häufig wie Zeitverschwendung erscheinen, sparen sie vor allem in der Verantwortungsphase viel Zeit. Folgende Fragen zu den Rahmenbedingungen des Teams müssen in den Zugehörigkeitsmeetings geklärt werden:

(1) Wie sind die Rahmenbedingungen für die Teamzusammenkünfte: wie häufig, wie lang etc.?

(2) Wer gehört zu diesem Team? Erscheint allen Anwesenden die Zusammensetzung als sinnvoll oder ist einer zu viel oder zu wenig, um die anstehenden Aufgaben zu bewältigen?

(3) Wissen alle, was die Aufgabe des Teams sein soll? Können sich alle damit identifizieren?

(4) Haben die einzelnen Teammitglieder das Gefühl, dass sie Wertvolles zur Bewältigung dieser Aufgabe beitragen können? Wenn ja, was soll das sein?

(5) Wie lauten die Teamvision, -mission und die -ziele?

(6) Haben alle Teammitglieder eine innere Verbindlichkeit, ein Commitment, für die Teilnahme an diesem Team abgegeben? Dies sollte jedes Mitglied explizit und laut sagen. Ein stilles Herumsitzen darf nicht als Zustimmung gewertet werden.

7.1.2 Definieren von: Mission, Zielen, Aufgaben

Wenn ein Team startet und nicht weiß, in welche Richtung es laufen soll, kann es schnell passieren, dass alle in unterschiedliche Richtungen loslaufen, ohne dass es jemand bemerkt. Von daher sollten zu Beginn die Mission, die Ziele und die Aufgaben geklärt werden.

Mission: In der Mission wird geklärt, was der Grund für dieses Team ist. In einer Untersuchung wurde festgestellt, dass erfolgreiche Teams sich dadurch auszeichnen, dass sie eine Einheit bilden, was den Zweck ihres Zusammenschlusses angeht (Tolle, 1988).

Kriterien für eine sinnvolle Mission können sein:

• **Prägnanz.** Nicht mehr als ein bis zwei Sätze.

• **Semantisch eindeutig.** Benutzen Sie Wörter, die allgemein in Ihrem Geschäftsbereich benutzt werden.

• **Stabil und einzigartig.** Eine Mission sollte nicht dauernd verändert werden und jedes Teammitglied sollte sich mit der Einzigartigkeit identifizieren.

• **Zweck.** Was macht das Team, warum existiert es?

Falls noch keine Mission besteht, so ist dies eine gute erste Aufgabe für ein Team. Sie sollte also nicht von außen kommen, sondern vom Team entwickelt werden. Ist die Mission eindeutig, ist das eine schnelle Angelegenheit. Entstehen bei der Diskussion Unklarheiten, so wird deutlich, dass es noch einiges zu klären gibt, bevor das Team mit der eigentlichen Arbeit beginnt. Jedes Teammitglied erhält dadurch auch noch einmal die Möglichkeit, die innere Zustimmung zu überprüfen. Wenn ein Team sich noch nie durch Missionsformulierungen gekämpft hat, ist es für das Team sehr verführerisch, doch „endlich mit der Arbeit zu beginnen". Wer die Grundlagen der Arbeit aber nicht sorgfältig klärt, wird später eben genau mit dieser Arbeit erhebliche Probleme haben, weil immer wieder Missverständnisse auftauchen, die andernfalls zu Beginn geklärt worden wären. Wie wichtig hierbei die Unterstützung des Managements ist, scheint offensichtlich, denn es muss den Rahmen und den Raum für diese Klärungen zur Verfügung stellen. Wenn es solche Klärungen für überflüssig hält, wird es dem Team bei aller eigenen Erkenntnis und Wissen schwer gemacht, diese Anfangsaufgabe hinreichend abzuklären.

Ziele: In den Zielen werden die Zustände beschrieben, die das Team in der Zukunft erreichen möchte. Diese müssen sichtbar sein, prägnant und relevant für die Mission. Charakteristika von Zielen sind:
• Sie sind Idealzustände, die in einer bestimmten Zukunft erreicht werden sollen.
• Sie beziehen sich direkt auf das Team.
• Sie sollen realistisch zu erreichen sein.
• Sie sollen spezifisch und eindeutig sein.
• Qualität
• Quantität
• Kosten

Sie müssen einen direkten Bezug zur Mission haben und gemeinsam von den Teammitgliedern entwickelt werden, die auch dafür verantwortlich sind, dass sie erreicht werden. Die Ziele müssen immer wieder neu diskutiert werden (mindestens einmal im Jahr), besonders wenn sich tief greifende Veränderungen in der Organisation ergeben haben, die auch das Team beeinflussen.

Aufgaben: Die Aufgaben sollen beschreiben, welche Aktivitäten angegangen werden müssen, um sich diesem Ziel zu nähern. Dies zwingt das Team noch einmal die Ziele genauer zu differenzieren und auf ihre realistische Umsetzung hin zu überprüfen. Wenn die Ziele nicht mit konkreten Aufgaben gefüllt werden, die konkrete Personen in einem konkreten Zeitrahmen erreichen müssen, sind sie sinnlos. Ist die Konkretisierung der Aufgaben nicht möglich, so sollte überprüft werden, ob das Ziel neu formuliert werden muss, oder ob die Ressourcen erhöht werden müssen, um dieses Ziel zu erreichen.

Dies scheint zunächst offensichtlich, aber in wenigen Teams wird dies auch dokumentiert. Doch nur durch die schriftliche Fixierung und Verabschiedung der Ziele kann überprüft werden, ob alle diesen wirklich zustimmen können. Dies ist eine wichtige Voraussetzung. Ein so strukturiertes Vorgehen hilft allen Beteiligten zu überprüfen,

- ob die Zusammensetzung des Teams wirklich Sinn macht,
- ob die Größe des Teams stimmt,
- ob der Auftrag klar ist und
- ob die Ressourcen reichen.

Es bietet sich an, diese Grundlagenarbeit in einem Workshop zu realisieren. Durch das schriftliche Fixieren dieser Rahmenbedingungen lernen sich die Teammitglieder kennen und können so wichtige Entscheidungen selbst treffen, was dazu beiträgt, sich diesem Team verpflichtet zu fühlen.

Der Teamleiter hat aber die Aufgabe, eine solche Erarbeitung deutlich zu strukturieren und zu moderieren. Er kann sich nicht zurücklehnen und schauen, was die Teammitglieder denn für Vorschläge machen und jemand anderem die Leitung überlassen. Dies verunsichert das Team und schwächt den Teamleiter, der dadurch dem Team den Eindruck vermittelt, dass er selber nicht weiß, was denn Sinn und Zweck dieses Teams ist.

7.1.3 Die Suche nach einem neuen Teammitglied

Es ist erschütternd, wie dilettantisch Firmen an die Personalauswahl im Allgemeinen und auch an die Teamzusammensetzung im

Besonderen herangehen. So musste ich z. B. von einem Personalleiter einer großen Firma hören, dass er die Teamfähigkeit eines Bewerbers daran erkennen will, ob dieser privat in einem Fußballverein spielt. Eigene Umfragen haben gezeigt, dass es kaum Firmen gibt, egal ob groß oder klein, die sich Gedanken um eine professionelle Personalauswahl machen. Aber jeder weiß davon zu berichten, dass die falsche Zusammensetzung der Teammitglieder für die Produktivität und das Wohlbefinden sehr hemmend ist. Darum sollte dieser wichtigen Aufgabe der Zugehörigkeitsphase größte Aufmerksamkeit gewidmet werden.

Dabei geht es auch um viel Geld. Eine falsche Entscheidung für ein durchschnittliches Teammitglied beläuft sich schnell auf fünf- bis sechsstellige Beträge. Ganz anders hört sich das bei Führungsteams an. So ist 1997 John R. Walter nur knapp 9 Monate nach seiner Berufung zum Präsident der AT & T Corporation zurückgetreten. Der Grund war die Weigerung des Verwaltungsrates, Walter zum Nachfolger des in Pension gehenden Vorsitzenden Robert E. Allen zu ernennen. Finanziell konnte sich Walter nicht beklagen. Der größte US-Telekommunikationskonzern schickte ihn mit 26 Millionen Dollar weg. Es wäre sicherlich wesentlich billiger gewesen, die Auswahl vorher sorgfältiger zu planen. Firmen müssen sich von dem Grundsatz verabschieden: Man stellt Leute aufgrund ihrer fachlichen Kompetenz ein, aber man feuert sie wegen ihrer Persönlichkeit.

(1) Der erste Schritt, ein neues Teammitglied zu suchen, ist die Analyse des zu besetzenden Aufgabenbereichs in Bezug auf Verantwortung, Vergütung, Arbeitsbedingung und Mindestqualifikation. Diese Beschreibungen sollten ehrlich und realistisch sein. Die eigentliche Kandidatensuche verläuft in der Regel in enger Zusammenarbeit mit der Personalabteilung, die über etablierte Formen der Kandidatensuche verfügt. Dieser Schritt sollte unabhängig davon getan werden, ob ein Kandidat aus den eigenen Reihen oder extern gesucht wird.

(2) Während der erste Schritt den meisten Firmen noch geläufig ist, fehlt es fast immer an dem zweiten Schritt, nämlich der Analyse der bereits bestehenden Teammitglieder. Diese Analyse sollte nicht nur die fachliche Qualifikation umfassen, sondern auch die Persönlichkeit der Teammitglieder.

(3) Auf der Grundlage dieser beiden Analysen wird das zukünftige Teammitglied ausgesucht. Vor der eigentlichen Suche ist damit klar formuliert, was das neue Teammitglied an Kenntnissen und an Eigenschaften idealerweise mitbringen soll.

(4) Da ein Kandidat selten all diesen Anforderungen entspricht, werden die Entscheidungsträger einen Kompromisskandidaten einstellen. Durch die klar erstellten Analysen wird aber deutlich, worin der Kandidat das Team zu unterstützen im Stande ist und wo weiterhin Schwachstellen im Team bestehen bleiben. So wurde z. B. bei einer vorherigen Analyse festgelegt, dass der Kandidat eine eher ruhige Natur besitzen sollte, da das Team schon ausschließlich aus schnellen bis hektischen Menschen bestand, die manchmal zu vorschnellen, unüberlegten Entscheidungen neigen. Aber alle Kandidaten waren ebenfalls übereilt, so dass dieser Punkt nicht zu erfüllen war. Das Team war sich aber bewusst, dass ihnen der besonnene, ruhige Faktor immer noch fehlt. Mit diesem Bewusstsein kann das Team präventiv auf sein Manko eingehen.

(5) Ist der „beste aller Kandidaten" (frei nach Loriot) ausgesucht, wird er auf der Grundlage eines Einarbeitungsplans in das Team eingeführt.

Ich möchte hier eine Form der qualifizierten Personalauswahl vorstellen, die noch wenig bekannt, aber höchst effizient ist: **Die Persönlichkeitsanalyse durch Bewegungsbeobachtung**. In differenzierten Studien (Laban 1947, Kestenberg in Lewis, Loman 1990, Lamb 1979, North 1978, Kestenberg-Amighi u. a. 1999) wurden Bewegungen strukturiert, deren einzelne Bewegungsqualitäten bestimmten Persönlichkeitsqualitäten zugeordnet werden konnten. Der oder die geschulte Bewegungsanalytiker/in kann nun in einem ganz normalen Vorstellungsgespräch diese Qualitäten beobachten und daraus, dem vorher erarbeiteten Anforderungsprofil entsprechend, eine differenzierte Analyse erstellen. Für die Firma ist dies eine unkomplizierte Art der qualifizierten Personalauswahl, denn es müssen keine zeitaufwändigen Tests oder Assessment Center eingerichtet werden. Diese sind recht zweifelhaft, da die Kandidaten in der Regel mehr damit beschäftigt sind herauszubekommen, was denn die Firma hören will, als sich so zu zeigen, wie sie wirklich sind. In Tests geben Kandidaten gerne das Idealbild wider, dem sie selbst gerne entsprechen würden. Bei der qualifizierten Beobachtung der Kandidaten ist kein zusätzlicher Organisationsaufwand erforderlich: Die Firma kann den normalen Prozess des Bewerberinterviews durchführen. Der/die Beobachter/in sitzt lediglich schweigend mit im Interview, verfolgt die Körpersprache des Kandidaten und überprüft sie auf die Übereinstimmung mit dessen gesprochenen Worten.

Im Vorfeld der Personalsuche werden die Persönlichkeitsprofile der bereits bestehenden Teammitglieder analysiert, um diese beim Bewerber zu berücksichtigen. So kann es z. B. notwendig sein, ein neues Teammitglied zu suchen, das sich gut einen Überblick verschaffen und schnell komplexe Zusammenhänge erkennen kann, wenn zu einem Team sehr viele Menschen gehören, die zwar sehr präzise und genau arbeiten, aber auch immer wieder den größeren Zusammenhang übersehen. Durch die vorangegangene Analyse wird den Teammitgliedern bewusst, dass ihnen diese Qualität fehlt, und sie sich somit immer wieder in Detailfragen verlieren. Deshalb sollte die Frage wer in das Team passt, nicht nur als Bauchentscheidung gefällt, sondern auf objektive Grundlagen gestellt werden.

Obwohl ich selber inzwischen viele Analysen erstellt habe, bin ich über die Validität immer wieder aufs Neue erstaunt. Besonders amüsiert hat mich der Ausspruch eines Direktors, dem nach seiner Einstellung die Analyse ausgehändigt wurde. Er zeigte sie seiner Frau, und diese fragte sehr erstaunt: „Wie kann jemand in 1½ Stunden das herausbekommen, wofür ich 5 Jahre gebraucht habe?"

Beispiele für eine solche Analyse finden Sie im Appendix 1.

Folgende Schritte müssen bei der Personalbeschaffung auf jeden Fall beachtet werden:

(1) Entwerfen Sie ein genaues Anforderungsprofil hinsichtlich der Fähigkeiten **und** der Eigenschaften, die der Kandidat/die Kandidatin mitbringen soll.

(2) Listen Sie die üblichen und die alternativen Wege der Personalbeschaffung auf. Je mehr Kandidaten Sie zur Auswahl haben, desto besser.

(3) Führen Sie das Interview auch als Team.

(4) Bereiten Sie sich gemeinsam auf das Interview vor, indem sie so-

wohl aufgrund der Unterlagen als auch aufgrund des Anforderungsprofils Fragen stellen, die Ihnen aufschlussreiche Antworten geben können. Bevorzugen Sie dabei offene Fragen (siehe Appendix III.).

(5) Verteilen Sie Rollen für das Interview. So kann einer die zukünftige Aufgabe beschreiben, ein anderer unangenehme Fragen stellen, wieder ein anderer die Rolle des stillen Beobachters übernehmen, der auch die Interaktion zwischen dem Bewerber und den Teamkollegen beobachtet.

(6) Werten Sie gemeinsam das Interview aus. Hier sollte jeder Eindruck gleichwertig behandelt werden. Denn es müssen alle mit dem zukünftigen Teammitglied auskommen.

Jede Firma sollte über ein Handbuch verfügen, das den Verantwortlichen einen Leitfaden an die Hand gibt, an was alles zu denken ist, wenn das neue Teammitglied beginnt. Sollte dies nicht vorhanden sein, so kann einschlägige Literatur helfen (Rischar, Brendt 1994).

7.1.4 Wir wollen uns kennen lernen!

Hat sich das Team für ein neues Mitglied entschieden oder ist das Team sogar komplett neu, besteht ein großes Bedürfnis danach sich kennen zu lernen. Hier bietet sich an, dieses Kennenlernen nicht nur dem Zufall zu überlassen, sondern es in einem Teamtraining zu strukturieren. Einen Menschen kennen zu lernen heißt, etwas über seine Eigenschaften zu erfahren, aber auch etwas über seinen Werdegang. Für das neue Teammitglied ist es auch sehr hilfreich, etwas über die Geschichte des Teams zu erfahren. Denn einzelne Geschichten lassen sich sonst nur schwer in einen Zusammenhang bringen.

So kann sich das Team einen Tag lang zurückziehen, um sich vorzustellen und kennen zu lernen: Wo kommt jemand her, was hat er gelernt, ist er verheiratet, hat er Kinder, wie ist er zu dieser Firma gekommen, zu diesem Team?

Die „alten" Teammitglieder berichten, wann sich das Team gebildet hat, welchen Veränderungen es bereits unterworfen war, welche Personen bereits in dem Team waren und warum diese das Team verlassen haben. Durch das Aufrollen der Vergangenheit landen die Teammitglieder schließlich in der Gegenwart und können ihre Erwartungen an die zukünftige Teamarbeit formulieren. Hier kann sich z. B. das Ausarbeiten der Missionen, Ziele und Aufgaben anschließen. Denn diese sind ausschließlich zukunftsorientiert. Für ein solches Training empfiehlt es sich, einen externen Trainer hinzuzuziehen, der die Struktur vorgibt. Ein sehr erfahrener Teamleiter kann dies auch selbst übernehmen. Dieses Kennenlernen erleichtert die zukünftige Arbeit.

Die neuen Teamkollegen haben einen Einblick in die Entwicklung des Teams erhalten. Dieses Hintergrundwissen erleichtert die Integration erheblich. So werde ich vielleicht die morgendliche Muffeligkeit meines Kollegen nicht allzu persönlich nehmen, wenn ich weiß, dass er zu Hause einen Säugling hat, der die Familie nachts auf Trab hält. Ich habe vielleicht erfahren, dass einige Kollegen genauso gerne Ski fahren wie ich, so dass man sich zu einem Skiwochenende verabreden kann. Ich verstehe jetzt, warum ein Kollege bei jeder Investition besorgt ist, weil er bereits einen Konkurs in einer Firma miterlebt hat und eine latente Angst vor dem Arbeitsplatzverlust geblieben ist. Ich habe erfahren, dass eine Kollegin nur dann effizient arbeitet, wenn sie die Dinge nacheinander wegarbeiten kann, also werde ich sie in Zukunft nicht mit mehreren Sachen gleichzeitig konfrontieren.

7.1.5 Achtsamkeit

Es gibt Menschen, die haben eine Begabung, mit anderen achtsam und aufmerksam umzugehen. Die meisten Menschen müssen an dieser Eigenschaft aber hart arbeiten. Viel zu oft sind wir mit unseren eigenen Gedanken und Plänen so sehr beschäftigt, dass wir die anderen mit ihren Bedürfnissen und Befindlichkeiten nicht wahrnehmen.

Ich habe einmal an einem Kurs in Griechenland teilgenommen, in dem es den Veranstaltern auch darum ging, Grundprinzipien der griechischen Geschichte und damit der Geschichte der Demokratie im kleinen Kreis nachzuerleben. So gab es morgens früh ein „Demos", eine gemeinsame Runde, in der alle anstehenden Dinge diskutiert und entschieden wurden. In dieser Demos gab es auch „Appreciation Time". Die Teilnehmer des Kurses konnten sich bei anderen für eine Hilfeleistung bedanken. So bedankte sich eine Kursteilnehmerin bei mir, weil ich ihr am Tag vorher meine Nagelschere geliehen hatte, mit der sie ihren verletzten Fuß behandeln konnte. Zuerst fand ich es albern, weil ich dies für eine Selbstverständlichkeit hielt, aber dann sah ich den Wert darin, uns wieder zu üben, auch für kleine Dinge aufmerksam zu sein. Dies gestaltet nicht nur den Umgang angenehmer, sondern zeigt uns gleichzeitig, dass die Achtsamkeit ständig gelebt und geübt werden muss.

Sie ist aber die beste Form, dem anderen zu zeigen, dass er wichtig ist und dass ich ihn in seiner Persönlichkeit annehme.

7.1.6 Jeder ist wichtig

Das Gefühl des Wichtigseins ist das zentrale Gefühl in der Zugehörigkeitsphase. Jedes Teammitglied muss also genau verstehen, warum es in das Team aufgenommen wurde, welche Kompetenzen, Fähigkeiten, Fertigkeiten und Eigenschaften an ihm geschätzt werden, die zu dieser Entscheidung geführt haben. Dies ist eben auch ein zentraler Bereich der Selbst-Achtung. Umgekehrt muss das Teammitglied den Zweck und die Notwendigkeit des Teams erkennen, denn jeder Mensch möchte einer bedeutungsvollen Gruppe angehören. Er möchte seine Zeit in etwas investieren, das für die Firma wichtig ist und ihn selbst zufrieden stellt. Je mehr Teammitglieder das Teamziel annehmen können, desto engagierter werden sie arbeiten und desto besser lassen sich Widerstände überwinden.

7.2 Was hemmt die Zugehörigkeit?

7.2.1 Fehlende innere Verbindlichkeit

Die häufigste Ursache, warum sich ein Team nicht gut oder gar nicht entwickeln kann, ist die fehlende innere Verbindlichkeit der einzelnen Teammitglieder. Im Englischen versteht man darunter das Wort Commitment, womit eine innere Verpflichtung gemeint ist, die aber nicht aufgrund von äußeren Zwängen eingegangen wird, sondern weil „Kopf und Bauch" ja sagen können. Eine Zusage muss also wirklich von innen kommen. Wurde ein Teammitglied zur Teilnahme gezwungen, so wird dies die Teamentwicklung behindern. Stimmt eine Person der Teilnahme zu, weil sie ansonsten mit irgendwelchen Nachteilen rechnet, entfaltet sich dies immer zu einem Hemmschuh für die Teamentwicklung. Aufgrund von Termindruck oder fehlender Sorgfalt geben sich die Verantwortlichen schnell mit einem halbherzigen Ja zufrieden und wundern sich anschließend, warum das Team nicht so effektiv arbeitet, wie das vom Potential der einzelnen Mitglieder her möglich wäre. Derjenige, der das Team zusammenstellt, sollte sich nicht mit einem Kopfnicken zufrieden geben, sondern ein deutliches Ja verlangen und sich auch darlegen lassen, wie das zukünftige Teammitglied plant, Energie und Zeit für das Team zur Verfügung zu stellen. Besonders Menschen, die gerne zu viel Verantwortung übernehmen, machen sich nicht genügend Gedanken darüber, ob sie die zusätzliche Aufgabe bewältigen können.

Es passiert immer wieder, dass eine Person an einem Projekt oder einem Team teilnehmen muss, weil sie über Spezialwissen verfügt, das das Team braucht. Die Person sieht dies auch ein und stimmt deswegen zu. Aber gleichzeitig fühlt sie sich durch die zusätzliche Aufgabe erheblich belastet. Es muss sorgfältig diskutiert und gemeinsam im Team überlegt werden, wie das Teammitglied unterstützt werden soll, damit die innere Verbindlichkeit des Teammitglieds gesteigert wird. Ich habe häufig erlebt, dass es für so ein Teammitglied schon hilfreich ist, seine Widerstände zum Ausdruck zu bringen, ohne dass man etwas daran ändern muss.

In einem Team war ein Teammitglied, das zwar gesagt hatte, es wolle teilnehmen, aber zu den Teammeetings mit immer „wichtigen" Entschuldigungen (Kunden eignen sich hier besonders gut als Entschuldigung) nicht erschienen ist. Der Unmut des Teams steigerte sich, weil selbstverständlich auch die anderen noch andere Verpflichtungen hatten, sie aber in der Lage waren, ihre Termine einzuhalten. Nach anfänglichem Verständnis wurden die Teammitglieder immer wütender und fühlten sich missachtet. Sie spürten, dass das Team sich erst aus der Zugehörigkeitsphase heraus entwickeln konnte, wenn die Teamzusammensetzung geklärt war. Als der Unmut zu groß wurde, entschied das Team aus dem Selbsterhaltungstrieb heraus das Teammitglied auszuschließen. Nur so sah es eine Chance, sich endlich weiterzuentwickeln. Nach dem Ausschluss war dies auch der Fall. Am Ende des Teams kam das Thema noch einmal zur Sprache. Da das Team zeitlich begrenzt war, wurde bei der Analyse der Teamentwicklung deutlich, dass dieses Teammitglied mit seiner Uneindeutigkeit das Team um Möglichkeiten der intensiveren Teamentwicklung gebracht hatte, der Rausschmiss aber gut war, weil sonst gar keine Entwicklung stattgefunden hätte.

Ein umgekehrtes Beispiel stellt das Team dar, in dem ein Teammitglied ankündigte, es müsse aufgrund von vielfältigen anderen Verpflichtungen aus dem Team ausscheiden, weil es die gemeinsamen Verpflichtungen des Teams nicht mehr erfüllen könne. Da das Team nicht wollte, dass das Teammitglied aus diesem Grund aus dem Team ausscheidet, suchten sie zusammen nach Entlastungsmöglichkeiten. Das Team entschied sich gemeinsam, Aufgaben des Teammitgliedes zu übernehmen, so dass das Teammitglied sich entscheiden konnte, in dem Team zu bleiben. Wichtig war hierbei, dass das Team diese Entscheidung selbst herbeigeführt hat und nicht „von oben" entschieden wurde. Das hätte nur Unmut erzeugt und den Teamzusammenhalt eher geschwächt als gestärkt.

7.2.2 Fehlende Rahmenbedingungen

Die Rahmenbedingungen sind wie ein Behälter, in den die Teamarbeit gelegt werden kann. Aber die Abklärung dieser Rahmenbedingungen wird bei den meisten Teams am Anfang versäumt. Die Teammitglieder sollten vom Teamleiter klare Rahmenbedingungen fordern, wenn dieser sie nicht aufstellt. Der Teamleiter muss die Teammitglieder stoppen, wenn sie sofort inhaltlich in die Arbeit einsteigen wollen und meinen, die Rahmenbedingungen, wie z. B. die Häufigkeit der Teamsitzungen, die Zusammensetzung des Teams und der Auftrag werden sich schon ergeben. Das Team sollte einen Entscheidungsspielraum für die Rahmenbedingungen haben und es muss für alle deutlich sein, was vereinbart wurde und wie lange die Vereinbarungen gelten. Diese Aufgabe liegt eindeutig beim Teamleiter. Ich werde deshalb später noch einmal auf diese Aufgabe eingehen.

7.2.3 Unfähigkeit zum Wandel

Besonders wenn Teams sehr erfolgreich gelaufen sind und die Beziehungen der Mitglieder eine gewisse Vertrautheit und Intensität erreicht haben, wehrt sich ein Team häufig gegen jede Art der Veränderung. Dies kann die Weigerung sein, sich einer neuen Aufgabe zuzuwenden oder die Weigerung, neue Teammitglieder aufzunehmen. Denn diese Hinwendung zum Neuen bedeutet einen Abschied von der Vertrautheit. Alte Gewohnheiten und Regeln müssen eventuell abgelegt, zumindest neu ausgehandelt werden. Wenn ein Team diesen Wandel nicht rechtzeitig erkennt und sich nicht den Zugehörigkeitsthemen zuwendet, kann es zur Auflösung des Teams kommen, da ein Teil des Teams an alten Strukturen festhält und im Falle eines Mitgliederwechseln die neuen Teammitglieder dadurch keinen Platz finden.

7.2.4 Vorurteile gegen Andersartigkeit

Wir haben vorher gesehen, dass die Zugehörigkeitsphase das Gleichgewicht zwischen Teamzusammenhalt und Individualität schaffen muss. Da dies eine durchaus anspruchsvolle Aufgabe ist, neigen Teams immer wieder dazu, Zusammenhalt durch Ausschluss von Andersartigkeit zu erlangen. Sie nehmen keine Person auf, die anders als der Rest des Teams ist („Der/Die passt nicht zu uns."). Damit müssen sie sich nicht mit Andersartigkeit auseinander setzen. Den Gewinn einer solchen Auseinandersetzung lernen sie auf diese Art aber nicht kennen.

Oder aber die Teammitglieder werden zu einer Gleichheit gezwungen, die dem Einzelnen nicht gerecht wird und dieser infolgedessen seine Individualität aufgibt. Ein solcher Zwang lässt sich leicht über unausgesprochene Normen ausüben, denen sich die Teammitglieder nicht zu widersetzen trauen.

> Eine Frau versuchte in den ersten Tagen herauszubekommen, welche unausgesprochene Kleiderordnung im Team herrscht. Sie glaubte festzustellen, dass es nicht in Ordnung sei, in Jeans zur Arbeit zu kommen, da sie an keinem Tag eines der Teammitglieder in Jeans antraf. Deshalb kleidete auch sie sich jeden Tag sehr formell, obwohl sie sich darin sehr unwohl und fremd fühlte. Erst viel später erfuhr sie, dass die anderen einfach keine Jeans mögen, sie selbst sie aber durchaus tragen darf, wenn sie sich darin wohler fühlt.

Dies wird gerne praktiziert (z. B. in der gleichen Einstellung gegenüber dem Management, dem Produkt, etc.) und dadurch die Andersartigkeit unterdrückt. Leider gibt es nur sehr wenig Menschen, die den Mut haben, gegen die Meinung der anderen eine eigene zu stellen. Deshalb muss eine Atmosphäre geschaffen werden, wo Andersartigkeit erlaubt ist. Ansonsten können wichtige Aspekte nicht berücksichtigt werden, was das Team an der Weiterentwicklung hindern wird.

7.2.5 Unrealistische Erwartungen

Ein Team muss mindestens zwei Erwartungen in Einklang bringen: die eigenen und die des Managements. Nimmt das Team unrealistische Erwartungen des Managements unkritisch an, so ist das Scheitern des Teams bereits vorprogrammiert. Dem Team stehen entweder nicht genügend Ressourcen zur Verfügung oder die Aufgabe ist aus anderen Gründen nicht zu bewältigen. Wenn das Management unrealistische Erwartungen an das Team stellt, so ist es die Aufgabe der Teamleiterin diese zu verhandeln, so dass entweder die Erwartungen des Managements zurückgeschraubt oder aber die Ressourcen erhöht werden müssen.

Umgekehrt muss das Management eingreifen, wenn das Team an sich selbst zu hohe Erwartungen stellt. Hier neigen viele Teams zur Selbstüberschätzung. Diese Gefahr besteht natürlich besonders dann, wenn sich neue interessante Aufgaben auftun, die aber mit den derzeit bestehenden Strukturen nicht zu bewältigen sind. Ein genauer Projektplan kann helfen, Erwartungen auf ihre realistische Umsetzung hin zu überprüfen.

7.2.6 Fehlende Unterstützung durch das Management

Als häufigste Ursache für das Scheitern von Teams wird die fehlende Unterstützung durch das Management genannt. Untersuchungen des Geva-Instituts haben gezeigt, dass sich Manager vor allem in den Punkten Teamorientierung, Mitarbeiterförderung und Einfühlungsvermögen gewaltig überschätzen. Es bleibt häufig bei Lippenbekenntnissen. Die notwendigen Fördermaßnahmen zur Teamarbeit bleiben aus (Reischauer, 1997). Dazu kommt noch, dass sich das Management häufig für ständig wechselnde Management-theorien begeistert. Teams können aber nur zuverlässig arbeiten, wenn die Firmenpolitik durch Stabilität und Konstanz gekennzeichnet ist (Flores, 1992). Teamarbeit bedeutet vor allem Verantwortung und Vollmachten an das Team abzutreten. Das Team muss im Dialog mit dem Management entscheiden, was es selbst entscheiden möchte und was es einer höheren Ebene überlassen muss. Daraus leiten sich einige Vorteile ab:

- **Besserer Kundendienst:** Mitarbeiter mit Kundenkontakt können Entscheidungen selbst fällen und rasch reagieren. Der Kunde bekommt dadurch den Eindruck, er habe es mit jemandem zu tun, der im Unternehmen Macht und Autorität besitzt. Dadurch fühlt er sich in seinen Belangen ernst genommen.

- **Flexibilität:** Die Teammitglieder sind in der Lage, auf Veränderungen und Geschäftsmöglichkeiten sofort zu reagieren.

- **Schnelligkeit:** Wenn das Team weiß, dass es für die Folgen seiner Handlungen selbst verantwortlich ist, kann es schnell handeln und Probleme lösen.

- **Funktionsübergreifende Beziehungen:** Wer nicht für alles von einer höheren Instanz die Erlaubnis braucht, kann je nach seinem Bedürfnis Fachleute aus anderen Fachbereichen für seine Aufgabe heranziehen und damit seine Arbeit effizient erledigen.

- **Kompensation für beschränkte Karrieremöglichkeiten:** Flachere Hierarchien führen unweigerlich dazu, dass die klassischen Karrierepfade weniger Möglichkeiten bieten. Wenn Beförderungen selten werden, muss ein Unternehmen andere Wege finden, den Angestellten Verantwortung zu übertragen und sie zu belohnen.

Solche Aspekte sollten vom Management ehrlich diskutiert werden, bevor sie sich nur zu Lippenbekenntnissen für Teamarbeit verleiten lassen, an bestehenden Strukturen und ihrem eigenen Verhalten aber nichts ändern wollen.

7.3 Was fördert die Verantwortung?

7.3.1 Entscheidungen

Das Team muss in der Verantwortungsphase Entscheidungen treffen, Verantwortung teilen und die Macht aufteilen.

Effektive Teamentscheidungen sind solche, die

(1) rechtzeitig getroffen werden, d. h. wirklich zur rechten Zeit. Hier werden alle Ressourcen der Teammitglieder genutzt, um den rechten Zeitpunkt einer Entscheidung zu sehen. Es gibt Entscheidungen, die sind nur deshalb nicht erfolgreich, weil sie zu früh oder zu spät getroffen werden. In der heutigen schnelllebigen Zeit können die Menschen sich häufig nur noch vorstellen, dass Entscheidungen zu spät getroffen werden. Dies trifft sicherlich auf viele innovative Märkte zu, aber es gibt auch unzählige Entscheidungen, die zu schnell getroffen werden und mit viel Leid und finanziellem Aufwand rückgängig gemacht werden müssen.

(2) von hoher Qualität sind. Dies ist in einer Teamentscheidung viel eher der Fall als in einer Einzelentscheidung, denn ein engagiertes Team wird versuchen, viele qualifizierte Informationen zusammenzutragen, die die Entscheidungsfindung erleichtern. Die Qualität der Entscheidung wird besonders dann gesteigert, wenn in dem Team eine Atmosphäre vorherrscht, in der auch ungewöhnliche Gedanken und Einwände ein offenes Ohr finden.

(3) bei anderen Engagement fördern. Eine richtige Entscheidung hat wenig Wert, wenn niemand gewillt ist sie auszuführen. Hier zeigt sich, wie wichtig es in der Zugehörigkeitsphase war, von den Teammitgliedern eine innere Verbindlichkeit zu fordern. Wenn ich wirklich zu diesem Team und seinen Aufgaben stehe, kann ich auch für eine Entscheidung eintreten, diese ausführen oder unterstützen. Wenn ich sie ablehne, weil ich nicht an den Erfolg der Entscheidung glauben oder sie, aus welchen Gründen auch immer, nicht mittragen kann, muss ich dies zum Ausdruck bringen und mich der Auseinandersetzung stellen. Sehr häufig werden Entscheidungen gefällt, die alle wichtig finden, aber keiner ist dazu gewillt, sie auch durchzuführen. Solche Entscheidungen sind reine Zeitverschwendung, weil sich die Teammitglieder anschließend mit ihren Entschuldigungen oder ihrem schlechten Gewissen beschäftigen, warum sie die Entscheidung nicht weiter vorantreiben.

Es gibt verschiedene Formen Entscheidungen zu treffen:

(1) **Autokratische Entscheidungen** werden von einer einzelnen Person in einer Autoritäts- und Machtposition gefällt. Diese Entscheidungsform sollte in Teams nicht vorkommen, außer es sind Notsituationen eingetreten, die ein sofortiges Handeln notwendig machen. Oder der Vorgesetzte ist aus rechtlichen Gründen nicht in der Lage, das Team mit entsprechenden Informationen zu beliefern, die seine Entscheidung transparent machen.

(2) **Autorisierte Entscheidungen** werden von einem Teammitglied getroffen, das vom Team durch das Vertrauen in seine Kompetenz autorisiert wurde, eine Entscheidung zu treffen. Häufig wird eine Person autorisiert eine Entscheidung zu treffen, weil die Teammitglieder sich nicht intensiv mit einem Thema auseinander setzen wollen und vorschnell jemanden „ausgucken". Ist nicht genügend abgeklärt, ob die Teammitglieder wirklich Vertrauen in die Kompetenz des „Auserwählten" haben, so werden sie nach der Entscheidung alle möglichen Fragen und Bedenken anbringen. Dies nimmt sehr viel Zeit in Anspruch, weil der „Auserwählte" diese Aspekte bereits alle berücksichtigt hat. Am Ende können die Teammitglieder meist dessen Entscheidung zustimmen, es war aber eine unnötig lange Diskussion entstanden. Hier ist es sinnvoller, dass der Teamleiter durch intensives Nachfragen feststellt, ob die Person wirklich aufgrund ihrer Kompetenz und nicht nur aus Bequemlichkeit oder Zeitdruck für diese Entscheidung autorisiert wird. Die autorisierte Person hält die Teammitglieder auf dem Laufenden, so dass, bevor die Entscheidung gefällt ist, das gesamte Team während der Entscheidungsphase noch die Möglichkeit hat, Aspekte mit in den Prozess einzubringen.

(3) **Demokratische Entscheidungen** werden normalerweise durch Abstimmung getroffen. In der einfachen Form haben alle Betroffenen eine Stimme. Der Vorschlag, der die meisten Stimmen erhält, wird angenommen und umgesetzt. Diese Form ist eigentlich nur für große Versammlungen sinnvoll. Ein Team sollte nicht auf diese Art Entscheidungen treffen, denn dies bedeutet, dass die Aspekte der Überstimmten nicht in die Entscheidung mit einfließen, dadurch

wichtige Informationen unberücksichtigt bleiben und somit nicht die qualitativ beste Entscheidung getroffen wird.

(4) Übereinstimmende Entscheidungen sind solche, die alle Teammitglieder unterstützen. Das heißt nicht, dass alle Teammitglieder der Meinung sind, dies sei die beste Entscheidung. Doch alle unterstützen die Entscheidung, und sie haben nicht das Gefühl, dass sie in Bezug auf ihre ethischen Vorstellungen, Werte und Interessen einen Kompromiss eingehen. Diese Form der Entscheidung ist nur dann sinnvoll, wenn für einen Entscheidungsprozess viele intuitive und gefühlsmäßige Faktoren eine Rolle spielen und diese bei den Teammitgliedern unterschiedlich sind. Da es für oder gegen eine Entscheidung aber keine „harten Fakten" gibt, kann ein Teammitglied zustimmen, auch wenn seine Intuition etwas anderes sagt. Dies sollte es allerdings unterlassen, wenn die Intuition so stark ist, dass es dem nicht zustimmen kann. Auch wenn alle anderen ein anderes Gefühl haben. (z. B. „Ich glaube nicht, dass wir Kunden X schon wieder besuchen sollten. Ich habe den Eindruck, dass wir ihm Zeit geben sollten, die Informationen zu verarbeiten und unser Angebot in Ruhe zu prüfen.")

Es erweist sich meist als sinnvoller, die unterschiedlichen Empfindungen und Wahrnehmungen der vermeintlichen Wirklichkeiten zu diskutieren und zu sehen, warum keine gemeinsame Meinung gefunden werden kann. Die Wahrscheinlichkeit, dass das Team wichtige Aspekte übersieht, wenn es vorschnell übereinstimmende Entscheidungen trifft, ist sehr groß. Aber Entscheidungen, die ich zurücknehmen muss, weil ich mich vertan habe, sind schädlich für die Glaubwürdigkeit und können gegebenenfalls auch Geld kosten (z. B. „Ich glaube nicht, dass wir dem Kunden einen so hohen Rabatt einräumen müssen, er wird die Ware auch mit dem geringeren Rabatt kaufen, aber wenn ihr alle meint, dass er dies nicht tun wird, werde ich die Entscheidung unterstützen.").

Es sollte den Teammitgliedern sehr bewusst sein, dass sie auch alle Konsequenzen der Entscheidung mittragen müssen. In dem obigen Beispiel kann das Mitglied, das glaubte, der Rabatt müsse nicht so hoch ausfallen, für sich später keine höhere Provision fordern, weil es doch wusste, dass der Kunde das Produkt auch mit weniger Rabatt gekauft hätte.

(5) Konsensentscheidungen sind solche, bei denen alle der Meinung sind, eine optimale Entscheidung gefällt zu haben. Hier sind das Wissen und die Erfahrung jedes einzelnen Teammitglieds berücksichtigt worden. Ein solcher Konsens kann nur durch einen respektvollen Umgang miteinander gefunden werden. Dazu gehört:
- Ich habe die anderen Meinungen gehört.
- Ich habe meiner Meinung Gehör verschafft.
- Die Entscheidung gefährdet meine Werte und ethischen Vorstellungen nicht.
- Ich kann die vorgeschlagene Entscheidung unterstützen (emotional, zeitlich, fachlich, etc.).

Die folgende Liste bietet Hilfen, wie Konsensentscheidungen getroffen werden können:
- Seien Sie bereit, die Probleme zu diskutieren.
- Machen Sie Ihre „Hausaufgaben", d. h. seien Sie darauf vorbereitet Ihre Position zu erklären.
- Konzentrieren Sie sich auf den Zweck der Entscheidung.
- Hören Sie zu, so dass Sie die anderen verstehen.
- Betrachten Sie andere Meinungen als Hilfe, um eine gute Entscheidung zu treffen und nicht als Affront gegen Ihren Standpunkt.
- Widerstehen Sie der Versuchung, zu schnell eine Entscheidung zu treffen.
- Achten Sie darauf, dass alle Meinungen gehört und alle Punkte in Betracht gezogen werden. (Dies gilt besonders für den Teamleiter.)
- Arbeiten Sie auf eine gute Entscheidung hin und nicht nur auf Ihre bevorzugte Wahlmöglichkeit.
- Stimmen Sie der endgültigen Entscheidung nur dann zu, wenn Sie sie auch unterstützen können.

Wenn es um Entscheidungen geht, die sehr fachspezifisch sind und für die nicht alle Teammitglieder die gleiche Kompetenz haben, passiert es immer wieder, dass sich die weniger kompetenten Teammitglieder aus der Diskussion heraushalten, weil sie ja angeblich nichts davon verstehen. Dies halte ich für besonders gefährlich. Denn gerade für Fachleute besteht eine große Gefahr, unlogische Lücken durch ihr Wissen zu schließen, so dass diese Lücken gar nicht erkannt werden. Hier kann häufig ein bisschen Naivität ganz hilfreich sein. Die fachlich Naiven können in ihrer Unbefangenheit diese unlogischen Lücken häufig viel besser erkennen und somit zu einem guten Entscheidungsprozess erheblich beitragen. Die Team-leiterin sollte von daher immer alle Mitglieder zur Diskussion anregen, auch wenn nur ein Teil des Teams die Fachkompetenz besitzt, die Komplexität der Entscheidung wirklich zu sehen. Besteht das Team nur aus hochspezialisierten Fachleuten, so kann es auch sinn-voll sein, bei wichtigen Entscheidungen eine „naive" Person einzu-laden, die die Freiheit hat, „naive" Fragen zu stellen.

7.3.2 Aktionen

Die Verantwortungsphase ist die eigentliche Phase der Aktionen. Menschen, die sich in dieser Phase wohl fühlen, werden gerne aktiv und übernehmen gerne die Verantwortung. Aber es kann auch zu einem blinden Aktionismus kommen. Dies ist im Besonderen dann der Fall, wenn angeblicher Zeitdruck vorherrscht oder die Zu-gehörigkeitsphase nicht sorgfältig behandelt wurde. Dann finden viele Aktionen ohne rechte Ergebnisse statt. Das Dilemma ist nur, dass die Akteure ihre Ineffizienz nicht bemerken, weil sie ja so be-schäftigt sind und häufig über Arbeitsüberlastung klagen. Mitarbei-ter, die nicht zum Team dazugehören, können häufig viel besser er-kennen, dass die Aktivitäten nicht gut organisiert sind.

Eine sorgfältige Planung ist ein wichtiger Teil, damit Aktionen ef-fektiv verlaufen. Hierbei sollten folgende Schritte beachtet werden:

(1) **Aktionspläne** dienen dem Team als Unterstützung für die Voll-endung eines spezifischen Projekts. Die Planung spezifischer Akti-onsschritte sollte folgende Fragen beantworten:

• Welche wichtigen Schritte müssen durchgeführt werden?
• Welche spezifischen Aufgaben sind für die Schritte erforderlich?
• In welcher Reihenfolge sollte jede Aufgabe durchgeführt werden?

(2) **Verantwortlichkeiten** für die Durchführung eines Projektes müssen festgelegt werden. Bei der Klärung der Verantwortlichkeit für einzelne Aktionen sollte darauf geachtet werden, dass folgende Fragen beantwortet werden:

• Wer ist für die Erledigung verantwortlich?
• Wer wird noch einbezogen?

- Wer muss informiert werden?
- Wer hilft Entscheidungen zu treffen?

(3) Die Aktionsplanung muss auch eine gründliche Einschätzung des Umfangs der erforderlichen **Ressourcen** umfassen. Die Planung der Mittel könnte folgende Punkte beinhalten:

- Mitarbeiter – Wen brauchen wir für die einzelnen Schritte des Projektes?
- Zeit – Wie viel Zeit ist erforderlich?
- Materialien – Welche Materialien werden benötigt?
- Budget – Wie viel Geld brauchen wir?
- Dienstleistungen von außen – Welche Hilfe von außen brauchen wir?
- Ausrüstung – Welche Ausrüstung brauchen wir?
- Unterstützung – Welche unternehmenspolitische und praktische Hilfe brauchen wir?

(4) **Werden Sie aktiv.** Nach einer gründlichen Planung müssen die einzelnen Aktionsschritte auch von den zuständigen Personen durchgeführt werden. Sind die einzelnen Aktionen in einem Aktionsplan mit Zeitvorgaben schriftlich fixiert, so erkennt das Team schnell, ob es im Plan ist, und wo Anpassungen notwendig sind.

(5) **Evaluation.** Der letzte Schritt der Aktionsplanung umfasst die Auswertung, wie gut das Team in der Lage ist, seinen Plan zu erfüllen. Hier werden Erfolge und Fortschritte festgehalten, es werden aber auch Konflikte deutlich, die in der Sache oder den Personen begründet sind und eine Veränderung des Plans nötig werden lassen. Häufig entwickeln sich aber auch zwischenmenschliche Konflikte, die angegangen werden müssen, damit das Team nicht an Kompetenz verliert. Werden diese Konflikte nicht thematisiert, sind sie wie ein Wasserschaden im Haus. Ein Wasserrohr bricht im Keller, aber der Schaden wird an einer ganz anderen Stelle sichtbar. Dies macht den schwierigsten Teil der Verantwortungsphase deutlich: das Konfliktmanagement.

7.3.3 Konflikte

Nach Roese (1987) zeigt eine Auswertung von 115 Forschungsberichten seit den fünfziger Jahren, dass innerbetrieblicher Wettbewerb und Konkurrenzdruck (unabhängig davon, ob zwischen Einzelnen oder Gruppen) im Vergleich zu einer kooperativen Vorgehensweise leistungsbeeinträchtigend wirken kann. Im Vergleich zu den individualistischen wie auch den konkurrenzbestimmten Gruppen schnitten die kooperativen Teams zumeist wesentlich besser ab. Interessant dabei war: je kleiner das Team, desto deutlicher war die Überlegenheit der Kooperation gegenüber dem Konkurrenzprinzip. Letzteres erwies sich selbst dann noch als schädlich, als nicht Individuen, sondern ganze Gruppen gegeneinander konkurrierten.

Zeigen die Teammitglieder keine Bereitschaft Verantwortung zu tragen, so kann dies viele Gründe haben, z. B.:

- Sie fühlen sich mit ihren Aufgaben überfordert, sagen dies aber nicht. D. h. nur wenn das Team in die nächste Phase, die Offenheit, gelangt, werden diese Probleme konstruktiv angegangen.
- Sie können sich mit dem Teamziel nicht identifizieren und empfinden dadurch ihre Arbeit unter Umständen als wenig sinnvoll. Hier muss das Team noch einmal die Aspekte der Zugehörigkeit abklären, zu der ja auch die Abklärung der Zielvorgaben gehört.
- Sie sind mit der Verteilung der Aufgaben nicht einverstanden, sagen dies aber nicht. D. h. nur wenn das Team in die Offenheitsphase gelangt, werden diese Probleme konstruktiv angegangen.
- Es waren zu viele Leute im Team.
- Die Struktur war unklar (z. B. wer gehört zum Team, wer ist der Teamleiter, wie lange soll das Team bestehen bleiben?), also alles Probleme, die längst in den Anfängen der Zugehörigkeit hätten geklärt werden müssen.
- Jedes Teammitglied glaubt nur an seine eigenen Fähigkeiten und kaum an die Kenntnisse und Zuverlässigkeit seiner Kollegen. Hier muss entweder über Offenheit das Misstrauen geklärt werden, oder aber ein Teammitglied ist gruppenunfähig.

Während Konflikte in der Zugehörigkeitsphase dazu führen können, dass das Team sofort wieder auseinander fällt bzw. nicht arbeitsfähig wird, muss in der Verantwortungsphase der konstruktive Umgang mit Konflikten gelernt werden.

Ein **Konflikt** liegt immer dann vor,
* wenn eine Partei oder beide Parteien zum gleichen Zeitpunkt Handlungen beabsichtigen oder durchführen, die zur Folge haben könnten oder haben, dass sich die andere Partei behindert, blockiert, bedroht oder verletzt fühlt;
* wenn z. B. die beteiligten Personen Pläne und Absichten hegen, deren Verwirklichung zu gegenseitigen Beeinträchtigungen führen, oder wenn einer der Beteiligten sich durch das Verhalten eines anderen behindert oder beeinträchtigt fühlt.

Jedem Konflikt liegt ein Thema zugrunde. Dieses steht zwar im Brennpunkt, es muss aber nicht die Ursache für den Konflikt sein. Vielmehr dient dieses Thema vielleicht gerade dazu, vom eigentlichen Kern des Problems abzulenken.

Konfliktsignale sind:
* Ablehnung und Widerstand (z. B. mürrische Reaktionen, ständiges Widersprechen)
* Aggressivität und Feindseligkeit (verletzendes Reden, böse Blicke, Mauern)
* Sturheit und Uneinsichtigkeit (Rechthaberei, Kleben an Vorschriften)
* Flucht (Vermeiden von Kontakten, wortkarges Zusammensein)
* Überkonformität (z. B. keine eigenen Ideen einbringen, Kritik vermeiden)
* Desinteresse (z. B. abschalten, sich niedergeschlagen zurückziehen)
* Formalität (z. B. genaues Einhalten der Etikette, strategische Freundlichkeit)

Konflikte sind keine „Krankheit", sondern die Krankheit entsteht dann, wenn eine Person bzw. Organisation unfähig ist, Konflikte zu regeln. Konflikte sind nicht etwas grundsätzlich Zerstörerisches und Schädliches, die es mit allen Mitteln zu verhindern gilt. Sie gehören zur Teamarbeit bzw. zu jeder menschlichen Beziehung dazu. Sie müssen nur fair und offen ausgetragen werden.

Folgende positiven Aspekte von offen ausgetragenen Konflikten lassen sich in der Praxis erkennen:

Konflikte

- machen Probleme sichtbar.
- treiben organisatorische Veränderungen und Anpassungsprozesse voran.
- können Beziehungen stärken und die Moral heben.
- fördern das Bewusstsein über die eigene Person und über andere.
- sind eine Chance für persönliche Weiterentwicklung.
- wirken psychologisch positiv.
- können allgemein stimulierend wirken.

Demgegenüber zeigen sich erhebliche Nachteile bei der krampfhaften Verdrängung oder Vermeidung von Konflikten:

- Konflikte verschwinden nicht, indem man sie verleugnet.
- Die Betroffenen verschwenden viel Zeit und Energie, um mit verdrängten Konflikten fertig zu werden, um Außenstehenden ihr Leid darüber zu klagen und um ihre wahren Gefühle zu verstecken.
- Das Unterdrücken der aus dem Konflikt resultierenden inneren Anspannung wirkt sich negativ auf das seelische und körperliche Wohlbefinden der Betroffenen aus und kann so zu Krankheit, sprich Arbeitsausfall, führen.
- Dadurch, dass die Betroffenen sich gezwungen sehen, mit Frustrationen und Problemen leben zu müssen, empfinden sie Hilflosigkeit und Machtlosigkeit gegenüber ihrer Lebensgestaltung. Daraus ergibt sich eine passive Lebenseinstellung, die mit dementsprechend wenig Engagement für ihre Aufgabe Hand in Hand geht.

Bei der Teamarbeit können verschiedene Konfliktarten auftreten:

- **Wertekonflikte:** Die Werte der Teammitglieder gehen sehr auseinander, so dass sich wenigstens ein Teammitglied bei Entscheidungen in einem Wertekonflikt befindet.

- **Bewertungskonflikte:** Es herrscht Uneinigkeit über die Ziele.

- **Beurteilungskonflikte:** Es herrscht keine Einigkeit darüber, was der richtige Weg für die Bewältigung einer Sachaufgabe ist.

- **Prozedurenkonflikte:** Die Abläufe einer zu bewältigenden Aufgabe sind nicht eindeutig geklärt. Es kommt zu „Staus" im Ablauf, deren Ursache von den Teammitgliedern unterschiedlich interpretiert wird.

- **Verteilungskonflikte:** Uneinigkeit über die zur Zielerreichung notwendigen Ressourcen.

- **Rollenkonflikte:** Die Aufgaben der Teammitglieder sind nicht klar definiert oder werden nicht von allen akzeptiert, so dass die Rollen der einzelnen Teammitglieder unterschiedlich gewertet werden. Ein häufiger Rollenkonflikt tritt dann auf, wenn ein Teammitglied die Teamleitung für unfähig hält und sich selbst zum informellen Teamleiter erhebt oder von den anderen dazu ernannt wird.

- **Beziehungskonflikte:** Menschliche Beziehungen sind nicht einfach, von daher entstehen in jedem Team Konflikte aufgrund der unterschiedlichen Persönlichkeiten, die zu Uneinigkeit über die Art der Zusammenarbeit führen.

In einer Konfliktsituation lässt sich das Problem analysieren, indem

(1) der **Anlass** des Konfliktes herausgearbeitet wird;

(2) der Bezug zur **Teamsituation** hergestellt wird;

(3) die **Ressourcen und die Defizite** herausgearbeitet werden;

(4) der **Teamleiter** sich selbst kritisch analysiert.

(1) Anlass:

(a) Seit wann besteht das Problem für jeden Einzelnen?

(b) Wie beschreibt der Einzelne den Konflikt?

(c) In welchen Punkten stimmen die Teammitglieder in der Beschreibung des Konfliktes überein?

(d) Entstehen die Konfliktpotentiale aus der Teamstruktur?

(e) Entstehen die Konfliktpotentiale aus Kommunikationsstörungen?

(f) Um welche Themen geht es bei dem Konflikt?

(g) Welcher Phase sind diese Themen zuzuordnen?

(h) Was hat das Team schon zur Verbesserung der Konfliktsituation unternommen?

(i) Gab es in letzter Zeit eingreifende Veränderungen in der Teamsituation?

(j) Bestehen im Verhalten der Teammitglieder zu anderen Firmengruppen oder Außenkontakten konfliktschaffende Verhaltensmuster?

(k) Was hat das Team in seinen Außenbeziehungen schon getan, um den Konflikt zu lösen?

(2) Teamsituation:

(a) Welche Persönlichkeitsmerkmale der Teammitglieder sind für die Konfliktlösung wichtig (kognitiver Bereich, Gefühle, Motive, soziales Verhalten, Einstellungen, Werthaltungen, Selbstbild)?

(b) Welche Merkmale des Teams sind für das Verständnis des Konflikts wichtig (Grenzen zwischen jung und alt, Nähe-Distanz, Funktionen, Rollen, Kommunikationsregeln)?

(c) Sind dominante Konfliktthemen im Teamleben festzustellen? Welcher Phase sind sie zuzuordnen?

(d) Wie sieht die sozioökonomische Situation der einzelnen Teammitglieder aus (Ausbildungsstand, Gehalt)? Birgt diese Konfliktpotential?

(3) Ressourcen und Defizite:

(a) Gibt es Persönlichkeitsmerkmale einzelner Teammitglieder, die für eine Konfliktlösung förderlich sein können (guter Beobachter, guter Zuhörer, analytischer Denker, Empathie)?

(b) Welche Persönlichkeitsmerkmale von Teammitgliedern sind eher konfliktfördernd bzw. für eine Konfliktlösung hinderlich (nicht zuhören können, unterbrechen, Richtig-falsch-Denken, Lösungen einführen, ohne diese mit anderen abzusprechen)?

(c) Welche Kommunikationsregeln können zur Konfliktbewältigung beitragen?

(d) Welche Beziehungsstrukturen können zur Konfliktbewältigung beitragen?

(e) Welche Beziehungsstrukturen erschweren oder behindern die Konfliktbewältigung?

(f) Inwieweit ist das Team in der Lage, Unterstützung in Außenbeziehungen zu aktivieren (Vorgesetzter, Coach, Trainer)?

(g) Welche Hilfsmöglichkeiten kann das Team heranziehen?

(h) Welche sozioökonomischen Gegebenheiten erschweren die Konfliktbewältigung?

(4) Teamleiter:
(a) Wie reagiert der Teamleiter auf Konflikte im Team?
(b) Fühlt er sich von einzelnen Teammitgliedern in seinen Gefühlen, Interessen, Werthaltungen, Einstellungen besonders angesprochen?
(c) Inwiefern sieht der Leiter bei sich Stärken und Schwächen im Bezug auf den anstehenden Konflikt?
(d) Inwieweit stimmt der Leiter mit dem Team in der Beurteilung des Konflikts überein?
(e) Welche Position nimmt er im Teamgefüge ein?
(f) Welche Kommunikationsmuster haben sich zwischen ihm und dem Team etabliert?
(g) Welchen Einfluss hat die Firma auf den Teamleiter?
(h) Wie reagiert er auf die Erwartungen der Teammitglieder?

7.3.4 Kritik

Bei der gemeinsamen Analyse der Aufgaben werden auch Fehler und Schwächen der Teammitglieder sichtbar. Diese können ausgesprochen werden, ohne in einen persönlichen Angriff überzugehen. Sie werden genutzt, um aus der Kritik etwas zu lernen.

Der freie Austausch von Meinungen und Urteilen wird bisweilen in einem Team bewusst vermieden. Die Zurückhaltung in puncto Kritik kann verschiedene Gründe haben:

- **Falsch verstandene Solidarität:** Die Teammitglieder glauben sich hinter einen Kollegen stellen zu müssen, auch wenn sie eine andere Meinung vertreten.

- **Untergrabung des Teamspirits:** Es besteht die Befürchtung, dass die öffentliche Analyse von Fehlern die Moral des Teams untergräbt.

- **Angst das Gesicht zu verlieren:** Kritik wird als unerwünschter und bedrohlicher Angriff auf das Selbstwertgefühl gesehen.

- **Unfähigkeit im Umgang mit Kritik:** Die Vorteile einer sorgfältigen Analyse werden zwar gesehen, das Team ist aber noch nicht in der Lage, damit konstruktiv umzugehen, sich einer Konfrontation oder Beurteilung auszusetzen.

- **Falsch verstandene Höflichkeit:** Manche Teammitglieder glauben, dass höfliche Umgangsformen und Konfrontation einander ausschließen.

So belastend diese Phase für das Team auch sein mag, ein Alarmzeichen wäre eher ihr Ausbleiben als ihr Auftreten. Denn jede Zusammenarbeit verursacht Konfliktpotential. Wird dieses nicht an der Stelle und mit den Personen geklärt, die involviert sind, bleibt das Team in der Verantwortungsphase stecken und kann sich nicht weiterentwickeln. Oder das Team muss sich ständig selbst kontrollieren, um Auseinandersetzungen zu vermeiden. Ein solch kontrollierendes Klima ist keine gute Basis für eine aktive Team- und Arbeitsgestaltung. Dann ist es dem Team auch nicht möglich, in die nächste Phase zu gelangen.

Denn durch die Auseinandersetzung entsteht auch Intimität. Die Teammitglieder haben ihre Kräfte aneinander gemessen und sich dabei besser kennen gelernt. Das Eigenverantwortungsprinzip erlaubt einem Team in das nächste Stadium der Entwicklung zu gehen: die Offenheit.

7.3.5 Anerkennung

Der amerikanische Psychologe William James ist der Meinung, dass 85 % des Verhaltens Erwachsener von dem Wunsch bestimmt sind, Anerkennung zu bekommen. Ich kann dies aus meiner eigenen Erfahrung aus Teamtrainings nur bestätigen. Die meisten Teammitglieder sind hoch motiviert und leisten gute Arbeit. Da aber alle im Dauerstress sind, kommt niemand mehr auf die Idee, diese Anstrengungen auch anzuerkennen. Obwohl sicherlich jeder für sich selbst erlebt, wie gut es tut, wenn er oder sie für die Arbeit eine Anerkennung bekommt, so geizen wir aber sehr mit der Anerkennung der Leistung anderer Menschen. Hier sind sicherlich sehr deutliche Unterschiede in den Kulturen zu erkennen. Die Amerikaner tun sich viel leichter mit Anerkennung. Für die Europäer wirkt dies manchmal sogar übertrieben. Die Europäer erhalten Anerkennung in Maßen. Es herrscht aber immer noch der Aberglaube, dass Menschen bei zu viel Lob faul werden könnten. In der japanischen Kultur hingegen werden die Mitarbeiter ständig im Dunkeln darüber gelassen, ob ihre Arbeit gut war oder nicht. Anerkennung können sie nicht erwarten.

7.3.6 Zeitmanagement

Teammitglieder haben in einer Umfrage angegeben, dass der Respekt vor der Zeit der anderen Teammitglieder ein wichtiger Förderfaktor für die Teamentwicklung ist. Die Effektivität eines Teams wird gesteigert, wenn Meetings pünktlich beginnen und aufhören. Der Respekt vor der Zeit der anderen bedeutet auch, dass alle gut vorbereitet zum Meeting erscheinen, dass Unterbrechungen unterbunden werden und dass keine Telefonate geführt werden, die mit dem Meeting nichts zu tun haben.

Ebenso muss sich jedes Teammitglied an die Abgabefristen halten, die in der Planung festgelegt werden. Kann es sie nicht einhalten, so muss es die anderen unverzüglich informieren, damit der Plan geändert werden kann. Häufig schweigt es aber aus Angst vor der Konfrontation, und die anderen Teammitglieder kommen in noch größere Schwierigkeiten und Verzögerungen, weil sie sich auf die Abgabefrist eingestellt haben. Dies führt nicht nur zur Verärgerung, sondern auch zum Vertrauensverlust.

7.4 Was hemmt die Verantwortung?

7.4.1 Kontrollzwang

Sollte sich ein Teammitglied dabei ertappen, dass es unaufgefordert die Arbeit eines anderen Teammitglieds kontrolliert und dies womöglich noch heimlich tut, so hat es das Team mit einem Vertrauensproblem zu tun, das schleunigst thematisiert werden sollte. Denn das zugrunde liegende Gefühl entscheidet darüber, ob eine Handlung als Kontrolle oder als Überprüfung zur Vermeidung weiterer Fehler angesehen wird. Ist die Überprüfung durch Misstrauen gekennzeichnet, so wird sie zur Kontrolle, ist sie aber durch Wohlwollen sowohl dem Teammitglied als auch dem Ergebnis gegenüber gekennzeichnet, so wird das Teammitglied eine Überprüfung der Ergebnisse durch andere sogar suchen, weil bekanntlich vier Augen mehr sehen als zwei.

Besonders Menschen die überverantwortlich sind, neigen zum Kontrollzwang, weil sie sich nicht vorstellen können, dass andere Menschen die Aufgaben genauso gut bewältigen können wie sie selbst. Es kann sich jemand zur Kontrolle gezwungen sehen, wenn ein Teammitglied bereits mehrmals Fehler gemacht hat und nicht von sich aus Unterstützung sucht. Dieses Problem ist aber nicht durch Kontrolle zu lösen, sondern nur durch die Entwicklung des Teams hin zur Offenheitsphase, so dass dieser Punkt offen angesprochen und nach einer Lösung gesucht werden kann.

7.4.2 Konkurrenz

Wir wachsen alle in einer Konkurrenzgesellschaft auf. Bereits die Benotung in der Schule ist auf den Vergleich mit anderen angelegt. Und wenn meine Benotung besser ausfällt, werde ich als erfolgreicher angesehen. Von daher fällt es den Menschen schwer, Konkurrenzgedanken fallen zu lassen. Dies natürlich umso mehr, je mehr Konkurrenzthemen ich in meinem Leben habe (z. B. der große Bruder, der immer schneller und klüger war). Diese Vorerfahrungen bringen die Teammitglieder in die Umgangsformen mit ein. Daher sollten das Unternehmen und der Teamleiter alles unterlassen, was die Konkurrenz noch zusätzlich fördert, sondern eher daran arbeiten, welche Arbeitsbedingungen geschaffen werden können, damit die Konkurrenz niedrig gehalten wird. Denn firmenintern sollte nicht der Spruch gelten: „Konkurrenz belebt das Geschäft". Wenn Teammitglieder miteinander konkurrieren, bedrohen sie das Team. Es hat sich gezeigt, dass Firmen, die die Konkurrenz von Teams untereinander förderten, keine Erfolge erzielten. Daher sollten die Firmenleitung und die Teamleiterin die Strukturen der Firma und des Teams daraufhin untersuchen, ob sie individuelle Leistung über Teamleistung stellt. In fast allen Firmen lassen sich hier noch Widersprüche finden. Die Firmen propagieren Teamfähigkeit (findet sich fast in jeder Stellenanzeige), aber die Mitarbeiter bekommen individuelle Boni. Damit wird die Konkurrenz gefördert und eine gute Entwicklung des Teams verhindert. Lediglich Teammitglieder, die sich wenig mit Konkurrenz beschäftigen, können über solche Widersprüche hinwegsehen und trotzdem an gemeinsamen Anstrengungen festhalten. Dazu sind aber nur die wenigsten Menschen in der Lage. Wenn eine Firma Teams zusammenstellt, muss sie auch das Anerkennungssystem auf eine Teamstruktur umstellen.

7.4.3 Konfliktvermeidung

Wenn ein Team schlecht funktioniert, gibt es dafür vielfältige Ursachen. Das Nichtbearbeiten eines Konfliktes ist eine häufige Ursache. Es ist immer riskant, einen Konflikt anzusprechen. Es ist menschlich, einen Konflikt zu vermeiden und zu hoffen, dass er sich von alleine löst (was es ja manchmal auch gibt). Da dies aber selten der Fall ist, werden bei fortgesetzter Konfliktvermeidung Unmengen von Arbeitspotential auf Konfliktvermeidung verwandt, die nicht für produktive Aktivitäten eingesetzt werden können.

Bei der Lösung eines Konflikts gilt es einige Stolpersteine zu vermeiden. Dazu zählen folgende:

(1) Mein Weg und kein anderer: Wenn ich mit einer solchen Einstellung in eine Auseinandersetzung gehe, wird der Konflikt nicht gelöst. Ich habe vielleicht die Macht, meinen Weg durchzusetzen, der Konflikt wird sich dadurch aber nicht lösen, sondern wahrscheinlich eher noch verstärken, weil sich die Gegenseite nicht ernst genommen fühlt. Je nach Stellung und Dringlichkeit werden die anderen vielleicht meinen Weg ausführen, aber sie werden sich bewusst oder unbewusst alle möglichen Hindernisse ausdenken, um mir deutlich zu machen, dass sie sich übergangen fühlen. Ein solches Vorgehen wird in einem gut funktionierenden Team schon gar nicht gehen, weil es von den anderen Teammitgliedern abgeblockt wird.

(2) Entscheidung durch einen Dritten: Sollte ein Konflikt so emotionsbeladen sein, dass die Konfliktparteien einen Mediator, einen neutralen Vermittler, brauchen, so ist es unbedingt notwendig, dass die Teammitglieder das Treffen von Entscheidungen und das Lösen von Problemen selbst übernehmen. Ein guter Mediator wird dies auch immer fördern und keine Lösungsvorschläge machen.

(3) Unter den Teppich kehren: Da ein Konflikt immer mit intensiven Emotionen einhergeht (sonst wäre es kein Konflikt) und die

111

meisten Menschen davor Angst haben, ist es verlockend, das Problem einfach unter den Teppich zu kehren und die ganze Energie darauf zu verwenden, das Problem zu ignorieren. Dies gelingt jedoch in den seltensten Fällen, sondern verstärkt das Problem meist nur noch.

(4) Märtyrersyndrom: Zum Märtyrersyndrom kommt es, wenn ein Teammitglied gegenüber dem Team oder einem einzelnen Teammitglied entgegen seinen Überzeugungen nachgibt, doch dann so tut, als sei es das Opfer von Gruppendynamik. Vielleicht versucht es sogar beim nächsten Mal seinen Willen durchzusetzen, weil es beim letzten Mal nachgegeben hat. Teammitglieder sollten sich davor hüten, aufgrund von Schuldgefühlen Wiedergutmachungen anzubieten. Der Märtyrer ist alleine für diese Haltung verantwortlich. Kommen ihm durch das Märtyrerverhalten Belohnungen zugute, z. B. indem es an anderen Stellen schonend behandelt wird, verstärkt das Team das Märtyrerverhalten. Nur der konsequente Verweis auf die Eigenverantwortlichkeit des Handelns wird dieses Verhalten abstellen.

(5) Tratschen: Ein solches Verhalten legen Teammitglieder an den Tag, die Angst vor der direkten Konfrontation haben. Sie ziehen es vor, außerhalb der offiziellen Teamsitzungen mit einem Teammitglied über ein allgemeines Teamproblem oder über einen Konflikt mit einem anderen Teammitglied zu tratschen. Derartiges Verhalten unterhöhlt das Vertrauen und die Integrität des Teams. Daher sollten sich Teammitglieder weigern am Tratschen teilzunehmen. Es dient immer dazu, nur einseitig die eigene Position darzustellen und den anderen auf die eigene Seite zu ziehen, ohne dass dieser die Position der Gegenseite oder des gesamten Teams hören kann. Das Tratschen wird besonders gerne bei Kritik am Teamleiter benutzt. Die Teammitglieder glauben, dass die Kritik schon berechtigt sein wird, wenn viele derselben Meinung sind. So haben sie „Dampf abgelassen", ohne dass sich wirklich etwas geändert hat. Wenn der Teamleiter von den Kritikpunkten nichts erfährt, hat er weder die Chance, die Dinge aus seiner Sicht darzustellen, noch hat er die Chance, sie gegebenenfalls zu ändern. Der Teamleiter ist dem Tratschen hilflos ausgesetzt, weil er meist davon nichts weiß und somit auch nicht intervenieren kann. Sind in einem Team sehr viele konfliktscheue Menschen, so kann das Tratschen zum Auflösen des Teams führen, bei dem niemand versteht, warum es eigentlich passiert ist.

(6) Kreisgespräche: „Du hast es getan!" „Nein, hab ich nicht!" Jeder beharrt auf seinem Standpunkt der Anklage und Verteidigung. Die Teammitglieder haben das systemische Denken nicht verinnerlicht, sondern denken nur auf der Basis von Ursache und Wirkung, also linear. Damit versuchen sie Verantwortung abzuwälzen.

(7) „Briefmarkensammeln": Dieser Begriff wird benutzt, um das Verhalten von Teammitgliedern zu beschreiben, die Vorkommnisse innerlich abheften, um sie immer wieder in aktuellen Situationen anklagend anzubringen, anstatt sie in der aktuellen Situation zu klären.

(8) „Endlosschleife": Teammitglieder reden endlos über ein Thema, ohne sich jemals auf das Vorhergesagte zu beziehen. Hier hilft aktives Zuhören, das in solchen Fällen sehr schnell deutlich macht, dass das Teammitglied überhaupt nicht zugehört hat, somit auch nichts zur Konfliktlösung beitragen kann.

(9) Zerstörerischer Humor: wird gerne eingesetzt, um die wirkliche Verärgerung nicht zeigen zu müssen, aber doch etwas Dampf abzulassen (Zetlin, 1996).

(10) Negative Körpersprache: Hierzu zählen alle Formen der Körpersprache, die den anderen ablehnen oder ihn respektlos behandeln.

7.5 Was fördert die Offenheit?

7.5.1 Der richtige Ort

Ich habe immer wieder festgestellt, und es wurde mir von vielen Teammitgliedern bestätigt, dass es von besonderer Bedeutung ist, den richtigen Ort zu finden, um sich in einer geschützten Atmosphäre der Offenheit zu nähern. So ist es allgemein schwierig, dies im Büro zu tun, wo das Team mit ständigen Störungen konfrontiert ist und die ganze Atmosphäre eher auf das reine Arbeiten ausgerichtet ist. Es ist darum für jedes Team förderlich, sich in regelmäßigen Abständen an einen schönen Ort zurückzuziehen (ohne Telefon und Fax) und sich auf sich selbst zu konzentrieren. Ist der Ort schon sorgfältig ausgesucht, bildet dies eine gute Grundlage zum vorsichtigen und fürsorglichen Umgang miteinander. Dort haben die Teammitglieder eine gute Chance zu analysieren, was in der Vergangenheit gut gelaufen ist, was nicht so gut gelaufen ist und warum. Die Offenheit verlangt immer einen geschützten Rahmen, denn die Teammitglieder sollen und wollen über sehr persönliche Dinge reden.

7.5.2 Wir lassen uns Zeit

Jeder Mensch, der sich einem anderen Menschen schon einmal geöffnet hat, weiß, dass dies nicht in Hektik geschehen kann. Neben dem richtigen Ort ist deshalb auch ausreichende Zeit notwendig um sich zu öffnen. Da ich dazu Mut brauche, nehme ich erst einmal „Anlauf". Ich teste die anderen zunächst mit belangloseren Aussagen oder beginne mit vagen Äußerungen („Mir geht es im Moment im Team nicht so besonders gut."), um zu sehen, ob sich die anderen genug Zeit nehmen mir zuzuhören. Es ist fast allen Menschen unmöglich, sich unter Zeitdruck zu öffnen. Das Team sollte deshalb mindestens einen Tag investieren, um sich schwierigen Themen zuzuwenden. Nicht selten kommt es zur Offenheit, wenn sich das Team zu einem Teambuilding-Training entschieden hat (Garantie gewährt ein solches Training allerdings auch nicht, weil niemand zur Offenheit gezwungen werden kann.). Das Team spürt im Vorfeld, dass dieser Schritt für die Weiterentwicklung notwendig ist. Es findet aber ohne Unterstützung eines Trainers nicht den Mut oder weiß oft auch gar nicht, wie ein solcher Prozess strukturiert werden kann. So habe ich immer wieder erlebt, dass sich Teammitglieder am Ende des ersten Tages eines 2-tägigen Trainings wundern, warum sie jetzt so offen miteinander reden. Sie fragten mich, warum denn das nicht am Morgen schon so sein konnte. Nein, es konnte am Morgen noch nicht so sein. Die Teammitglieder brauchen die Zeit, um sich für das Öffnen mental vorzubereiten. Je schwieriger die Themen, desto mehr Vorlauf brauchen die Teammitglieder und desto sorgfältiger muss die gesamte Situation geplant werden. Wenn ein Teamtraining dazu vorgesehen ist, dem Team zur Offenheit zu verhelfen, sollten also mindestens 2 Tage angesetzt werden. Ansonsten wird es für das Team frustrierend, weil die Offenheit nicht erreicht werden konnte.

7.5.3 Der Trainer hilft

In meiner Beratertätigkeit werde ich am häufigsten zu Teams gerufen, die am Ende der Verantwortungsphase stecken und spüren, dass Offenheit angesagt ist, sich aber nicht recht trauen. Diese Vorsicht und Ängstlichkeit ist auch verständlich. Nicht selten wurde ich gefragt, ob denn das Team nach einem Teamtraining am anderen Tag überhaupt noch ein Wort miteinander reden würde. Viele Menschen befürchten, dass Offenheit alles zerstört, sehen aber nicht, dass sie hilft, Beziehungen und Erwartungen an andere Menschen und an die Arbeit zu klären. Offenheit heißt ja nicht, dass ich einfach alles ausspucke, was mir schon immer quer saß. Offenheit bedeutet viel Sorgfalt in meiner Wortwahl, damit der andere meine Beweggründe auch anhören und darauf eingehen kann.

Ein allgemeines Kommunikationstraining bietet hierfür sicherlich eine gute Grundlage, um das kommunikative Rüstzeug zu erlernen, das für die Offenheitsphase notwendig ist. Da die meisten Menschen aber wenig Übung in Bezug auf Offenheitsthemen haben, kann ein Trainer wichtige Hilfestellung geben. Er lässt den Teammitgliedern Zeit, die richtigen Worte zu finden. Er hilft ihnen vor allem beim Thema zu bleiben. Und er unterstützt sie in der Suche nach Lösungen.

Wenn ein Team gar keine Erfahrungen mit Offenheit hat, so ist es auf jeden Fall ratsam, erst einmal einen Trainer hinzuzuziehen. Hat das Team aufgrund seiner professionellen Ausrichtung oder aufgrund seiner Teamgeschichte Erfahrung mit Offenheit, kann das Team die Trainerfunktion selbst übernehmen. Hier ist es immer wieder schön zu sehen, wenn diese Funktion zwischen den Teammitgliedern wechselt. Die Trainerfunktion sollte auf keinen Fall mit der Rolle des Teamleiters verwechselt werden. Der Teamleiter ist immer Betroffener eines Themas, weil er Teil des Systems ist, so dass er gar nicht diese Funktion übernehmen kann, da es ihm an der entsprechenden Neutralität fehlt. In der Regel gibt es aber Teammitglieder, die genügend soziale Kompetenz mitbringen, um die vermittelnde Rolle in diesem Fall zu übernehmen.

7.6 Was behindert die Offenheit?

7.6.1 Ironie

Die behindernden Themen der Offenheit liegen fast alle in der Art der Kommunikation, die ein Team pflegt. Die Ironie ist etwas, mit dem sich ein Mensch immer von einem anderen abgrenzt und distanziert. Sie kann als Kabarett oder in einer entspannten Feierabendatmosphäre sehr witzig sein, sofern alle die Ironie verstehen. Sie ist aber in der Offenheitsphase eines Teams nicht angebracht und unterbindet beim anderen sofort jedes weitere Öffnen. Manche Menschen neigen zur Ironie ohne es zu merken. Diese gefährden immer akut die Offenheit eines Teams und sollten sich Unterstützung holen, diesem unbewussten Kommunikationsblockierer auf die Spur zu kommen. Ironische Menschen sind sehr gekränkte Menschen, die die Kränkung nicht zeigen wollen.

7.6.2 „Ist doch nicht so schlimm!"

Ein Teammitglied hat den Mut gefunden, eine für ihn schwierige Situation oder Gefühlslage anzusprechen. In den meisten Fällen hören die anderen Teammitglieder erst gar nicht richtig zu und versuchen das Problem zu verstehen, sondern meinen sofort ermutigen zu müssen, indem sie das Gefühl des Kollegen herunterspielen („Das musst du nicht so ernst nehmen. Das darf dich nicht kränken. Das siehst du völlig falsch." etc.). Die meisten dieser Sätze werden aus Hilflosigkeit dem Problem gegenüber ausgesprochen. Sie sind meist auch gut gemeint, bewirken aber genau das Gegenteil. Wenn ich die Belange eines Teamkollegen, der den Mut hatte, seine Schwierigkeiten offen anzusprechen, als nichtig oder unwichtig abtue, kränke ich ihn damit und der andere wird sich wieder zurückziehen. Es ist immer wichtig zu bedenken, dass es kein richtig oder falsch für Gefühle gibt. Entweder habe ich Gefühle oder ich habe keine. Wenn ein Teamkollege ein Gefühl anspricht, so kann es lediglich sein, dass sich durch das offene Ansprechen das Gefühl ändert, da die anderen zu der Situation etwas beitragen können, was die Wahrnehmung des Teamkollegen ändert.

Eine Teamkollegin wurde einem älteren Kollegen gegenüber zusehends unsicherer, weil der ansonsten kommunikative und freundliche Kollege sie immer mehr zu schneiden schien. Sie hörte von ihm nur eine knappe Begrüßung morgens, und ansonsten kam nur das Allernotwendigste von ihm. Zunächst machte sie sich Gedanken, was sie wohl falsch gemacht hätte, dann befürchtete sie, dass hier eine Mobbingsituation entstehen könnte. Bis sie schließlich den Mut fand, den Kollegen anzusprechen und sie ihn fragte, was denn sei. Dieser wehrte die Frage erst ab, indem er behauptete, er sei nicht anders als sonst. Aber die Kollegin ließ nicht locker, bis er schließlich damit herausrückte, dass er eine Aufgabe, für die er alleine verantwortlich war, in den Sand gesetzt hatte. Der Firma seien dadurch erhebliche Kosten entstanden und er wurde vom Management massiv ermahnt. Nun war er ständig mit seiner Angst beschäftigt seinen Arbeitsplatz zu verlieren, da das Management sich noch nicht dazu geäußert hatte, ob und wenn ja, welche Konsequenz es ziehen wird. Die Kollegin war so erleichtert, dass das Verhalten des Kollegen nichts mit ihr zu tun hatte, dass sie ständig sagte, er sollte sich mal keine Sorgen machen, da würde bestimmt nichts nachkommen. Damit fühlte sich der Kollege schon wieder mit seinen Ängsten alleine gelassen und verfiel erneut in Schweigen.

7.6.3 Missbrauch der Vertraulichkeit

Offenheit setzt Vertrauen und damit auch Vertraulichkeit voraus. Dies ist den meisten Menschen eine Selbstverständlichkeit, sollte aber immer wieder betont werden. Wenn ein Teammitglied sich öffnet, muss allen klar sein, dass die Informationen in dem Personenkreis bleiben. Muss das Teammitglied später herausfinden, dass die Informationen weitergetragen wurden, wird es sich nicht mehr öffnen. Wenn die anderen es für nötig halten, vertrauliche Informationen an andere weiterzugeben, so muss das gesamte Team diskutieren, wie es damit umgehen soll. Hierbei sind aber die Beweggründe der Person, die diese Informationen preisgibt, vorrangig zu behandeln. Lediglich Informationen über illegale Handlungen erfordern ein anderes Vorgehen. Vertraulichkeit bedeutet nicht unbegrenzte Geheimhaltung. Es muss aber immer mit der sich offenbarenden Person zusammen überlegt werden, wie weiter vorgegangen werden soll. In vielen Fällen ist es den Betroffenen einfach nur wichtig offen auszusprechen, was sie bewegt und zu erleben, dass niemand sie für diese Offenbarung verurteilt. Wenn diese Offenbarung Handlungen nach sich ziehen muss, so sollte gemeinsam überlegt werden, wie vorzugehen ist. Auch hier haben die Vorsicht und das Sich-Zeitlassen höchste Priorität.

Es gibt noch eine andere Variante des Missbrauchs von Vertraulichkeit, die nicht selten angewandt wird: So werden vertrauliche Dinge einem Menschen erzählt, weil man weiß, dass diese Person es einer weiteren Person, die davon wissen soll, weitererzählt. Jede Person sollte sich einer solchen Manipulation der Vertraulichkeit widersetzen.

7.6.4 Mobbing

Wenn das Team ein Teammitglied nicht im Team haben will und nicht in der Lage ist, die Konflikte offen anzusprechen, bedient es sich gerne einer Mobbing-Strategie, um dem Teammitglied das Leben so schwer zu machen, dass es „freiwillig" das Team verlässt.

> Von **Mobbing** (von **to mob** = anpöbeln, herfallen über) spricht man dann, wenn Angriffe, Schikanen, Intrigen oder Unterlassungen auf eine Person systematisch und über einen langen Zeitraum (mindestens 6 Monate) hinweg erfolgen.

Am häufigsten tritt Mobbing unter Gleichgestellten auf, daher sind Teams dafür anfällig. Frauen sind häufiger Mobbing-Opfer als Männer.

Mobbing ist immer ein Zeichen, dass in dem Team oder wahrscheinlich sogar im ganzen Unternehmen eine Atmosphäre des Misstrauens und der Unoffenheit herrscht. Es geschieht viel hinter dem Rücken von anderen Leuten. Durch die Unoffenheit ist das Mobbing-Opfer nicht in der Lage, den Konflikt offen anzusprechen. Selbst wenn es das schafft, stößt es meist auf eine Wand der Verleugnung, die es schließlich zermürbt. Es kann aber davon ausgegangen werden, dass eine Mobbingkultur nicht nur in einem einzigen Team anzutreffen ist, sondern eine Atmosphäre der Unoffenheit in der gesamten Firma vorherrscht. Es gibt Unternehmen, in denen den Mitarbeitern die Unoffenheit so selbstverständlich ist, dass sie sie gar nicht bemerken, geschweige denn etwas daran ändern wollen. Das Mobbing-Opfer erkennt meist die Unoffenheit und versucht, eine andere Atmosphäre in das Team zu bringen. Aufgrund der „Firmenkultur" muss es aber scheitern. Viele Experten halten den Psychoterror in erster Linie für ein Führungsproblem. Ein schwacher Vorgesetzter, der seine Schwächen nicht offen zugeben kann, trägt ebenso dazu bei, wie ein autoritärer Chef, der keinerlei offene Kritik zulässt. Lediglich wenn sich das Mobbingverhalten auf einige Mitarbeiter beschränkt und das Mobbing-Opfer eine Chance hat, bei der Geschäftsleitung Gehör zu finden, kann die Situation aufhören und eine Lösung gefunden werden.

Wie entsteht Mobbing? Auslöser ist immer ein Konflikt, meist ein ganz banaler, der aber nicht gelöst wird. Ständiger Zeitdruck und Überforderung begünstigen Mobbing. Rücksichtnahme, Kollegialität und Hilfsbereitschaft bleiben da schnell auf der Strecke. Gleichzeitig fehlt es an Zeit, sich auf der menschlichen Ebene offen auszutauschen. Mobbing hat selten einen sachlich nachvollziehbaren Grund in der Person. Allerdings sind Personen gefährdeter, die sich auf irgendeine Weise von den anderen Kollegen unterscheiden. Das heißt, die Täter reagieren nicht auf eine objektiv nachvollziehbare fehlende Qualität des Opfers, sondern agieren aus Angst oder Aggressivität. Werden solche Gefühle nicht offen gelegt und bearbeitet, wirkt die zerstörerische Form des Mobbing weiter.

7.7 Was fördert die Trennung?

7.7.1 Und die Uhr tickt!

In der Trennungsphase muss die Teamleiterin das Kunststück vollbringen, dem Team genügend Zeit für den Abschluss zu lassen, aber auch rechtzeitig die Trennung zu vollziehen. Es ist also ein ständiges Bewusstsein der noch verbleibenden Zeit erforderlich. Meist gibt es ein Teammitglied, dem die begrenzte Zeit sehr wohl ständig im Kopf präsent ist. Es traut sich aber nicht dies anzusprechen, weil es befürchtet als Spielverderber dazustehen, der die gute Laune verdirbt. Dies trifft natürlich dann besonders zu, wenn es im Team viele Trennungsverleugner gibt. Deshalb muss die Teamleiterin unermüdlich die noch verbleibende Zeit ins Bewusstsein rufen und die noch abzuklärenden Themen und noch zu erledigenden Aufgaben strukturieren. Sie darf hier nicht auf die aktive Zusammenarbeit der Teammitglieder bauen. Wenn dies so ist, wäre das ein Glücksfall. Die meisten Menschen scheuen so sehr einen aktiven Umgang mit Trennung, dass sie der Leitung keinerlei Unterstützung anbieten. Besonders Trennungsverleugner müssen gut beobachtet werden. Sie werden mit Sicherheit ihre Aufgaben nicht fertig stellen, um somit die Trennung hinauszuzögern. Hier helfen die ständige Ermahnung und ein klarer Zeitplan, damit keine „Überreste" nach der Trennung bleiben (wie z. B. fehlende Dokumentation).

7.7.2 Perspektiven

Der Glaube an eine Existenz nach dem Tod bei verschiedenen Völkern zeigt, dass der Mensch auf Perspektiven nach einer Trennung angewiesen zu sein scheint. Dies gilt auch für den Abschied aus einem Team. Verabschiedet sich ein Teammitglied im Guten und übernimmt dieses Teammitglied irgendwo anders eine interessante Aufgabe, so ist die Perspektive für das Teammitglied sehr deutlich. Aber auch das Team, das „zurückbleibt", braucht eine Perspektive. Wie soll das Team gestaltet werden, nachdem die Person das Team verlassen hat? Das Team muss diskutieren, ob ein Ersatz für sie gefunden wird oder die Aufgaben unter den anderen Teammitgliedern verteilt werden. Das Selbstverständnis des „neuen" Teams und alle Aufgaben müssen überdacht werden.

Aber auch eine Person, die das Team wegen Unstimmigkeiten oder fehlender interessanter Aufgaben verlässt, braucht eine Perspektive für die weitere berufliche Laufbahn. Dieser Verantwortung sollte sich die Teamleiterin bewusst sein. Wird dem Teammitglied keine Perspektive geboten, fühlen sich meist auch die anderen Teammitglieder schlecht, weil ihnen nun erst bewusst wird, was die Trennung für das Teammitglied bedeutet. Damit das ausscheidende

Teammitglied und das Team einen guten neuen Start finden können, muss allen klar sein, was auf sie zukommt.

Wenn sich das ganze Team auflöst, weil z. B. das Projekt beendet ist, ist es schwieriger, Perspektiven zu entwickeln. Hier liegt es in der Verantwortung des Managements mit den Teammitgliedern zusammen über neue Perspektiven nachzudenken und diese konkret zu planen. Es ist für Menschen äußerst bedrohlich, wenn sie nicht wissen, was nach einem Projekt kommen soll. Dies zeigt sich dann besonders deutlich, wenn das Team aufgelöst wird, weil ein Stellenabbau erfolgt ist und die Teammitglieder in die Arbeitslosigkeit entlassen werden. Die Verantwortung der Perspektive kann eine Firma nicht auf die Gesellschaft abwälzen.

7.7.3 Let's have a Party!

Um dem Abschied eine Form zu geben, bietet sich eine Abschiedsfeier an. Kleine Abschiedsgeschenke für das Team oder das ausscheidende Teammitglied runden die Sache ab. Es war für mich interessant zu hören, dass in einer Firma die Teammitglieder witzige Photos von allen Teammitgliedern gemacht hatten und diese dem ausscheidenden Teammitglied geschenkt haben. Diese nette Form des Abschieds macht es dem Teammitglied leicht, später noch einmal in der Firma vorbeizuschauen und auch mit einzelnen Teammitgliedern Kontakt zu halten.

Eine Party und die entsprechenden Geschenke werden immer die vergangene Beziehung widerspiegeln, und das ist auch gut so. Sind die Teammitglieder froh, einen Kollegen loszuwerden, wäre es heuchlerisch, eine große Party zu veranstalten. Hier kann eine kurze Verabschiedung der richtige Ausdruck dieser missglückten Beziehung sein.

Während die einen eher sentimental werden, wollen es die anderen eher lustig haben. Jede Form der Abschiedsfeier ist in Ordnung, solange sie dem Team entspricht.

7.7.4 Feedback

Die Rückmeldung, oder auch Feedback genannt, ist für einen Abschluss ebenfalls eine wichtige Aktion, um den Abschied „rund" zu machen. Es gilt allerdings die Regeln des Feedbacks einzuhalten, damit es auch wirklich einen angenehmen Effekt hat (siehe Appendix). Feedback kann auch für jedes Zusammentreffen ein gutes Trennungsritual sein. So lernen die Teammitglieder diese Form der Rückmeldung und sie lernen Rückmeldung und Wahrnehmungen von anderen anzunehmen ohne sich zu verteidigen.

Folgende Funktionen muss das Feedback in der Trennungsphase erfüllen:

- Verhaltensweisen stärken, indem sie benannt und anerkannt werden.
- Aufdecken, was es in der Beziehung zwischen den Teammitgliedern noch zu klären gibt.
- Rückmeldung über die Qualität der getanen Arbeit und der gelebten Beziehungen.
- Einen systematischen Vergleich zwischen Selbst- und Fremdwahrnehmung ermöglichen.

7.7.5 Dank

Den meisten Menschen fällt es schwer, sich zu bedanken und noch mehr Menschen fällt es schwer, den Dank anzunehmen. Aber zu einem gelungenen Abschluss gehört der Dank für das, was ein Teammitglied für das Team und für die Firma geleistet hat. Hier sollten die Teammitglieder auch wieder eine Liebe fürs Detail entwickeln. Denn auch die kleinen Dinge des Alltags machen diesen gerade angenehmer und werden vermisst, wenn sie nicht mehr da sind. Und wenn ein Teammitglied zu diesen Annehmlichkeiten beigetragen hat, so sollte sich auch dafür bedankt werden. So hat z. B. ein Team einem Teammitglied nicht nur seine Anerkennung für die gute Arbeit zum Ausdruck gebracht, sondern sich auch für den guten Kaffee bedankt, den dieses jeden Morgen für alle zubereitet hatte. Bei der nächsten schlechten Tasse Kaffee werden sie daran erinnert, dass dieses fürsorgliche Teammitglied nicht mehr da ist. Danksagungen sollten immer konkret auf Verhaltensweisen und Eigenschaften des Teammitglieds bezogen sein und sich nicht in Allgemeinplätzen verlieren („Wir danken für die gute Zusammenarbeit."). Ein Dank muss echt sein. Selbst wenn ich froh bin, dass ein

Teammitglied geht, werde ich immer noch Aspekte finden, die für mich lehrreich waren und für die ich dem scheidenden Teammitglied danken kann (z. B.: „Ich möchte mich bei dir bedanken, weil ich durch dich gelernt habe, demnächst schneller meine Meinung zu äußern, bevor es unüberwindbare Missverständnisse gibt."). Dadurch ergibt sich manchmal in Trennungen, die aufgrund von unüberwindbaren Konflikten vollzogen werden müssen, etwas Versöhnliches, das die Trennung nicht ganz so peinlich macht. Verliert sich das Team in unpersönlichen Floskeln, wird dies das Teammitglied merken und unangenehm berührt sein. Denn es fühlt sich gezwungen, auf diese Unehrlichkeit zu reagieren. Wenn aber der Dank echt ist und ihn das Teammitglied, ohne ihn wegzureden oder klein zu machen, annehmen kann, wird sich der Abschied „rund anfühlen". Passiert dies nicht, weiß das Teammitglied eigentlich gar nicht so richtig, welche Bedeutung es für die Einzelnen und die Arbeit hatte.

7.8 Was hemmt eine Trennung?

7.8.1 Innere Kündigung

Bei der inneren Kündigung passiert ein inneres Abschiednehmen aus dem Teamgeschehen. Das passiert dann, wenn

(1) in einem Team über längere Zeit Dinge passieren, mit denen das Teammitglied nicht einverstanden ist, aber kein Gehör oder keine Berücksichtigung für seine Einwände findet, oder

(2) das Teammitglied nicht den Mut hat, die Dinge anzusprechen, die es stören.

(3) das Teammitglied nicht den Mut hat, sich woanders zu bewerben.

(4) das Teammitglied sich erfolglos woanders beworben hat.

(5) die wirtschaftliche Situation eine berufliche Veränderung erschwert.

Nicht selten haben Kränkungen und Verärgerungen über einen längeren Zeitraum zu einer Resignation geführt, die schließlich in die innere Kündigung übergeht.

Das Teammitglied arbeitet nach außen weiterhin mit, es hat sich aber längst innerlich vom Team, der Aufgabe und den Zielen entfernt. Es macht Dienst nach Vorschrift.

Signale für eine innere Kündigung können sein:
- kein Interesse an Auseinandersetzungen
- er oder sie ist ein typischer Ja-Sager geworden
- Mitläufer (stets bei der Mehrheit)
- keine Vorschläge, keine Kritik
- Entscheidungen werden nach außen gar nicht oder nur zustimmend kommentiert
- Dienst nach Vorschrift, keine Überstunden, kein extra Engagement
- Kompetenzen werden nicht ausgeschöpft
- Eingriffe in den Arbeitsbereich werden gelassen hingenommen
- zunehmendes Fehlen aus unterschiedlichen Gründen
- sehr (zu) angenehm im Auftreten
- Fernbleiben bei informellen Zusammenkünften, wie Geburtstagsfeiern, Freizeitveranstaltungen mit fadenscheinigen Entschuldigungen

Diese Signale machen deutlich, dass sie häufig nicht erkannt werden, weil sie kein „auffälliges" Verhalten zeigen. Eine Teamleiterin muss also immer dann besonders aufmerksam sein, wenn das Verhalten eines Teammitglieds keinen Anlass zum Klagen gibt, aber auch keinen Anlass zum Lob.

Eine innere Kündigung entsteht, wenn dem Teammitglied die wichtigsten Faktoren der Teamphasen über einen längeren Zeitraum fehlen. Folgende Verhaltensweisen des Teamleiters, der anderen Teammitglieder oder des Managements verursachen eine innere Kündigung:

Zugehörigkeit
- Das Teammitglied hat ein Gefühl zurückbehalten, dass es nicht wichtig ist;
- dass Zuständigkeiten immer noch nicht geklärt sind;
- dass es keinen Platz im Team gefunden hat.
- Es findet keine Sinngebung und Erklärung der zu erfüllenden Aufgaben statt, sondern
- autoritäres Verhalten durch Auferlegung der Zielsetzungen und Anweisungen;

- fehlende oder unzureichende Informationen, die zu Fehlentscheidungen führen;
- keinerlei Vertrauensvorschuss.

Verantwortungsphase
- Die ständig fehlende Anerkennung ist hängen geblieben.
- Die Konkurrenzkämpfe sind inzwischen ermüdend.
- Die Förderung der eigenen Interessen und Kompetenzen ist ausgeblieben.
- Management oder Teamleiter greifen in den Aufgabenbereich des Teammitglieds ein und regulieren diesen.
- Beratungen werden abgewiesen.
- Für Erfolge erhält nur der Teamleiter oder das Management die Anerkennung.
- Fehlentscheidungen des Teamleiters oder des Managements muss das Teammitglied ausbügeln.
- Die Übertragung von Kompetenzen auf das Teammitglied fehlt oder ist unzureichend, stattdessen herrscht
- Demotivierende Kontrolle – Misstrauen als Grundphilosophie.
- Bevorzugung Einzelner.

Offenheit
- Dem Teammitglied wird keine Sympathie entgegengebracht.
- Vertraulichkeit ist nur unter den anderen Teammitgliedern entstanden.
- Das Teammitglied ist mehrfach massiv verletzt worden.
- Die anderen sind nicht zur Offenheit bereit, so dass vieles ungesagt bleibt, was den Arbeitsablauf immer wieder hemmt.
- Die Form der Beurteilung ist verletzend.
- Es mangelt an Verständnis für persönliche Probleme und Schwierigkeiten, aber nicht an
- Launenhaftigkeit, Willkür, Schikane.

All diese Faktoren führen aber nur dann zu einer inneren Kündigung, wenn das Teammitglied entweder versucht hat, dagegen anzugehen und erfolglos geblieben ist, oder wenn es die Störfaktoren gar nicht angesprochen hat, sondern stillschweigend darunter leidet, bis es zu diesem ersten Schritt der Trennung kommt, der je nach Mut und realer Situation auch die tatsächliche Kündigung folgt.

7.8.2 Wieso Trennung?

Da die meisten Menschen nicht gelernt haben, Trennungen so zu gestalten, dass ein guter Abschluss zustande kommt, wenden sie alle möglichen Tricks an, um sich dem Thema erst gar nicht stellen zu müssen. Sie hoffen dadurch dem Unvermeidlichem zu entrinnen. „Bewährte" Tricks dieser Illusion sind folgende:

- **Leugnung:** Die Teammitglieder ignorieren einfach die Tatsache, dass das Team seinem Ende zugeht. Sie gehen der normalen Arbeit nach, ohne sich darum zu kümmern, was für den Abschluss noch erledigt werden muss. Sie verhalten sich „alltäglich" und sind von der tatsächlich eintretenden Trennung völlig überrascht.

- **Zusammenscharung:** Um sich vor der Trennung zu schützen, entwickeln die Teammitglieder mehr Intimität als tatsächlich vorhanden ist.

- **Desorientierung:** Bereits erlangte Kompetenzen lassen nach, Wutausbrüche und schon gelöste Konflikte werden wieder bedeutsam und das Verlangen nach Abhängigkeit von der Leitung kann erneut auftreten.

- **Flucht:** Entweder erscheint die Person gar nicht mehr in der Trennungsphase, gibt vor Termine vergessen zu haben oder terminiert sich andere Dinge auf die noch verbleibenden Treffen.

- **Abwertung:** Die positive Bedeutung der Teamerfahrung und der Ergebnisse wird geleugnet, heruntergespielt und durch aggressives Verhalten zum Ausdruck gebracht. Dieses Verhalten ist häufig bei Männern zu beobachten, die eigentlich sehr traurig über das Ende der Zusammenarbeit sind, es aber nicht für opportun halten, diese Traurigkeit auch direkt zum Ausdruck zu bringen.

Zusammenfassend kann also gesagt werden, dass

- in der Zeit der **Zugehörigkeit** die Teammitglieder den richtigen Kontakt zu einander herstellen müssen, ohne ihre Autonomie und Individualität aufzugeben.

- es in der **Verantwortungsphase** um Zuverlässigkeit und Kompetenz geht. Es müssen bestimmte Ordnungen hergestellt werden, und es dürfen nicht jeden Moment alle Vereinbarungen wieder über den Haufen geworfen werden.

- die Menschen in der **Offenheit** Nähe zu den anderen Teammitgliedern suchen. Vertrauen ist entstanden, so dass ein Stück Geborgenheit auch am Arbeitsplatz möglich wird. Es gibt nicht wenige Mitarbeiter, die genau aus diesem Grund den Arbeitsplatz nicht wechseln, obwohl er schon lange keine Herausforderung mehr darstellt. Sie möchten aber nicht die Geborgenheit des Teams aufgeben, weil ihnen dies viel wert ist.
- die Teammitglieder schließlich Wandel und Veränderung zulassen müssen, damit **Trennung** möglich ist. Ansonsten stagniert das Team.

Wir haben gesehen, dass das Scheitern der Teamarbeit in den einzelnen Phasen unterschiedliche Gründe haben kann. So können bereits in der Planungsphase wichtige Dinge schief laufen. Ein entscheidender Faktor, der die ganze weitere Entwicklung blockiert, sind personelle Fehlentscheidungen. Ein oder mehrere Teammitglieder haben nicht die notwendige Qualifikation für die zu erfüllende Aufgabe oder das Team hat einen schlechten Teamleiter (Harrington-Mackin, 1994).

Die meisten Ursachen des Scheiterns der Teamarbeit liegen aber in einer schlechten Kommunikation. Die lateinische Wortherkunft **communicare** legt bereits nahe, dass Kommunikation einen wechselseitigen Prozess intendiert, der im Austausch und in der Auseinandersetzung Verstehen und Verständigung ermöglicht. Sollte eine Firma es wirklich ernst meinen mit der Einführung von Teamarbeit, so sollten das Management und die Mitarbeiter in Kommunikationsformen geschult und sensibilisiert werden. Wenn dazu keine echte Bereitschaft vorhanden ist, ist es besser, die alten Formen der Arbeitsteilung und -erfüllung beizubehalten, als sich mit Lorbeeren des Fortschritts schmücken zu wollen, ohne etwas dafür zu tun.

8. Maßnahmen zur Teamentwicklung

Der Begriff Teamentwicklung wird inzwischen synonym für die Maßnahmen zur Optimierung der Zusammenarbeit der Teammitglieder benutzt. Diese Maßnahmen konzentrieren sich auf die Bedingungen, die sowohl eine sachlich-effiziente als auch menschlich angenehme Zusammenarbeit fördern oder hemmen. Sie wollen das Potential des Teams steigern – immer im Hinblick auf Effizienz und Humanität.

Grundsätzlich sind zwei Arten von Teamentwicklung möglich. Zum einen die Teamentwicklung, bei der das Team generell gut zusammenarbeitet, aber auf **wichtige Aufgaben** o.ä. vorbereitet werden muss. Wird für ein solches Team ein Training zur Teamentwicklung angesetzt, hat der Verantwortliche bereits ein Bewusstsein von präventiver Teamentwicklungsarbeit. Er wartet nicht ab, bis es Probleme gibt, sondern kennt sich so gut in den Entwicklungsphasen des Teams und mit den Persönlichkeiten seiner Teammitglieder aus, dass er weiß, dass es sich um einen schwierigen Entwicklungsschritt handelt.

Zum anderen gibt es Maßnahmen zur Teamentwicklung, weil die Teamarbeit generell nicht gut funktioniert. Hier besteht die Aufgabe der Teamentwicklung vor allen Dingen in der **Klärungshilfe**. Es geht dabei um die Klärung der Hindernisse, die der Erreichung des Teamziels – der optimalen Zusammenarbeit – im Wege stehen.

Teamentwicklung wird in Firmen unterschiedlich gehandhabt. Es gibt Firmen, die der Entwicklung und Bedeutung der Teams große Aufmerksamkeit widmen und für die es auch selbstverständlich ist, dass die Mitarbeiter Teamentwicklungsmaßnahmen in Anspruch nehmen können. Ich habe aber viele Firmen, auch große mit eigener Personalentwicklungsabteilung, gesehen, die der Teamentwicklung keine Aufmerksamkeit widmen, und in denen die Teamleiter mit der Führung des Teams alleine gelassen werden.

Bei Teamentwicklungsmaßnahmen liegt der Fokus auf drei Teamfunktionen:

- **Zielorientierte Teamfunktionen:** Darunter werden alle Aktivitäten der Gruppe erfasst, die dazu dienen, das Ziel der Team- oder Projektarbeit zu erreichen. Das beginnt mit der exakten Beschreibung des Ziels und der Festlegung der Rahmenbedingungen (Geld, Zeit, Personal usw.), geht über die Einigung der methodischen Vorgehensweise und Verabschiedung eines Aktionsplans bis hin zur Präsentation der Ergebnisse gegenüber den Auftraggebern (Vorstand, Aufsichtsrat, Geschäftsleitung).

- **Teamfördernde Funktionen:** Sie sind ein Sammelbegriff für alle Beiträge der Teammitglieder, die sicherstellen, dass das Team als Sozialgebilde leistungsfähig bleibt oder seine Leistungsfähigkeit sogar noch steigert. Sie umfasst alle Bemühungen, die zum Ziel haben, aus der Ansammlung von Individuen ein Spitzenteam zu formen. Die Gruppe entwickelt ein **„Wir-Gefühl"**.

- **Teamstörende Funktionen:** Nicht alle Teammitglieder verhalten sich permanent konstruktiv. Durch Aggressivität, nicht ernst gemeinte Bemerkungen und unkollegiales Verhalten stören sie die Teamarbeit.

Ziel der Teamentwicklung ist es, den Schwerpunkt der Aktivitäten auf die zielorientierten und teamfördernden Funktionen zu legen. Zwei Hauptziele sollen mit der Teamentwicklung erreicht werden:
- Eine Zusammensetzung von Menschen soll sich zu einem Team entwickeln.
- Probleme, die das Team belasten, sollen gelöst werden,

Als Ziele eines Teamtrainings werden von den Teammitgliedern genannt:
- mehr Verständnis für die Aufgabe eines jeden Teammitgliedes;
- mehr Verständnis für die Beschaffenheit des Teams und seiner Rolle innerhalb der Gesamtabläufe der Organisation;
- Verbesserung der Kommunikation zwischen den Teammitgliedern über alle Punkte, welche die Effektivität behindern;
- Stärkung der gegenseitigen Unterstützung der Teammitglieder;
- Verständnis für die Stufe der Teamentwicklung (In welcher Phase befindet sich das Team?);
- Finden von effektiveren Möglichkeiten, die Probleme auf der Sach- und Beziehungsebene zu bewältigen;

- Entwickeln von Fähigkeiten, Konflikte konstruktiv (statt destruktiv) zu lösen;
- Verstärkung der Zusammenarbeit zwischen den Teammitgliedern;
- Stärkung des Bewusstseins für gegenseitiges Aufeinander-Angewiesen-Sein innerhalb des Teams.

Die Förderung optimaler Bedingungen für die Zusammenarbeit ist im Grunde eine Führungsaufgabe. Manchmal aber ist es sinnvoll externe Berater hinzuzuziehen, z. B. bei der Einleitung von Teamentwicklung, bei hoher persönlicher Betroffenheit des Teamleiters oder in schwierigen Situationen.

Ein Teamtraining wird immer dann notwendig, wenn das Team am Übergang von der einen Phase zur nächsten „stecken bleibt". Aus Angst verhindert das Team unbewusst die Weiterentwicklung und damit auch die Effizienz der Teamarbeit. Dieses „Steckenbleiben" sieht an den Übergängen zu den einzelnen Phasen ganz unterschiedlich aus. Wenn ein Team über einen längeren Zeitraum stagniert, ist es sinnvoll, einen Trainer zur Unterstützung hinzuzuziehen. Nur so kann der Teamleiter in Ruhe sich selbst, die Teammitglieder und den Prozess beobachten, ohne den Druck zu haben, alles moderierend strukturieren zu müssen.

8.1 Zugehörigkeit

Die erste kritische Phase ist eigentlich der „Eingang" ins Team, also der Beginn der Zugehörigkeitsphase. Eine schwierige Anfangssituation ist immer dann gegeben, wenn

- sehr viele neue Teammitglieder aufgenommen wurden,
- der Abschluss der vorherigen Teamsituation nicht gut vollzogen wurde,
- Sinn und Zweck des Teams nicht klar sind,
- Mitarbeiter aufgrund von Sachzwängen zur Teilnahme am Team gezwungen wurden.

Solche Schwierigkeiten zeigen sich häufig dadurch, dass das Team nicht richtig starten kann: Bei jedem Termin fehlt jemand; andere verhandeln vielleicht noch, ob sie nicht doch wieder aus dem Team aussteigen können.

In der Zugehörigkeitsphase müssen die Teammitglieder auf der Basis der Teamziele die Zusammenarbeit organisieren.

Ein Teamtraining kann in dieser Phase so aussehen, dass sich die Teammitglieder zunächst in strukturierten Übungen, die keineswegs konfrontierenden Charakter haben sollten, kennen lernen. Für neue Teammitglieder ist es in einem solchen Rahmen immer hilfreich, die Geschichte des Teams zu hören, um so bereits bestimmte Abläufe besser verstehen zu können.

Die Ausarbeitung der Vision, Mission und Ziele sollte auf jeden Fall in einem workshopartigen Training erarbeitet werden. Wird hierzu ein externer Trainer hinzugezogen, so sollte dieser lediglich moderierende Funktionen übernehmen, damit das Team wirklich eigenständig diese Themen erarbeiten kann. Gibt es bei diesen Themen bereits Dissens im Team, so ist es äußerst ratsam, einen externen Trainer hinzuzuziehen.

Geplante Teambildungstrainings sollten auf keinen Fall konfrontierend sein und die Teilnehmer dazu zwingen, sich zu sehr zu öffnen. Dafür ist es in dieser Phase noch zu früh. Es würde der Teamentwicklung entgegenlaufen.

Es kann auch bei sehr unerfahrenen Teammitgliedern sinnvoll sein, ein Kommunikationstraining abzuhalten, so dass alle Teilnehmer die Grundregeln für eine gut funktionierende Kommunikation kennen und diese in den Teamalltag einbauen können. Es sollten dabei auch Kommunikationsregeln erarbeitet werden, die für alle Teammitglieder gelten.

8.2 Verantwortung

Ein Team, das sehr kontaktfreudig ist, aber wenig Interesse an intensiven Beziehungen hat oder ein Team, das extrem konfliktscheu ist, fällt der Übergang zur Verantwortungsphase schwer. Den meisten Teamleitern fällt nicht auf, dass das Team an diesem Übergang festhängt, denn es ist ja weiterhin sehr lustig und harmonisch im Team und das wird leicht mit guter Zusammenarbeit verwechselt. Meist gibt es lediglich ein oder zwei Teammitglieder, die sich über die unstrukturierte Arbeit oder die Unverbindlichkeit von Zusagen mehr und mehr aufregen, dabei aber wenig Gehör bei den anderen finden.

In dieser Phase ist es auf jeden Fall sinnvoll, einen externen Trainer hinzuziehen. Der Teamleiter hat bei den üblichen Kompetenz- und Konkurrenzthemen nicht genügend Distanz und Neutralität, um alle Personen gleichberechtigt behandeln zu können. Den meisten Teamleitern fällt auch der systemische Blickpunkt sehr schwer, so dass solche Diskussionen sehr schnell in einem Falsch-Richtig-Muster festhängen.

Der Trainer, der für ein Teamtraining in der Verantwortungsphase hinzugezogen wird, sollte konfrontierende und realitätsnahe Übungen kennen und sich nicht scheuen, klare Worte zu sprechen.

Alle Trainings, die deutlich machen, dass ein kooperatives Miteinander das Team weiterbringt als Konkurrenzverhalten, sind hier besonders hilfreich.

8.3 Offenheit

Der Übergang zur Offenheitsphase gelingt fast nur mit einem externen Trainer. Dies gilt besonders für Teams, die es eher gewohnt sind, sachbezogen zu arbeiten. Sie scheuen es, die anstehenden zwischenmenschlichen Belange anzusprechen und in die Arbeitsabläufe zu integrieren. Viele hoffen darauf, dass sie es einfach aussitzen können, und sich die Beziehungsebene von ganz alleine wieder glättet. Dies ist aber nur sehr selten der Fall. Da Teamleiter erfahrungsgemäß selbst Schwierigkeiten mit der Offenheit haben, und die Einleitung der Offenheitsphase sehr sensibel gehandhabt werden muss, ist es sinnvoll, einen externen Trainer hinzuziehen.

Dieser Trainer sollte fundiertes psychologisches Wissen mitbringen und behutsam den Teamprozess begleiten können. In dieser Phase können Outdoor-Trainings gut sein, da diese zum Ziel haben, dass sich die Teammitglieder auch einmal von einer anderen Seite erleben und sich auf einer tieferen Ebene kennen lernen. Aber auch normale Trainings, die sich mit der Wahrnehmung der unterschiedlichen Personen im Team auseinander setzen, machen in dieser Phase Sinn.

8.4 Trennung

Der Übergang in die Trennungsphase kann bei genügend Übung vom Teamleiter selber übernommen und gestaltet werden. Er ist hier sowieso stark gefordert, da er die Teammitglieder in normalen Arbeitsalltag ständig an das bevorstehende Ende erinnern muss. In einem speziell angesetzten Trennungsmeeting sollten die sachlichen und emotionalen Aspekte des Abschieds angesprochen und geklärt werden.

Lediglich in krisenhaften Trennungsphasen, z. B. bei einer Kündigungswelle, ist es sinnvoll, einen Trainer hinzuzuziehen, der die emotionalen Aspekte der Wut und Verunsicherung auffangen und kanalisieren kann. Dies kann den Teamleiter sehr entlasten, da meist zu Unrecht Teile dieser Wut und Angst auf ihn gerichtet sind.

Sollte aus irgendwelchen Gründen ein externer Trainer hinzugezogen werden, so sollte dieser die Möglichkeit haben, die Trainingsmaßnahmen und -vereinbarungen im Arbeitsalltag überprüfen zu können.

Ein Trainer kann aber auch lediglich den Teamleiter als Coach begleiten, so dass dieser für sich selbst analysieren kann, was die Trennung für ihn bedeutet, ohne die Verantwortlichkeiten für den Prozess zu vergessen.

8.5 Maßnahmen zur Qualifikation des Teamleiters

Bei Trainingsmaßnahmen für Teamleiter geht es vor allem darum, sie mit den wesentlichen Gedanken und Instrumenten der Teamarbeit vertraut zu machen. In handlungs- und erfahrungsorientierten Seminaren sollen sie lernen, Teamprozesse zu erkennen, sie zu strukturieren und zu leiten. Auch wenn dies in den meisten Firmen sträflich vernachlässigt wird, sollten Unternehmen jedem neuen Teamleiter die Möglichkeit geben, sich neben den fachspezifischen Trainings in folgenden Bereichen weiterzubilden:
(1) Gruppendynamische Aspekte der Teamentwicklung
(2) Grundlagen einer effektiven Kommunikation in Teams
(3) Techniken der Moderation

(4) Techniken der Konflikt- und Problemlösung
(5) Methoden zur Durchführung von Teamsitzungen und zur Protokollführung

9. Der Einzelne und die Phasen

Jedes Teammitglied bringt Vorerfahrungen zu den Themen Zugehörigkeit, Verantwortung, Offenheit und Trennung mit, die den Umgang mit diesen Teamphasen prägen. Hierbei zählen die frühen Erfahrungen im Elternhaus und in der Schule zu den einschneidendsten und prägendsten Ereignissen. Aber auch positive oder negative Erfahrungen im Berufsleben verändern die Einstellung und beeinflussen das Verhalten. Von daher erscheint es mir wichtig, die Bedeutung der Entwicklungsphasen für den Einzelnen zu beleuchten und einige Hinweise zu geben, welche Lebensereignisse eine positive Bewältigung oder eine negative Vermeidung der einzelnen Phasen zur Folge haben kann. Habe ich negative oder überfordernde Erfahrungen gemacht, so werde ich zu einer Über- oder Unterkompensation neigen, d. h. das Fehlen einer guten Erfahrung wird durch zu viel oder zu wenig Handlung ausgeglichen. Wenn ich überkompensiere, mache ich zu viel des Ausgleichs. Dies wäre dann der Fall, wenn ich eigentlich schüchtern bin, aber durch erhöhte Kontaktaufnahme diese Angst zu bewältigen versuche. Die Unterkompensation ist genau das Gegenteil. Ich vermeide die Situation dann, vor der ich Angst habe. Dies wäre der Fall, wenn ein Mitarbeiter alles daran setzt, nur alleine zu arbeiten, weil er Angst vor Gruppen hat und dies damit begründet, dass Teamarbeit ja doch nichts bringe und er alleine viel schneller und effizienter arbeite. Beides ist der Versuch, die Wiederholung unangenehmen früheren Erfahrung, der man meist hilflos ausgeliefert war, durch aktives Handeln zu verhindern.

Häufig wird das Verhalten einzelner Teammitglieder erst dann verständlich, wenn die anderen mehr von deren Lebensgeschichte erfahren und damit deren Verhalten besser einordnen können. Oft hat dies auch eine zunehmende Toleranz zur Folge, was die Notwendigkeit zur Offenheit noch einmal verdeutlicht.

9.1 Von den Kontaktscheuen bis zu den Kontakt-süchtigen

In der Zugehörigkeitsphase sind manche Leute neugierig, beginnen gerne etwas Neues, machen gerne etwas mit anderen Menschen, fangen gerne eine Unterhaltung an und begrüßen neue Kollegen. Was haben diese Leute erfahren, dass sie so leicht auf andere zugehen können? Es fällt uns immer dann leicht, auf andere zuzugehen, wenn wir im Elternhaus und in der Schule eine positive Erfahrung mit Zugehörigkeit gemacht haben. Wenn ich sicher sein konnte, einen Platz in meiner Familie und in der Schule zu haben, und nicht ignoriert wurde, wird mir die Kontaktaufnahme zu Menschen leicht fallen. Ich bin fähig zu Kontakten. Sie lösen keine größeren Ängste bei mir aus. Ich kann mich gegebenenfalls aber auch einmal zurückhalten, ohne direkt Angst zu bekommen, unwichtig zu sein. Es kann Zeiten geben, in welchen eine Person mehr an Kontakt interessiert ist als zu anderen Zeiten. Normalerweise ist in einer Person aber eine Tendenz zu erkennen, Kontakt zu initiieren oder nicht. Hat ein Mensch in seinem Leben positive Erfahrungen mit der Zugehörigkeit zu Gruppen gemacht, kann er Kontakt zu fremden Menschen aufnehmen, kann sich aber bei Bedarf auch zurückhalten und muss nicht unbedingt jeden kennen lernen.

Das Gefühl des **Wichtigseins** steht in Bezug zur **Zugehörigkeit.** Wenn jemand wichtig ist, heißt das noch nicht, dass er kompetent oder liebenswert ist. Es gibt z. B. unfreundliche, ineffektive, aber wichtige Manager. Jeder Mensch braucht aber das Gefühl der Bedeutsamkeit.

Wenn Menschen befürchten, dass sie nicht wahrgenommen werden, sorgen sie dafür, dass andere sie auf jeden Fall bemerken. Sie haben innerlich kein gefestigtes Zugehörigkeitsgefühl. Sie glauben nicht daran, dass sie „einfach so" in eine Gruppe aufgenommen werden. Denn eine Zugehörigkeit kann ich mir nicht erarbeiten. Ich erhalte sie von der Gruppe, in die ich eintrete, oder auch nicht. Ist die Zugehörigkeitsphase nicht optimal verlaufen (z. B. ließen die Klassenkameraden den Jungen nicht mitspielen, in der Jugendclique haben die Mädchen andere Jungen bevorzugt), so wird die Person überkompensieren, indem sie **kontaktsüchtig** wird. Dies kann durch Aussehen, Auftreten oder sonstige Aktivitäten gelingen. Sie muss ständig neue Leute kennen lernen, bleibt nicht gerne alleine, fängt schnell eine Unterhaltung an und geht gerne auf Partys. Diese Menschen sind häufig sehr sympathisch und charmant. Sie finden mit jedem sofort ein Gesprächsthema. Smalltalk fällt ihnen leicht. Es gelingt jedoch nicht, sie näher kennen zu lernen. Der Kontakt zu ihnen ist schnell wieder abgebrochen oder ganz unverbindlich spontan. Die Angst nicht gesehen zu werden, ist ebenfalls bei den Menschen vorhanden, die unangenehm auffallen, indem sie besonders laut sind, sich sofort in den Mittelpunkt drängen, arrogant sind oder sofort undifferenzierte kritische oder ironische Bemerkungen machen. Die anderen meiden diesen Menschen, was bei diesem die Angst, nicht beachtet zu werden, noch verstärkt. Daraus folgt wiederum, dass sein Auftreten noch unangenehmer wird – ein Teufelskreis. Hier ist es häufig sinnvoller, diesem Menschen Aufmerksamkeit zu geben, bevor er sie einfordert. Ich weiß aber auch, dass es Menschen gibt, bei denen dies schwer zu realisieren ist, weil sie mit ihrer Selbstdarstellung immer einen Schritt voraus sind.

Andere Leute bevorzugen es, alleine zu bleiben. Sie sind lieber für sich, wirken reserviert, sind still und fangen selten eine Unterhaltung an. Diese Menschen haben vielleicht die Erfahrung gemacht, dass sie sowieso keinen Platz in einer Gruppe finden, da sie in ihrem Leben häufig aus Gruppen ausgeschlossen wurden, weil sie z. B. einer Randgruppe angehören. Bei einer Unterkompensation der Zugehörigkeitsthematik werden sie **kontaktscheu**. Sie vermeiden es, neue Leute kennen zu lernen. Sie erwarten, dass andere auf sie zukommen. Aber auch dann sind sie noch wortkarg und für den anderen nicht sehr unterhaltsam. Sie hassen Smalltalk und es entsteht schnell eine unangenehme Stille, weil keiner weiß, was er mit dem anderen reden soll. Diese Menschen werden schnell übersehen und vergessen, was die alte Erfahrung wiederholend bestätigt. Ich nenne sie die „Verschwinder". Es sind solche Menschen, bei denen man nach einem Meeting nicht mit Sicherheit sagen kann, ob sie anwesend waren. Immer wieder passiert es ihnen, dass sie bei einer Einladung vergessen werden oder auf einer Informationsliste fehlen. Geschieht es mir selbst, dass ich eine Person in einer Gruppe mehrmals vergesse, ist dies für mich ein untrüglicher Hinweis auf eine schwere Zugehörigkeitsthematik dieser Person (sofern ich eine Verkalkung meinerseits ausschließen kann).

Es kann allerdings auch sein, dass die Lebensumstände des Menschen im Kindesalter so stabil waren, dass er als Kind nie neue Kontakte knüpfen musste und somit gar nicht weiß, wie er das anzustellen hat. Auch als Erwachsener bleibt er lieber in wohl bekannten Gefilden, in denen die Zugehörigkeit geklärt ist. Dies ist bei Personen zu beobachten, die trotz eines lukrativen beruflichen Angebots ihren Heimatort nicht verlassen würden, weil sie Angst davor haben, in der Welt woanders keinen Platz zu finden.

Menschen, die in ihrer Kindheit sehr viel umgezogen sind, erleben auf jeden Fall eine starke Zugehörigkeitsthematik. Sie mussten immer wieder einen neuen Platz finden, was kein einfacher Prozess ist. Haben sie gerade Freunde gefunden, müssen sie diese wieder verlassen. Diese Menschen sind vielleicht sehr kontaktfreudig bis kontaktsüchtig, wissen aber letztlich nicht, wo ihr Platz, ihre Heimat ist. Die Suche nach einem Platz wiederholt sich im Erwachsenenleben nicht selten in häufigen Jobwechseln.

Auch Personen, die in der Kindheit oder Erwachsenenalter zu einer Minorität gehörten (Übersiedler, Homosexuelle, ungewöhnlicher Beruf des Vaters, der Mutter, etc.) tragen häufig eine lebenslange Zugehörigkeitsthematik mit sich herum. Darin enthalten ist eine tiefe Sehnsucht, endlich irgendwo zu Hause zu sein, d. h. einzigartig, aber nicht fremd zu sein.

Wenn der Teamleiter von einem Teammitglied eine solche Historie weiß, muss er sich viel Mühe geben, das Teammitglied zu sehen und zu beachten.

Es ist wichtig zu sehen, dass sowohl die kontaktsüchtige als auch die kontaktscheue Person Schwierigkeiten mit der Zugehörigkeit hat, auch wenn dies bei der kontaktsüchtigen Person erst einmal nicht so scheint. Beide Gruppen sind in ihrem Gefühl der Bedeutsamkeit und Wichtigkeit verunsichert.

Wie kann ich einem Menschen das Gefühl geben, bedeutsam zu sein?

(1) Ich muss ihn beachten, ihn sehen, ihn morgens oder zu Beginn eines Meetings begrüßen. Ich kann anmerken, wenn sich die

Frisur geändert hat, oder mir die Kleidung gut gefällt, oder er einen müden Eindruck macht. Vielen Menschen fallen solche Dinge auf, sie scheuen sich aber, eine Bemerkung zu machen, meistens aus Angst, dem anderen zu nahe zu treten. Diese Befürchtung ist aber unbegründet. Die meisten Menschen leiden eher darunter, dass niemand sie zu bemerken scheint, da sie keine Rückmeldung bekommen. Dies gilt natürlich ganz besonders auch für die Arbeit. So ist es für jeden wohltuend, wenn ein anderer bemerkt, und dies auch kommentiert, dass er sich z. B. mit einem Bericht viel Mühe gegeben hat, da er optisch einen guten Eindruck macht. Auf den Inhalt kann noch getrennt eingegangen werden.

(2) Ich muss mich an Absprachen halten. Wenn ich gemeinsame Vereinbarungen respektlos und unhöflich ignoriere, muss der andere das Gefühl bekommen, nicht so wichtig zu sein (und vielleicht hat er auch Recht damit). Wenn ich ein schlechtes Gedächtnis habe, muss ich mir Erinnerungstechniken und -verfahren einfallen lassen (die gute alte Sekretärin war da Gold wert).

(3) Ich muss wahrhaftig darum bemüht sein, den anderen kennen zu lernen. Dies fängt an mit der ehrlichen Frage, wie es denn jemandem geht, und vertieft sich mit Erkundigungen über den Verlauf des Berufs- und Privatlebens (Na, wie kommt ihr denn mit dem Projekt voran? Wie geht es dem Sohn denn in der neuen Schule? Was macht denn dein Rücken etc.?).

Wer Schwierigkeiten mit dieser Art der persönlichen Aufmerksamkeit hat, weil er sie immer vergisst oder lieber direkt zur Sache kommt, sollte sich kleine Gedächtnisstützen ausdenken. Sie sind für den weiteren Beziehungsverlauf Gold wert.

Zu den einzelnen Phasen gibt es auch einen entsprechenden Selbstbezug, d. h. wie gehe ich mit mir selbst um bei den Themen Zugehörigkeit, Verantwortung, Offenheit und Trennung. Da bei der Zugehörigkeit das Gefühl des Wichtigseins im Vordergrund steht, muss ich in meinem Selbstbezug mich wichtig nehmen. Es ist also **Selbst-Achtung** notwendig, um in gute Beziehungen eintreten zu können. Ich muss meine Wünsche, Bedürfnisse und Meinungen so wichtig nehmen, dass ich diese auch äußere und z. B. in die Diskussion um Rahmenbedingungen für die Teamarbeit einfließen lasse. Dies ist mir dann möglich, wenn ich ein Gefühl für meinen eigenen Wert habe. Ich finde mich genauso wertvoll wie die anderen Menschen. Ich habe demnach nicht das Gefühl, dass ich mehr oder weniger wert bin als die anderen. Deswegen fällt es mir auch leicht, mich und die anderen zu achten.

9.2 Von den Überverantwortlichen bis zu den Verantwortungsscheuen

Das ganze Verantwortungs- und damit Leistungsthema ist sehr geprägt von unseren Schulerfahrungen und wie das Elternhaus damit umgegangen ist.

Es ist der Schule bis heute nicht gelungen, die hohe Motivation von Erstklässlern am Leben zu erhalten und Lernen und Leistung als ein lustvolles Ereignis zu gestalten. Die erfahrenen Demütigungen, Einschränkungen, Kränkungen der Schulzeit prägen diese Phase sehr stark.

Wurde ich im Elternhaus zu meinen eigenen Talenten ermutigt und entsprechend gefördert, fällt es mir leicht, Verantwortung zu übernehmen. Waren die Eltern zusätzlich noch in der Lage, meine Leistungen realistisch und nicht überzogen zu sehen, werde ich auch anerkennen können, in welchen Bereichen ich nicht so begabt bin. Dies wird dann keine Unsicherheiten bei mir auslösen.

Bei einer zufrieden stellenden Entwicklung von Verantwortung entsteht **Kompetenz**.

Kompetenz ist die Fähigkeit,
- bei einem Job zu bleiben,
- effizient zu sein,
- etwas Wichtiges zu erreichen,
- Entscheidungen zu treffen,
- Probleme zu lösen,
- zu wissen, was man kann und was man nicht kann.

Allgemein betrachtet bedeutet Kompetenz im Erwachsenenalter die Fähigkeit, einen Beruf oder eine Berufung auszuüben, um seine eigenen (materielle) Ziele zu erreichen. Kinder bekommen ein Gefühl von Kompetenz, wenn ihnen adäquate Verantwortung übertragen wird und schwierige (aber nicht überfordernde) Aufgaben alleine lösen dürfen. Wenn die Eltern alle Dinge des täglichen Lebens (Essen, Kleidung, Geld, Freunde, Schule) für das Kind erledigen, vermitteln sie dem Kind, dass sie es nicht für kompetent halten, dies selbst zu tun. Hier zeigt sich im Erwachsenenalter nicht selten eine Umkehrung des Autonomiestrebens des Kindes. Wenn Eltern z. B. selbst im Erwachsenenalter noch alle Geldprobleme des Kindes erledigen (z. B. das Kind will studieren, braucht eine Bleibe und die Eltern kaufen oder mieten ohne Zutun des Kindes eine Wohnung), entwickeln Menschen eine Forderungshaltung, mit der sie ihr Gefühl von Inkompetenz verdecken wollen.

Wenn jemand kompetent ist, heißt das noch lange nicht, dass er wichtig oder liebenswert ist. Es gibt z. B. nervige, aber effiziente Angestellte.

Einige Leute fühlen sich wohler, wenn sie Verantwortung übernehmen. Sie sind gerne der Chef, geben Anweisungen, treffen für sich und andere Entscheidungen. Andere Leute ziehen es vor, keine Verantwortung zu übernehmen. Sie sind damit zufrieden, den Entscheidungen anderer Menschen zu folgen. Sie suchen sich Situationen, in denen sie über keine Verantwortung verfügen. Normalerweise aber hat ein Mensch sowohl den Wunsch, für andere Menschen oder eine Sache verantwortlich als auch frei von jeder Kontrolle und Verantwortung zu sein.

Habe ich allerdings im Elternhaus und in der Schule zu oft zu hören bekommen, dass ich dies ja nie lerne, werde ich vielleicht einen übertriebenen Ehrgeiz entwickeln („Denen zeig ich's schon!"), der es mir aber nicht ermöglicht, einzugestehen, dass ich etwas nicht kann. Dies sind die unangenehmen Teamkollegen, die nicht imstande sind, zuzugeben, dass sie etwas nicht wissen oder können. Oder aber ich werde dem zu oft Gehörtem zustimmen, mich resigniert zurückziehen und den Auftrag eines jeden Erwachsenen, einen verantwortlichen Bereich in dieser Gesellschaft zu übernehmen, ablehnen (wie z. B. die Dauerstudenten).

Auch eine Überängstlichkeit der Eltern überträgt sich häufig auf die Kinder, so dass sie sich selbst zu wenig Kompetenz zutrauen, ohne vorher ausprobiert zu haben, ob sie es überhaupt können. Wenn ich als Kind meine Fähigkeiten nicht ausprobieren kann, werde ich nicht lernen, für welche Bereiche ich Verantwortung übernehmen möchte, und in welchen Bereichen ich mich nicht hinreichend kompetent fühle. Ein beliebter Spruch von Eltern lautet allerdings: „Wenn sie das (Klavierspielen, Turnen, Judo, Fußball, Tischtennis, Theater etc.) jetzt angefangen hat, dann soll sie es auch zu Ende führen." Ich habe bis heute nicht verstanden, wann ein Kind denn mit etwas „fertig" ist. Eine Ann Sophie Mutter wird sicherlich nicht von sich behaupten, mit der Geigenvirtuosität „am Ende" zu sein. Wir alle bewundern sie aber für ihr Können und ihre Ausdrucksstärke.

Wenn ich in meinem Leben ein gutes Gefühl für meine Kompetenzen entwickelt habe, weiß ich, was ich kann, weiß aber auch, was ich nicht kann, und besser anderen Menschen überlassen sollte oder aber erst erlernen muss, bevor ich befähigt bin, dafür Verantwortung zu übernehmen.

Bei einer Überkompensation der Verantwortung glaube ich, für alles die Verantwortung übernehmen zu müssen, weil ich davon überzeugt bin, nur ich allein weiß, wie es richtig geht. Ich werde **überverantwortlich**. Die Fehler der anderen sind mir dafür immer wieder eine Bestätigung. Ich kann nicht zugeben, etwas nicht zu können oder zu wissen. Dies führt häufig zu einer Verzerrung meines eigenen Kompetenzbildes. Unterläuft mir ein Fehler, so kann ich dies nicht zugeben, sondern mache andere dafür verantwortlich oder versuche es zu vertuschen. Ich kann auch schlecht zugeben, dass ich überfordert bin und Hilfe brauche. Es ist sehr leicht, diesem Menschen weitere Verantwortlichkeiten zuzuschieben. Da sie meist die Anerkennung in früheren Situationen vermisst haben, braucht man sie nur ein bisschen zu loben, schon übernehmen sie die nächste Aufgabe auch noch.

Bei einer Unterkompensation der Verantwortung traue ich mir gar nichts zu. Ich werde **verantwortungsscheu**. Ich versuche alle Verantwortung von mir abzuschieben und glaube, dass andere es besser können. Ich werde mich schulen und qualifizieren und dennoch das Gefühl nicht los, dass es nicht reicht. Oder ich werde es gleich gar nicht erst versuchen, mich der Konkurrenz zu stellen. Treffe ich auf einen Überverantwortlichen, so ist es leicht, die Verantwortlichkeiten auf ihn abzuwälzen. Auch der Drückeberger gehört zu den Verantwortungsscheuen. Das Dilemma ist nur, dass in der Arbeitswelt kaum ein Mensch zugibt, verantwortungsscheu zu sein. Stattdessen baut man alle möglichen Entschuldigungen und Theorien auf, damit die eigene Verantwortungsscheue nicht ins Bewusstsein vordringt. Ein guter Trick dabei ist zudem, die anderen dafür verantwortlich zu machen, dass man keine Verantwortung übernehmen kann. Hier können Kollegen oft besser Auskunft über die Art des Umgangs mit Verantwortung geben. Das Eigenbild wird hier sehr geschönt.

Besonders trickreiche Drückeberger geben sich immer ganz beschäftigt, um der Verantwortung aus dem Weg zu gehen. Sie lassen ihren Schreibtisch extra chaotisch aussehen, so dass niemand auf die Idee kommen kann, ihnen noch mehr Arbeit aufzubürden. Das Handy bietet ebenfalls eine gute Fluchtmöglichkeit. So habe ich in vielen Trainings Teammitglieder erlebt, die um einer Belanglosigkeit willen lieber ihre Sekretärin anrufen, als mit den anderen dafür zu sorgen, dass der Raum für die nächste Trainingsrunde vorbereitet wird.

Das Gefühl, das ich in der Verantwortungsphase hinsichtlich meiner selbst entwickele, ist das der **Selbst-Bestimmung**. Wenn ich ein selbstbestimmtes Leben führe, entscheide ich, wie ich lebe. Ich bestimme meine Gedanken, meine Gefühle, meine Bewegung, meine Gesundheit und meine Spontaneität. Ich kann entscheiden, was als Nächstes ansteht. Wenn ich kein selbstbestimmtes Leben führe, befinden sich die Ereignisse meines Lebens außerhalb meiner Kontrolle. Sie werden dem Glück, Unglück, Zufall, Schicksal zugeschrieben, aber nicht meiner eigenen kontrollierenden Verantwortung.

Selbst-Bestimmung bedeutet, erwachsen und eigenverantwortlich zu handeln.

Hier kann es Momente geben, in denen ich mir wünsche, dass ein anderer Mensch mein Leben mitbestimmt und Verantwortung mit übernimmt. Ich kann zwar alles selbst entscheiden, allerdings **muss** ich auch alles selbst entscheiden. Mein Leben fühlt sich wie eine Bürde an, und ich wünsche mir, wieder ein Kind zu sein, so dass andere für mich entscheiden. Ein solches Gefühl tritt meist in einer Burn-out-Situation ein.

In anderen Zeiten sehne ich mich nach mehr Kontrolle über mein Leben. Andere Menschen, die Organisation, die Firma, Eltern, Kinder oder andere Kräfte bestimmen mein Leben zu sehr und ich sehe keine Möglichkeit, mein Leben wieder in den Griff zu bekommen. Auch dies ist ein nicht unerheblicher Stressfaktor und sollte, wenn überhaupt, nur phasenweise vorkommen. Derartiges erleben Teams immer wieder in der heißen Endphase der Umsetzung eines Projektes oder im Vertrieb im heißen Kampf um den Kunden. Es sollte allerdings kein Dauerzustand sein, denn dies führt unweigerlich zum Burn-out-Symptom.

Der Umgang mit Gefühlen, die den Verantwortungsbereich betreffen, ist nach wie vor sehr stark geschlechtsunterschiedlich. So haben Forschungen gezeigt, dass Männer auch Positionen annehmen, für die sie sich nicht kompetent halten. Sie glauben allerdings mit der neuen Aufgabe in die Kompetenz hineinzuwachsen. Frauen hingegen haben an sich den Anspruch, erst die Kompetenzen erlangen zu müssen, die für eine Position erforderlich ist, bevor sie diese annehmen. Daraus erklärt sich auch (jedoch nicht nur), dass zwar mehr Mädchen Abitur machen, mehr Frauen studieren, sich aber weniger Frauen in führenden Positionen befinden.

Auch verstehen es die Geschlechter nach wie vor sehr geschickt, sich aus Verantwortlichkeiten herauszuhalten, die sie eher dem anderen Geschlecht zuordnen. Sobald eine Frau im Team ist, macht bei einem Meeting kaum noch ein Mann Anstalten, den Meetingraum wieder aufzuräumen. Die Männer übernehmen in einem Team wie selbstverständlich die Sprecherfunktion. Häufig werden sie darin auch noch von den Frauen unterstützt. So habe ich Ausbildungseinrichtungen gesehen, in denen der Frauenanteil bei 90 % lag, die aber trotzdem einen Mann zum Schulsprecher wählten.

Gleichzeitig machen sich um die Verantwortlichkeiten Frauen mehr Gedanken. Frauen gelingt es besser, eine allumfassende Verantwortlichkeit zu bewältigen, die viele Aspekte zu berücksichtigen hat (multi-tasking). Männer können eher Verantwortung für einen Bereich übernehmen, auf den sie sich voll konzentrieren.

9.3 Von den Vertrauensseligen bis zu den Verschlossenen

Wenn ich meine Gefühle und meine innersten Gedanken mitteilen möchte, strebe ich in Beziehungen Offenheit an. Ich freue mich, eine oder einige Personen zu kennen, denen ich vertrauen kann. Menschen unterscheiden sich darin, wie sehr sie es mögen, offen oder eher verschlossen zu sein.

Diese Einstellung zur Offenheit wird entscheidend vom Elternhaus und von den Lebenserfahrungen geprägt. Sehe ich bei den Eltern, dass sie offen über Dinge sprechen und Gefühle zeigen, werde ich erkennen, dass ich mit meinen Belangen zu ihnen gehen kann. Sehe ich allerdings Misstrauen und Heimlichtuerei, lerne ich schnell, dass es besser ist, nichts zu sagen und ebenfalls misstrauisch zu sein.

Als Trainerin und Therapeutin erlebe ich täglich, wie schwierig es für Menschen ist, sich in Offenheit zu üben, wenn sie dazu als Kinder keine Unterstützung bekommen haben.

Es gibt keine nicht-offenen Kleinkinder. Die Offenheit muss uns nicht beigebracht werden. Sie wird uns nur allzu häufig ausgetrieben. Das Kind lernt schnell, wann es besser ist zu lügen, obwohl die Eltern gleichzeitig sagen, dass man nicht lügen soll. Es merkt, bei welchen Themen die Eltern schockiert sind, so dass es sie damit das nächste Mal besser nicht mehr belästigen wird. Das Kind weiß, ob den Eltern Gefühle zu viel sind, und es wird sie zukünftig verstecken. Ist dieses Versteckspiel erst einmal jahrelang eingeübt, ist es schwer und braucht Zeit, sich wieder zu öffnen.

Auch kann eine schwerwiegende Kränkung dazu führen, dass ein Mensch sich in sich selbst zurückzieht und beschließt, keinem Menschen mehr zu vertrauen. Dies kann sogar so weit gehen, dass er sich von all seinen Gefühlen abschneidet und sie nicht nur nicht mehr zeigt, sondern sie auch gar nicht mehr wahrnimmt. Dies wird langfristig meist mit schweren körperlichen Leiden bezahlt. Deshalb bin ich sehr froh, dass man in der Notfallmedizin inzwischen erkannt hat, bei großen Katastrophen den Helfern direkt vor Ort psychologische Hilfe anzubieten.

Wenn ich eine Atmosphäre der Offenheit erlebt habe und mein Vertrauen, dass ich in Menschen gelegt habe, nicht grundlegend enttäuscht wurde, bin ich in der Lage, mich Menschen angemessen zu öffnen. D. h. ich falle nicht sofort mit der Tür ins Haus, sondern kann ich abwarten bis sich die Beziehung gefestigt hat, bevor ich persönliche Informationen von mir preisgebe. Ich finde aber auch den Mut, zur angemessenen Zeit die Dinge auszusprechen, die mich bewegen und die daraus entstehende Nähe auszuhalten.

Menschen, die in ihrer Offenheit tief enttäuscht wurden, neigen entweder zur Über- oder Unterkompensation von Offenheit.

Bei einer Überkompensation wird der Mensch **vertrauensselig.** Er schaut sich nicht erst die Beziehung zu einem bestimmten Menschen an, sondern erzählt sofort die intimsten Dinge, von denen das Gegenüber oft peinlich berührt ist oder mit denen es nichts anzufangen weiß. Der vertrauensselige Mensch kann nicht zwischen den Beziehungen differenzieren und schaut nicht darauf, ob das Vertrauen gerechtfertigt ist. Er läuft so immer wieder aufs neue Gefahr, enttäuscht zu werden. Eine moderne Form der Überkompensation von Offenheit sind die Talkshows auf allen Fernsehkanälen. Die Menschen sind nicht in der Lage, in der Beziehung offen zu sein, hoffen aber, über die Offenbarung durch das Fernsehen, Unterstützung für ihren Standpunkt zu bekommen.

Bei der Unterkompensation wird der Mensch **verschlossen.** Aus der Enttäuschung heraus, hat er sich bewusst oder unbewusst vorgenommen, sich nie wieder in einer Beziehung zu öffnen. Denn dies bedeutet immer auch Auslieferung. Dieser Mensch wird nichts von sich persönlich erzählen, er wird nicht sagen, wie er sich wirklich mit seinen Teamkollegen fühlt. Bei den Verschlossenen gibt es zwei Arten von Menschen: Die einen, die wirklich wenig sagen und allgemein als verschlossen gelten. Es fällt jedem sofort auf, dass so ein Mensch verschlossen ist. Es gibt aber auch die Verschlossenen im Verborgenen. Diese sind nach außen hin freundlich, reden viel, nur nie über persönliche Dinge. Bei diesen Menschen fällt es nicht sofort auf, dass sie verschlossen sind und keinen Menschen wirklich an sich heranlassen. Es kann von daher immer wieder hilfreich sein, sich ab und zu zu fragen, ob ich denn weiß, wie es dem Menschen im Moment geht und nicht nur, was er gerade macht.

Das Gefühl, das ich in der Offenheitsphase hinsichtlich meiner selbst entwickele, ist das der **Selbst-Erkenntnis**. Selbst-Erkenntnis bedeutet, dass ich mich in allen Situationen darum bemühe, mich selbst der größtmöglichsten Offenheit auszusetzen, um mir meiner Motive, Gefühle und (Hinter-)Gedanken bewusst zu sein. Bei geringer Selbst-Erkenntnis weiß ich nicht, warum ich bestimmte Dinge tue oder sie lasse, warum ich wie fühle, bzw. was ich überhaupt fühle. Ich bin mir ein Rätsel. Die Selbst-Erkenntnis ist die wichtigste Säule der sozialen Kompetenz.

Es kann Zeiten geben, wo ich mehr Selbst-Erkenntnis erlange, als ich im Moment verkraften kann. Es gibt unangenehme Gefühle, die ich lieber nicht fühlen würde (z. B. bin ich neidisch auf die Präsentation des Kollegen). Gefühle oder Gedanken fragen nicht immer nach der Angemessenheit. Sie kommen einfach an die Oberfläche, auch wenn der Moment oder die Situation nicht gerade passend ist.

Es gibt aber auch Zeiten, da fehlt es mir an Selbst-Erkenntnis. Mir fehlt die Einsicht, Dinge zu ändern, die mich oder andere stören. So bekomme ich vielleicht ständig Rückmeldungen, dass ich andere Menschen kränke, was mir aber nicht bewusst ist. Ich merke es nicht einmal. Es ist mir ein Rätsel, warum ich das mache, und kann es somit auch nicht einstellen. Oder die Teamkollegen beschweren sich darüber, dass ich zu wenig Verantwortung übernehme. Ich habe aber mein Gefühl der Inkompetenz so weit verdrängt, dass ich nur mit Be- und Entschuldigungen beschäftigt bin, anstatt mich selbsterkennend zu fragen, wie es zu diesen Rückmeldungen kommt.

9.4 Von den Abschneidern bis zu den Hinauszögerern

Menschen versuchen, das richtige Maß an Veränderung in ihrem Leben zu finden. Einige Menschen brauchen viel Veränderung, sie fangen gerne neue Sachen an und es fällt ihnen leicht, Altes loszulassen. Sie mögen Veränderung und Trennung. Andere Menschen ziehen es vor, in derselben Situation zu bleiben. Sie sind gerne in derselben Stadt, am selben Arbeitsplatz, mit ein und demselben Partner und mit immer gleichen Freunden zusammen. Sie versuchen, Veränderungen und Trennungen zu vermeiden. Ein und dieselbe Person kann zu einer Zeit mehr Interesse an Veränderungen haben als zu anderen Zeiten. Es gibt in einer Person jedoch eine Grundtendenz, Trennung entweder zu initiieren oder zu vermeiden.

Im Umgang mit Trennungen und Veränderungen sind beim Menschen sicherlich Charaktereigenschaften zu beobachten. Diese können schon bei ganz kleinen Kindern beobachtet werden. Es gibt bereits Säuglinge, die auf jede Veränderung im Tagesablauf gereizt reagieren, während andere diese mit Neugierde zur Kenntnis nehmen.

Aber entscheidender für den Umgang mit Veränderung und Trennung sind die Erfahrungen, die ich damit gemacht habe. Hat ein Mensch viele traumatische Trennungen erleben müssen, bei denen er nicht genügend Zeit hatte, diese zu verarbeiten (wie z. B. in Kriegssituationen), so wird jede neue Trennungssituation diese Erinnerungen hervorrufen und er wird versuchen, diese zu verdrängen, indem er den ganzen Trennungsprozess verleugnet.

Hat eine Person viele Trennungen erlebt, die sie nicht beeinflussen konnte (z. B. häufiger Umzug, Scheidung, Tod etc.), so können diese Erfahrungen der Hilflosigkeit bei einem erneuten nicht von ihr beeinflussbaren Beziehungsende die alten Gefühle wiederbeleben. Auch hier wird sie versuchen, die Trennung zu vermeiden. Sie wird versuchen, die Hilflosigkeit der Trennung nicht wieder zu erleben, indem sie das Team vor dem geplanten Ende verlässt. So kann sie sich der Illusion hingeben, die Trennung unter Kontrolle zu haben.

Besonders wenn ein Mensch zu viele unfreiwillige Trennungen erlebte oder eine Trennung besonders traumatisch war, wird er zukünftig versuchen, jede Erinnerung an diese Trennung zu vermeiden.

Wenn ich Angst vor Trennungen habe (weil ich zu viele ungewollte Trennungen in meinem Leben erfahren habe), werde ich zu einem ich-zentrierten Verhalten neigen: Ich ziehe mich zurück, fliehe, mache Witze oder arbeite wie gewöhnlich.

Die Überkompensation dieser traumatischen Erfahrung ist das **Abschneiden** jeder Beziehung. Sobald das Ende zu kommen scheint, beende ich schnell die Beziehung. Einen langen Abschluss halte ich für überflüssig. Ich will mich mit nichts beschäftigen, was mit der Trennung zu tun hat. Abschlussdokumentationen mache ich entweder gar nicht oder so schnell und schlampig, dass sie für die,

die damit weiterarbeiten müssen, wenig hilfreich sind. Ich werde auch nichts von Abschiedsritualen halten, sondern nach dem Motto weiterleben: „Was gewesen ist, ist vorbei. Jetzt kommt etwas Neues." Ein solches Verhalten birgt in sich die große Gefahr, „Leichen im Keller" anzusammeln. Beziehungen erledigen sich nicht dadurch, indem ich mich nicht mit ihnen auseinander setze. Ich habe schon etliche Teams erlebt, die erst funktionsfähig wurden, nachdem ich in einem Teamtraining im Geiste die ehemaligen Teammitglieder wieder in die Runde holte, damit die Personen, für die sie wichtig waren, sich angemessen verabschieden konnten. Nur so vermochten sie frei für die neuen Teammitglieder zu werden, die bis dahin nicht verstanden hatten, warum sie keinen Platz in dem Team fanden.

Die Unterkompensation der Trennung ist das **Hinauszögern**. Meine schlechten Erfahrungen lassen mich zu dem Schluss kommen, dass es besser ist, Trennungen zu vermeiden. Ich bin zwar längst unzufrieden in meinem Job, aber ich schaffe es nicht, mich aktiv um eine neue Stelle zu kümmern. Die Aufgabe des Teams interessiert mich eigentlich nicht mehr, aber das Team ist mir so angenehm und vertraut, dass ich es nicht schaffe, mir ein neues Aufgabenfeld zu suchen. Die Hinauszögerer sind oft schon daran zu erkennen, dass es ihnen selbst beim Telefonieren schwer fällt, einen Schlussstrich zu ziehen.

In extremen Fällen werden solche Menschen nie mit ihrer Ausbildung fertig, weil sie sich damit von der Jugend und der damit verbundenen Verantwortungslosigkeit verabschieden müssten.

Das Gefühl, das ich während der Trennungsphase hinsichtlich meiner selbst entwickele, ist das der **Selbst-Zufriedenheit**. Wenn ich mit den Dingen, die ich geleistet und erlebt habe, zufrieden sein kann, die Begrenzungen akzeptiere und nicht das Gefühl habe, Wichtiges versäumt zu haben, kann ich gut loslassen und mich einer neuen Sache zuwenden. Wie notwendig die Selbst-Zufriedenheit für die Trennung ist, wird besonders an der ultimativen Trennung des Lebens deutlich, dem Tod. Menschen, die mit sich und ihrem Leben zufrieden sind und nicht Überreste, Ungeklärtheiten und Lügen mit sich herumschleppen, finden einen leichten Tod. Menschen jedoch, die mit dem Verlauf ihres Lebens unzufrieden sind, haben auch Schwierigkeiten beim Loszulassen, und das Sterben wird sehr langwierig und schmerzvoll.

Bin ich selbst-zufrieden, bemühe ich mich, die Dinge so zu sehen, wie sie tatsächlich gelaufen sind. Ich kann akzeptieren, wo etwas nicht optimal verlief und bemühe mich um eine Ursachenanalyse. Ich sehe aber, dass ich zum Zeitpunkt der Trennung daran nichts mehr ändern kann. Ich kann die Dinge, die gut verliefen, zufrieden anschauen und sie mit einer inneren Befriedigung und Stolz annehmen.

Es kann Zeiten geben, wo es mir leichter fällt, selbst-zufrieden zu sein. Ich bin zufrieden über den Verlauf dessen, was ich mir vorgenommen habe. Ich habe mich so verhalten, wie ich es mir vorgestellt habe. Ich habe meine eigenen Ziele erreicht und kann mich von daher jetzt gut neuen Aufgaben zuwenden.

Es gibt aber auch Zeiten, wo es mir schwer fällt, selbst-zufrieden zu sein. Dies ist immer dann der Fall, wenn ich mit den Ergebnissen und dem Verlauf dessen, was ich mir vorgenommen oder vorgestellt habe, nicht zufrieden bin. Ich hatte eine andere Vorstellung von dem, was passieren sollte. Ich hatte eine andere Vorstellung von dem, wie ich mich verhalten würde, und was ich erreichen würde. Ich bin also zugleich unzufrieden mit mir und dem Ergebnis. Ich kann dann nur schwer loslassen, grübele ständig noch über die Vergangenheit nach und mache mir und anderen Vorwürfe („Hätte ich doch...!", „Was wäre gewesen, wenn...?").

In der folgenden Schautafel können Sie Ihr Verhalten dort einordnen, wo es Ihrer Meinung nach hingehört. Dann bitten Sie eine Person Ihres Vertrauens, auf einer leeren Liste ebenfalls Kreuze zu markieren. Ein Vergleich der Listen wird sicherlich interessanten Diskussionsstoff liefern. Diese Übung eignet sich auch gut für ein Teamtraining. Wenn sich alle auf der gleichen Skala eintragen, können so schnell die Stärken und Schwächen des Teams erkannt werden. Sind die Kreuze relativ gleich verteilt, so besteht ein gutes Gleichgewicht im Team. Gehen aber in einem Team die Kreuze allzu sehr in eine Richtung, weiß das Team, dass es hier einen Schwachpunkt hat, auf den es aufpassen muss. Wenn zum Beispiel ein Verkaufsteam nur aus kontaktscheuen Personen besteht, so wird dies für die Umsatzzahlen sicherlich nicht sehr hilfreich sein.

In einer psychologischen Beratungsstelle müsste es hingegen genug Teammitglieder geben, die sich eher auf der überentwickelten Seite der Offenheit sehen.

	überentwickelt	angepasst	unterentwickelt
Zugehörigkeit	kontaktsüchtig	kontaktfreudig	kontaktscheu
	← ——————————————————— →		
Verantwortung	überverantwortlich	verantwortlich	verantwortungsscheu
	← ——————————————————— →		
Offenheit	vertrauensselig	offen	verschlossen
	← ——————————————————— →		
Trennung	abschneiden	trennen	hinauszögern
	← ——————————————————— →		

Persönlichkeitseigenschaften in den einzelnen Phasen

10. Die Mischung macht's

Jedes Team hat eine spezielle Aufgabe zu erfüllen. Wegen dieser Aufgabe wurde es zusammengestellt. Aber um diese Aufgabe gut erfüllen zu können, bedarf es nicht nur der entsprechenden Fachkompetenzen, sondern die Persönlichkeiten müssen auch zusammenpassen und für die Aufgabe hilfreich sein. Wenn alle Teammitglieder jedoch die gleichen Stärken haben, dadurch andere Bereiche nicht vertreten sind, ist der Erfolg des Teams gefährdet (Buhler, McCann, 1989).

Bei der Teamzusammenstellung werden häufig zwei Fehler begangen:

(1) Die meisten Entscheider neigen dazu, Teammitglieder in der Hoffnung, dass es möglichst wenig Reibungspunkte gibt, nach Gleichheit zusammenzustellen. Dies mag hinsichtlich der Zugehörigkeit auch ein richtige Entscheidung sein, da die Teammitglieder erst einmal Harmonie suchen. Aber in der weiteren Entwicklung ist sich das Team zu einig, als dass es Fehlentscheidungen erkennen kann. Je mehr Entscheidungsbefugnis ein Team hat, umso gefährlicher ist eine solche Gleichheit der Persönlichkeiten.

(2) Beim zweiten Fehler werden die Teammitglieder so ausgesucht, dass sie die Schwächen des Teamleiters kompensieren sollen. Ist z. B. ein Teamleiter sehr gut darin, den allgemeinen Überblick zu behalten, werden deswegen detailversessene Teammitglieder ausgesucht. Da dies dann aber ein zu duales Gegensatzpaar darstellt, wird sich das Team eher in Grundsatzdiskussionen verrennen als die Stärken des anderen erkennen.

Beide Fehler haben zur Folge, dass das Team in einem bestimmten Bereich sehr stark, aber in einem anderen Bereich besonders schwach ist, so dass die Teamleistungen unbefriedigend bleiben werden.

Es ist also notwendig, das Team aus Persönlichkeiten zusammenzusetzen, die ein Gleichgewicht in „jede Himmelsrichtung" herstellen. Wird ein Teammitglied zu kühl und distanziert, sorgt ein anderes dafür, dass die zwischenmenschlichen Töne nicht vernachlässigt werden. Möchte einer an althergebrachten Verfahrensweisen festhalten, kann ein anderer erkennen, dass dies die Zukunft der Firma gefährden würde. Nur in einem solchen Gleichgewicht, kann ein Team sicher sein, möglichst alle Gesichtspunkte der Aufgaben zu erkennen.

Aus diesem Grund möchte ich im Folgenden vier Typisierungen von Persönlichkeiten vorstellen (Riemann, 1975), die den Teammitgliedern eine gute Möglichkeit geben, sich in den einzelnen Persönlichkeiten zu erkennen, die Unterschiede und Ähnlichkeiten zu diskutieren und damit die Stärken und Schwächen des Teams zu analysieren. Ein solches Vorgehen ist vor allem dann notwendig, wenn ein neues Teammitglied gesucht wird. Eine Typisierung entspricht immer einer Vereinfachung. Der Komplexität der Persönlichkeiten wird eher in einer ausführlichen Persönlichkeitsanalyse Rechnung getragen, wie ich sie bei der Suche nach dem neuen Teammitglied beschrieben habe (siehe Kapitel 7.1.3.). Aber die Vereinfachung hilft dem Team, sich mit der „menschlichen Software" auseinander zu setzen. Es gibt kaum einen Menschen, der nur einem Typ entspricht, meistens wird er Anteile aus den verschiedenen Typen vereinen. Es zeigt sich aber häufig, dass ein oder zwei Typen vorrangig in einer Person vertreten sind.

Bevor Sie weiterlesen, machen Sie eine kleine Eigenanalyse.

Markieren Sie alle Eigenschaften auf der folgenden Liste, die Ihrer Meinung nach auf Sie zutreffen:

s	Selbstständigkeit	i	optimistische Erwartungen
i	phantasiereich	o	zuverlässig
o	perfektionistisch	s	vernünftig
k	beziehungsorientiert	i	verspielt
o	anklagend	o	ernst
s	sachlich	s	fachliche Kompetenz
o	zäh	i	temperamentvoll
s	mit Theorien auseinander setzend	k	Herzenswärme
k	empathisch	i	wortgewandt
o	konsequent	s	intellektuell

s	meinungsstark	o	dauerhaft in Zuwendung
i	genussfroh	i	intensiv
o	objektiv	s	analytisch
k	demütig	i	leidenschaftlich
i	nachgiebig	s	abgegrenzt
s	distanziert	k	gefühlstief
i	rüttelt an den Traditionen	i	ungeduldig
s	kaum beengt durch Traditionen und Dogmen	s	scharfer Blick für die Schwächen anderer
k	gemüthaft	i	nicht sehr ausdauernd
k	kann ausharren und ertragen	o	moralisch
s	ironisch	k	„stilles Wasser"
k	humorvoll	i	suggestiv charmant
o	verantwortungsbewusst	s	satirisch
s	unsentimental	k	verzichtend
k	lebt schwer	o	im Gefühl zurückhaltend
o	stabil	s	kompromisslos
k	einfühlend	o	ausdauernd
s	Unabhängigkeit	k	harmoniebedürftig
k	anhänglich	s	Mut zu sich selbst
o	pflichtbewusst	k	zuwendungsbereit
i	risikofreudig	o	strebsam
k	verständnisvoll	i	unternehmungslustig
i	improvisierend	k	geduldig
o	fleißig	i	guter Gesellschafter
i	nie langweilig	o	planvoll
k	fürsorglich	k	annehmend
i	mitreißend	i	spontan
o	zielstrebig	k	hilfsbereit
s	Mut zur Autonomie	o	Gegenwart wenig genießend
i	sprühend	k	beschwichtigend
k	friedvoll	s	scharfe Beobachtungsgabe
o	pünktlich	i	lebendig
s	affektlos-kühle Sachlichkeit	k	anspruchslos
i	elastisch	i	neugierig
o	tüchtig	o	berechenbar
s	kritisch unbestechlicher Blick für Tatsachen		

Zählen Sie nun zusammen, wie viele Begriffe Sie mit dem Buchstaben

☐ s ☐ k ☐ o ☐ i

angekreuzt haben. Legen Sie dieses Blatt erst einmal zur Seite und lesen Sie weiter.

Das Leben stellt an uns **vier grundlegende Forderungen**, die einander polar gegenüberstehen und doch zugleich ergänzende Strebungen in uns sind. Diese Forderungen durchziehen unser ganzes Leben und müssen in immer neuer Weise von uns beantwortet werden.

(1) Die **Individuation und Distanz** entspricht der Forderung, ein einmaliges Individuum zu werden.

(2) Überindividuelle Zusammenhänge (die Welt, das Leben, die Mitmenschen, das Team) fordern **Nähe und Anpassung**.

(3) Die Forderung nach **Dauer und Beständigkeit** ermöglicht die Verfolgung langfristiger Ziele und Vorhaben.

(4) Dem entgegengesetzt ist die Forderung nach **Veränderung und Wandlung**, um in der Entwicklung nicht auf der Stelle zu treten.

Abb. 8: Grundforderungen des Lebens

Diese vier Grundforderungen werden von Menschen unterschiedlich bewältigt. Aber zu jeder Begabung gehört die **Angst** vor der Kehrseite dieser Begabung.

(1) Begabung der Distanz und Individuation: Eigenständigkeit und damit Angst, sich an jemanden zu verlieren und abhängig zu sein.

(2) Begabung der Nähe und Anpassung: Einfühlungsvermögen und damit Angst, jemanden oder etwas zu verlieren.

(3) Begabung der Beständigkeit und Ordnung: Zuverlässigkeit und damit Angst, dass sich jemand oder etwas verändert.

(4) Begabung des Wandels und der Veränderung: Flexibilität und damit Angst, dass sich nichts ändert.

Auch wenn die meisten Menschen sich gegen diese Tatsache wehren, so gehört Angst unvermeidlich zu unserem Leben dazu und menschliches Verhalten ist primär von Angst geleitet bzw. von dem Versuch Angst zu reduzieren. Wir sind uns der Angst nicht dauernd bewusst, da wir sehr früh in unserem Leben Bewältigungsmechanismen entwickelt haben, die die Angst nicht übermächtig werden lassen. Sie tritt aber immer dann auf, wenn wir uns in einer Situation befinden, die neue Herausforderungen an uns stellt. Nur die Kenntnis der Grundfähigkeiten und damit der Grundängste eines jeden Menschen (und nicht ihre Verleugnung) kann zu einem konstruktiven Umgang mit diesen Eigenschaften führen.

10.1 Die strategische Persönlichkeit

Distanz und Individuation

Der strategische Mensch möchte auf jeden Fall unabhängig und autark bleiben. Er möchte auf niemanden angewiesen sein, niemanden brauchen und sich niemandem verpflichtet fühlen. Er distanziert sich von seinen Mitmenschen, braucht Abstand zu ihnen, um sich so seiner Unabhängigkeit sicher zu sein. Es fällt ihm leicht Entscheidungen zu treffen. Dazu benötigt er nicht den Ratschlag anderer Menschen. Es ist ihm sogar lieber, wenn er selber die notwendigen Informationen für die Entscheidung zusammentragen kann.

Als Grundforderung des Lebens ist bei dieser Person die Selbstbewahrung und die Ich-Abgrenzung übermäßig vorhanden. Auf seine Mitmenschen wirkt sie fern, kühl, distanziert, schwer ansprechbar und unpersönlich. Man kann sie lange kennen, ohne sie wirklich kennen gelernt zu haben. Jeder intensive menschliche Kontakt löst bei diesem Menschen Angst aus, da dies unweigerlich Abhängigkeit mit sich bringt.

Da für diese Menschen das Lernen in dieser Welt nicht über mitmenschliche Kontakte läuft, spezialisieren sie sich gerne auf den erkennenden Intellekt, auf die Ratio. Strategische Menschen finden sich vor allem in den exakten Wissenschaften. Gegenüber der Entwicklung dieser rationalen Seite, bleibt die des Gefühlslebens zurück, denn dafür ist man auf ein Gegenüber angewiesen, auf emotionale Bezogenheit und Gefühlsaustausch.

Nicht selten ist für einen strategischen Menschen ein aggressives Verhalten die einzige Möglichkeit, Kontakt zu Mitmenschen aufzunehmen. Häufigste Aggressionsäußerungen sind Ironie und Sarkasmus. Hier kann er aktiv auf die Mitmenschen zugehen. Die anderen werden sich aber aufgrund des aggressiven Verhaltens zurückziehen und somit für die notwendige Distanz sorgen.

Die positiven Eigenschaften des strategischen Menschen zeigen sich vor allem in souveräner Selbstständigkeit und Unabhängigkeit, im Mut zu sich selbst, zur Autonomie des Individuums. Er hat keine Angst seine Meinung zu vertreten, auch wenn sie von der der anderen abweicht. Er hat eine scharfe Beobachtungsgabe, eine affektlos-kühle Sachlichkeit, einen kritisch-unbestechlichen Blick für Tatsachen und den Mut, die Dinge so zu sehen wie sie sind, ohne mildernde oder beschönigende Verbrämungen. Unsentimental hasst er allen Überschwang, alle Unklarheit und Gefühlsduselei. Er vertritt seine Überzeugungen klar und kompromisslos und hat vor allem eine eigene, selbstständige Meinung.

In Stresssituationen verändert sich bei jedem Menschen, seiner Persönlichkeit entsprechend, auch der Kommunikationsstil. Der strategische Mensch wird übervernünftig. Es kommen von ihm Sätze wie: „Die Sache ist doch zu lösen." „Sei doch vernünftig." „Lass uns den Vorfall sachlich diskutieren." „Welche Argumente gibt es denn dafür, und welche dagegen?"

Manche Menschen glauben, wenn sie sich nur um die Probleme von Heute kümmern, lösen sich die Probleme von Morgen von alleine. Aber eine Firma kann nicht überleben, wenn sie sich nur um die tagtäglichen Aufgaben kümmert, jedoch die langfristigen Strategien außer Acht lässt. Langfristiger Erfolg erfordert kurzfristige hohe Leistungen und langfristige Visionen. Der strategische Mitarbeiter schaut weiter als bis zur nächsten Woche, zum nächsten Monat oder nächsten Quartalsbericht. Diese Menschen können gut Trends erkennen und aufgrund dieser Erkenntnis Entscheidungen treffen. Sie können die externe Umwelt ebenso gut analysieren wie die internen Gegebenheiten und daraus einen Handlungsplan entwerfen. Die strategischen Mitarbeiter sind nicht immer leicht zu erkennen, weil sie sich lieber mit der Planung als mit der Durchführung beschäftigen und sollten auch für solche Funktionen eingesetzt werden.

10.2 Die kommunikative Persönlichkeit

Nähe und Anpassung

 Die kommunikative Persönlichkeit bildet den Gegenpol zur strategischen Persönlichkeit. Sie ist ein einfühlsamer Mensch, der sich fürsorglich anderen zuwendet. Das Wohl des anderen geht über das eigene Wohlergehen. Sie ist in der Lage, auch in schwierigen Situationen auszuharren und wendet sich den Menschen mit Wärme und Verständnis zu.

Bei diesen Menschen überwiegt der Wunsch nach vertrautem Nahkontakt, die Sehnsucht lieben zu können und geliebt zu werden. Die Folge davon ist, dass sein Gegenüber einen Überwert erhält, und er sich dem Gegenüber anpasst. Kommunikative Persönlichkeiten sind auf den Kontakt mit anderen angewiesen. Da sie den anderen so dringend brauchen, werden sie versuchen, jede trennende Distanz aufzuheben. Die beste Möglichkeit, Distanz zu überwinden, ist die Beschäftigung mit anderen Personen. Die kommunikative Persönlichkeit hat Angst, ein eigenständiges Ich zu werden, Angst davor, aus der Geborgenheit der Beziehung herauszufallen. Sie hat Verlustangst.

Kommunikative Menschen finden sich häufig in helfenden Berufen, im sozialen Bereich, in der Personalabteilung, wo sie auf jeden Fall schwerpunktmäßig mit Menschen zu tun haben. Durch ihre Hinwendung zu anderen Menschen, werden sie sehr einfühlsam und können dem Gegenüber die volle Aufmerksamkeit schenken.

Es gibt zwei Möglichkeiten Distanz aufzuheben: Bei der ersten Möglichkeit gebe ich mich hilflos und abhängig, um damit zu demonstrieren, dass ich nicht verlassen werden darf. Wer könnte so hart und lieblos sein, ein hilfloses Wesen zu verlassen? Bei der zweiten Möglichkeit mache ich den anderen von mir abhängig, indem man ihn gleichsam hilflos macht. Der andere kann nicht mehr ohne mich. Die Angst, verlassen zu werden, ist gebannt. Um Beziehungen nicht durch Andersartigkeit zu gefährden, idealisiert die kommunikative Persönlichkeit seine Mitmenschen, verharmlost ihr Verhalten, entschuldigt ihre Schwächen oder übersieht ihre dunklen Seiten. Sie will nichts Erschreckendes oder Beunruhigendes an ihnen wahrnehmen. Sie möchte, dass Beziehungen harmonisch verlaufen, Konflikte sind ihr ein Gräuel. Gleichzeitig bringt sie viel Verständnis für die Situation des anderen auf. Ein Verständnis, das dem strategischen Menschen völlig fehlt.

Daraus wird deutlich, dass der kommunikative Mensch seine aggressiven Impulse abwehren muss. Denn Aggression bedeutet immer die Verdeutlichung der Andersartigkeit von Menschen. Eine Möglichkeit der Abwehr von Aggressionen ist die Ideologie der Friedfertigkeit. Situationen, in denen man sich durchsetzen müsste, werden umgedeutet, verharmlost und vermieden. Der kommunikative Mensch wird sich immer um eine Lösung von Konflikten bemühen. Lieber gibt er dabei klein bei, als dass der Konflikt weiter besteht.

In Stresssituationen fängt der kommunikative Mensch an zu beschwichtigen. Er wird nicht müde, dem anderen zu verdeutlichen, dass er für ihn etwas ganz Besonderes ist, und dass er alles für ihn tun wird. Von ihm kommen Sätze wie: „Nun lass mal, das wird schon wieder." „Ruh du dich jetzt erst einmal aus, ich mach das schon." „Du musst doch verstehen, dass die Situation für den anderen auch nicht ganz einfach ist." Anders als der strategische Mensch zeigt er dabei offen seine Gefühle.

In einer Zeit der Informationsüberflutung ist der kommunikative Mitarbeiter hilfreich, diesen Wust von Informationen in eine klare, überzeugende Form zu bringen. Da der kommunikative Mitarbeiter die Bedürfnisse, Wünsche und Gefühle seiner Zuhörer genau erspüren kann, kann er sich auch blitzschnell darauf einstellen, indem er die Stimme ändert, die Haltung anpasst und sogar die Kleidung entsprechend wählt. Als Teammitglied wird er sofort einklagen, wenn die Kommunikation abgerissen ist, Meetings nicht stattfinden, Informationen nicht weitergegeben werden. Er spürt schnell, wenn mit einem anderen Teammitglied etwas nicht stimmt und wird versuchen die Gründe herauszubekommen. Während das strategische Teammitglied der Kopf des Teamkörpers ist, ist das kommunikative Teammitglied sein Herz. Beide können ohne den anderen nicht existieren. Für den kommunikativen Menschen ist die „Menschlichkeit" am Arbeitsplatz sehr wichtig. Er tut einiges dafür (vergisst keinen Geburtstag, ermutigt Kollegen nach Hause zu gehen, wenn sie krank sind, übernimmt die Arbeit und weiß von allen am meisten über das Privatleben der Teamkollegen). Es ist ihm äußerst wichtig, sich mit seinen Team wohl zu fühlen – der Spaß an der Sache kommt von alleine. Eine kommunikative Persönlichkeit würde nie einen Arbeitsplatz nur der Sache wegen wählen, sondern ausschlaggebend ist immer das Interesse an den Kollegen.

Nicht selten ist eine solche „Teamkonstellation" in Ehen anzutreffen. In einem Hotel bemerkte ich einmal ein älteres Ehepaar bei der Frühstückslektüre, das mich sehr an meine Großeltern erinnerte, die sich auch jeden Morgen Zeit ließen, die Zeitung zu studieren. Er las den politischen, sie den gesellschaftlichen Teil der Zeitung. Nun könnte man kritisch anmerken, dass sich Frauen nicht genug für Politik interessieren. Aber auf einmal wurde mir das wunderbare Gleichgewicht bewusst, das sich in diesem Bild zeigte. Der eine ist für die Ratio zuständig, die andere für die Emotion. Und nur so bilden sie ein gutes Gleichgewicht. Würden beide nur die Politikseiten studieren, würden sie emotional verarmen. Würden beide nur die Gesellschaftsseiten lesen, würden sie vor lauter Einzelschicksalen die Gesamtsituationen nicht erkennen.

10.3 Die organisierende Persönlichkeit

Ordnung und Wahrung

Wie die Bezeichnung schon deutlich macht, liebt der organisierende Mensch die Ordnung. Es ist ihm wichtig, die Dinge im Überblick zu haben und genau zu erledigen. Er ist der verlässlichste der Persönlichkeitstypen. Er ist überaus loyal, konsequent und verantwortungsbewusst. Er vertritt überzeugt seine Werte. Er zeichnet sich durch Ausdauer und Pflichtgefühl aus. Er ist strebsam, fleißig, planvoll, tüchtig, zäh und korrekt.

Eine organisierende Persönlichkeit verspürt eine große Sehnsucht nach Dauer. Jedwede Veränderung ist für sie bedrohlich. Von daher hat sie am meisten Angst vor der Vergänglichkeit. Sie möchte alles beim Alten belassen, denn Veränderungen erinnern an die Vergänglichkeit. Der organisierende Mensch sucht das immer Gleiche, das schon Bekannte und Vertraute. Wenn sich etwas verändert, fühlt er sich gestört und beunruhigt. Er setzt einen großen Teil seiner Energie dafür ein, Veränderungen zu unterbinden. Er wendet sich gegen Neuerungen, wo immer sie ihm begegnen.

Die organisierende Persönlichkeit hält an Meinungen, Erfahrungen, Grundsätzen und Einstellungen fest. Auch da ist sie verlässlich und dreht ihre Meinung nicht wie ein Fähnchen im Wind. Neue Erfahrungen werden in alte Denkschemata eingebunden, anstatt die alten Denkschemata zu überprüfen. Der Organisierende liebt Regeln – die unumstößlichen sind ihm die liebsten. Er wird es mit viel Geschick vermeiden, neue Erfahrungen zu sammeln.

Lassen sich neue Erfahrungen nicht vermeiden, so geht die organisierende Persönlichkeit nicht mit Neugierde, sondern mit Angst und vielen Vorurteilen an die Sache heran. Dies schützt sie zwar davor, Dinge ungeprüft in einem naiven Fortschrittsglauben hinzunehmen, sie erliegt aber umso mehr der Gefahr, Neuem gegenüber wenig offen zu sein und dadurch Entwicklungen – auch die eigenen – zu bremsen, zu hemmen und wenn möglich zu verhindern.

Von daher hat für die organisierende Persönlichkeit Tradition einen hohen Stellenwert.

Diese Menschen befürchten schnell, dass alles sofort unsicher und chaotisch würde, wenn sie auch nur ein wenig locker ließen und sich dem Andersartigen öffnen würden. Unkontrollierte Gefühlsäußerungen gibt es nicht. Deshalb ist für Außenstehende oft nicht zu erkennen, wie wichtig für den Organisierenden die Mitmenschen sind.

Für den Organisierenden sind Zeit, Geld und Pünktlichkeit wichtige Dinge des Lebens. Pünktlichkeit ist ihm eine Selbstverständlichkeit, und er kann andere Menschen nicht verstehen, die so schlecht organisiert sind, dass sie unpünktlich kommen. Häufig liebt er es auch, bestimmte Tätigkeiten immer zur gleichen Zeit zu erledigen, was ihn sehr berechenbar macht. Er weiß über seine Finanzlage genau Bescheid (macht natürlich auch keine riskanten Finanzgeschäfte) und kommt und geht am liebsten immer zur gleichen Zeit zur Arbeit.

Die meiste Lebensenergie wird darauf verwandt, Dinge in Ordnung zu halten. Die Grenze zur Zwanghaftigkeit kann schon mal fließend sein. Der organisierende Mensch wehrt damit alle lebendigen Impulse ab und versucht sie in Schach zu halten.

In seinen Gefühlsäußerungen ist er sehr zurückhaltend. Hat er sich aber für einen Menschen entschieden, legt er die Beziehung auf Dauer an, wie er überhaupt alles auf Dauer anlegt. Er ist ein ernster Mensch. Es fällt ihm schwer ausgelassen zu sein.

Gerät der organisierende Mensch unter Stress, und das passiert relativ häufig, da er alles perfekt machen möchte, so wird sein Kommunikationsstil anklagend. Von ihm kommen Sätze wie: „Immer muss man alles selber machen." „Wenn ich mich nicht um alles selber kümmere, dann läuft es auch nicht."

„Die Tücke liegt im Detail." – Ein solcher Satz kommt immer von einem organisierenden Mitarbeiter. Diese Menschen arbeiten häufig im Hintergrund und sehen zu, dass alles gut läuft. Erst wenn diese „kleinen Details" nicht reibungslos laufen, fällt den anderen auf, dass dies eine wichtige Arbeit ist. Niemand kann die Arbeit eines Buchhalters wertschätzen, der nicht selbst einmal versucht hat, seine Zahlen in Ordnung zu bringen. Nur wer selbst einmal eine Präsentation vorbereitet hat, weiß, wie viele Details dabei schief laufen können und bewundert von daher eine perfekte Präsentation.

Je komplexer die Aufgaben eines Teams sind, umso notwendiger ist ein organisierender Persönlichkeitsanteil bei einem oder mehreren Teammitgliedern. Dies trifft dann zu, wenn

- ein beständiger Qualitätsstandard eingehalten werden muss.
- der effiziente Fluss von Papier und Ideen gewährleistet sein muss.
- die Aufgaben komplexer werden.
- sich das Team diversifiziert oder geographisch getrennt ist.

10.4 Die innovative Persönlichkeit

Wandel und Veränderung

Während der organisierende Mensch die Freiheit, die Wandlung und das Risiko scheut, geht es bei der innovativen Persönlichkeit um das Gegenteil. Sie will Veränderung und Freiheit, bejaht alles Neue und ist risikofreudig.

Die innovative Persönlichkeit zeichnet sich durch Charme, Temperament und Gewandtheit aus. Sie hat keine Probleme damit, Gefühle direkt zu äußern, steht gerne im Mittelpunkt, ist genussfreudig, phantasiereich und verspielt.

Für sie ist die Zukunft, die mit all ihren Möglichkeiten offen vor ihr liegt, die große Chance. Dementsprechend fürchtet sie alle Einschränkungen, Traditionen und festlegende Gesetzmäßigkeiten. Sie möchte, dass alles ständig im Fluss, in der Veränderung, bleibt. Für sie ist nichts verbindlich, nichts verpflichtend. Sie liebt das Lebendige und Farbige. Vergangenes ist schnell vergessen, der Augenblick zählt, die Zukunft ist spannend. Aber diese wird nicht eigentlich geplant, sondern verschiedene Impulse von außen führen zu immer neuen Ideen. Es ist von daher leicht, die innovative Persönlichkeit abzulenken, auf neue Gedanken zu bringen, ihr neue Ideen zuzutragen. Vor allem braucht sie das Gefühl von Freiheit, weil Ordnung und Gesetzmäßigkeiten die Angst vor dem Festgelegtwerden, vor dem Nicht-ausweichen-können verstärken. Es ist von daher eher eine Freiheit von etwas, als eine Freiheit für etwas.

Es entsteht eine Art Gummiwelt, die scheinbar beliebig nachgibt und willkürlich dehnbar ist, deren Ordnung man letztlich nicht ernst nehmen braucht, weil sie sich immer wieder verändert. Die innovative Persönlichkeit findet stets aufs Neue ein Hintertürchen, um sich etwaigen Konsequenzen ihres Handelns zu entziehen. Das Gesetz der Kausalität – von Ursache und Wirkung – wird nicht gesehen.

Die innovative Persönlichkeit fürchtet sich am meisten vor den unvermeidlich begrenzenden Seiten des Lebens (Alter, Tod), die wir als „Realität" bezeichnen. Sie versucht diese großzügig zu umgehen: Sie stellt sie in Frage, relativiert, bagatellisiert oder übersieht sie einfach, versucht sie zu sprengen, sich ihr zu entziehen. In der Veränderung des Unabänderlichen zeigt sie sich äußerst kreativ. Da sie im Augenblick handelt, ist sie von der Illusion erfüllt, sie könne sich über mögliche Konsequenzen hinwegsetzen. Sie denkt sozusagen nur final und überspringt die Kausalität, was ihr eine ungemein suggestive Wirkung verleiht.

Während die organisierende Persönlichkeit Angst vor der Veränderung hat, befürchtet die innovative Persönlichkeit deren Gegenpol: die Begrenztheit, das Unausweichliche, das Notwendige, das Endgültige. Mit immer neuen Ideen glaubt sie der Unausweichlichkeit, der Begrenztheit der Realität ein Schnippchen geschlagen zu haben.

Die innovative Persönlichkeit besitzt nur eine kurze Aufmerksamkeitsspanne, da jeder neue Gedanke und jeder neue Außenreiz schon wieder neue Ideen produziert. Sie ist ungeduldig. Zeit, Pünktlichkeit, Zeitplanungen, Zeiteinteilungen sind ihr lästig und erscheinen ihr pedantisch und kleinlich.

Mit allen erwachsenen Formen des Lebens geht der innovative Mensch „relativ" um. Verantwortung möchte er am liebsten vermeiden, Ethik und Moral werden immer wieder angepasst, Logik ist eine lästige Realität. Er zimmert sich seine eigene Logik zurecht. Wenn er Gedankensprünge macht, bei denen die anderen nicht mitkommen, weil sie unlogisch sind, sieht er das Probleme bei den anderen: Sie sind halt nicht flexibel genug.

Der Innovative erweist sich von daher oft als hervorragender Rhetoriker, der suggestiv und mit Charme die Menschen einlullt. Durch seine sprühende Lebendigkeit merken die anderen nicht, dass der Inhalt meist sehr dünn ist.

Für ihn müssen Menschen und Dinge intensiv, leidenschaftlich und fordernd sein, ansonsten sind sie für ihn uninteressant und er lässt sie sofort fallen.

Wenn er sich über etwas geärgert hat oder mit etwas nicht einverstanden ist, so sind seine Äußerungen häufig spontan und unüberlegt aggressiv. Aber genauso plötzlich wie sie aufgetreten sind, sind sie auch wieder vorbei. Er ist wenig nachhaltend und nachtragend.

In Stresssituation bekommt der innovative Mensch einen irrelevanten Kommunikationsstil, der für sein Gegenüber viele Überraschungen bereithält. Er lenkt vom Thema ab, übertreibt oder macht Witze, wo es um ernste Sachen geht. Dies dient dazu, möglichst schnell aus der Situation zu flüchten. Er kann aber auch irrelevante Äußerungen machen, die mit dem Thema gar nichts zu tun haben, um eine eingefahrene Situation mit neuen Impulsen zu bereichern. Solche Äußerungen können eine erstarrte Diskussion wieder in Bewegung bringen, weil sie die anderen so verwirren, dass sie in ihren eingefahrenen Argumenten mindestens einen Moment innehalten müssen.

Stagnation kann den Tod einer Firma bedeuten. Hierzu gibt es zahlreiche Beispiele. Baldwin Locomotive war einst eine der größten Firmen in den Vereinigten Staaten. Aber das Management weigerte sich die Produktion von Dampflokomotiven einzustellen, was das Verschwinden des Industriegiganten zur Folge hatte.

Die Kurzlebigkeit der meisten modernen Produkte, macht die Bereitschaft zur Veränderung besonders deutlich. Diese Bereitschaft bringt der innovative Mitarbeiter mit. Er wird die anderen anregen, sich über Veränderungen Gedanken zu machen. Er kann diese ermutigen, sich auf etwas Neues, auch wenn es ungewiss ist, einzulassen. Er wird Ideen und Konzepte entwickeln, um das Produkt oder den Service konkurrenzfähig zu halten. Je weniger Routine in dieser Aufgabe enthalten ist, umso kreativer und engagierter ist er bei der Sache. Er ist der typische Querdenker. Wenn allen keine Lösungen mehr einfallen, kann er leicht von den bestehenden Denkmustern Abschied nehmen und eine völlig neue Idee einbringen. Er ist bereit Risiken einzugehen. Sogar Rückschläge kann er akzeptieren, weil er davon überzeugt ist, dass seine Ideen die Firma insgesamt voranbringt. Es gelingt ihm gut, die anderen Teammitglieder wieder aufzubauen und Optimismus zu verbreiten. Aber das innovative Teammitglied wäre nichts ohne seinen Gegenspieler – das organisierende Teammitglied. Allein dieses wird dafür sorgen, dass die Zahlen auch genau kalkuliert werden. Es wird nicht müde, Zweifel auszusprechen, die dem innovativen Teammitglied natürlich ziemlich auf die Nerven gehen. Aber die Detailversessenheit des organisierenden Teammitglieds bildet ein gutes Gegengewicht dazu, so dass das innovative Teammitglied nicht selbstverliebt mit seinen Ideen davonfliegen und zu große Risiken eingehen kann.

Erinnern Sie sich noch an den kleinen Test am Anfang des Kapitels? Die Eigenschaften waren den vier Persönlichkeitstypen zugeordnet. Schauen Sie sich Ihre Zahlen nun einmal an und sehen Sie, wo Sie die meisten Punkte haben. Dieser Persönlichkeitsanteil ist bei Ihnen am ausgeprägtesten. Die Spalte mit den wenigsten Punkten ist bei Ihnen unterentwickelt. Sie können die Talente jetzt mit den anderen Teammitgliedern vergleichen und diskutieren, ob bestimmte Eigenschaften im Team über- oder unterrepräsentiert sind und welche Folgen das für Ihre Arbeit als Team hat.

s = strategisch
k = kommunikativ
o = organisierend
i = innovativ

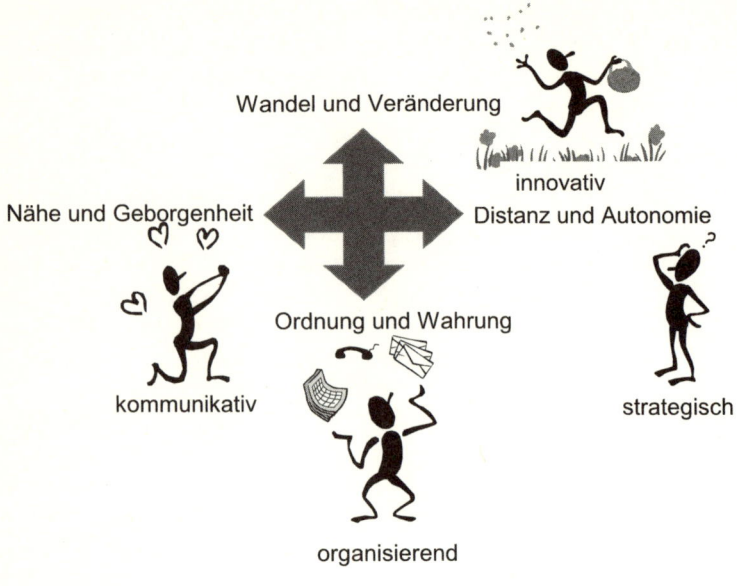

Wandel und Veränderung

innovativ

Nähe und Geborgenheit

Distanz und Autonomie

Ordnung und Wahrung

kommunikativ

strategisch

organisierend

10.5 Übersichtstafel

	strategisch	kommunikativ	organisierend	innovativ
grundlegende Forderungen des Lebens	nach **Individuation**; ein einmaliges Individuum zu werden.	nach **Anpassung** in überindividuelle Zusammenhänge (die Welt, das Leben, die Mitmenschen).	nach Dauer und **Beständigkeit**.	nach **Veränderung** und Wandlung.
Grundbegabung	Selbstständigkeit	Einfühlungsvermögen	Zuverlässigkeit	Flexibilität
Stressreaktion	übervernünftig	beschwichtigend	anklagend	überraschend, irrelevant

	strategisch	kommunikativ	organisierend	innovativ
Grund-ängste	Selbsthinga-be wird als Ich-Verlust und Abhängigkeit erlebt.	Eigenständig-keit wird als Ungeborgen-heit und Isolie-rung erlebt.	Wandlung wird als Ver-gänglichkeit und Unsicher-heit erlebt.	Notwendig-keit wird als Endgültigkeit und Unfrei-heit erlebt
Angst vor	Kontakt, Nähe	Eigenständig-keit, Selbstbe-hauptung	Veränderung, Wechsel, Risiko	Gleichförmig-keit, Unaus-weichlichem, Festlegung in der Realität
Bedürfnis nach	Abgrenzung, Selbstständig-keit	Geborgenheit, Vertrautheit	Sicherheit, Dauer, Perfek-tion	Flexibilität
Lebens-motto	„Ich bin Ich"	„Wir sind Wir"	„Keine Experi-mente"	„Öfter mal was Neues"
beängsti-gende Heraus-forderun-gen	Geh offen auf deine Kollegen zu!	Nimm einen ei-genständigen Standpunkt ein!	Lass dich auf das Neue ein!	Lass dich auf das Unabän-derliche ein!
emotiona-les Ver-halten	kühl, unper-sönlich, kurz-fristige, inten-sive Beziehun-gen, „Ich brauche nichts"	fürsorglich, lie-bevoll, rück-sichtsvoll, un-terdrückt Ag-gression, altruistisch	(Basta-Typ), perfektioni-stisch, dogma-tisch, präzise	spontan, im-pulsiv, beein-flussbar, un-berechenbar, auswei-chend, aben-teuerlustig
Bega-bung:	souverän, au-tonom, eigener Lebensstil	sensibel, hilfs-bereit, ein-fühlend, empa-thisch	Pflichtgefühl, Zuverlässig-keit, Ausdauer, Zielstrebigkeit	Flexibilität, Anpassungs-fähigkeit, Spontaneität, Kreativität, Risikofreude
Bevorzug-te Denk-weise	analytisch ra-tional, intellek-tuell; kompro-misslos, sach-lich	intuitiv, an-schaulich, komplex, ge-genständlich	rational, grüb-lerisch, fana-tisch, prinzip-enhaft, traditi-onsgebunden	assoziativ, spontan, ohne Selbst-kritik, welt-fremd, ab-schweifend

	strategisch	kommunikativ	organisierend	innovativ
Affekt-äuße-rung	skeptisch, zynisch, unsentimental, aber meist affektlos	intensiv, von Schuldgefühlen bestimmt oder erzeugend, überschwänglich, niedergeschlagen	gehemmt, steif, schnell gereizt	impulsiv, extreme Schwankungen, starke Gefühlsausbrüche und Reaktionen, hemmungslos, undiszipliniert
Tempera-ment	kühl, berechnend, unpersönlich, distanziert	freundlich, liebevoll, offen, leicht kränkbar, zugewandt	starrsinnig, pedantisch, ausdauernd, in Stimmungen verharrend, pessimistisch	neugierig, spontan, unruhig, ungeduldig, keine Ausdauer, optimistisch
Bezie-hungen	kontaktarm, abweisend, misstrauisch, wählerisch, Angst vor Bindung	Wunsch nach Nähe und Hingabe, dadurch hohe Kontaktfreude	beständig, Wunsch nach Nähe, aber ungesellig	kontaktfreudig ohne Beziehungskonsequenz
Charak-terliche Vorzüge	Sachlichkeit, Ideenreichtum, Kritikfähigkeit, Selbstständigkeit	Anhänglichkeit, Dankbarkeit, Sensitivität, Hilfsbereitschaft	Fleiß, Ausdauer, Strebsamkeit, Ernst	Risikobereitschaft, Impulsivität, Wendigkeit, Optimismus
Wachs-tumsauf-gaben	Zuneigung, Hingabe, Selbstvergessenheit, Bindung als Gehaltenwerden erleben	Selbstständigkeit und Unabhängigkeit wagen	Neues und Großzügigkeit wagen	Konsequenz und Realitätssinn wagen, die eigenen Grenzen akzeptieren

Die Persönlichkeitstypen im Team der Firma Bacher

Abraham haben wir als einen eher ruhigen Typ kennen gelernt. Da er seit 20 Jahren in der Firma im gleichen Fachbereich arbeitet, zeigt er viel organisierende Eigenschaften. Er hält an dem, was er hat, fest und hat auch nicht den Wunsch, dies zu verändern. Auch sein Widerstand gegen die neuen Technologien hat nicht nur etwas mit seinem Alter zu tun, sondern auch mit seinem organisierenden Persönlichkeitsanteil. Er möchte nicht mit Innovationen konfrontiert werden. Diese bereiten ihm Angst. Da er sehr belesen ist und über eine gute Allgemeinbildung verfügt, zeigt sich in diesen Eigenschaften eine Mischung aus dem Traditionellen der organisierenden Persönlichkeit und dem Intellektuellen der strategischen Persönlichkeit.

Carlos zeigt mit seinem Charme eindeutige Eigenschaften einer innovativen Persönlichkeit. Für einen innovativen Menschen hat er es mit den 10 Jahren aber schon lange in derselben Firma ausgehalten. Dafür sind seine häufigen Flüchtigkeitsfehler, die er nicht als so problematisch ansieht, wiederum ein typisches Merkmal der innovativen Persönlichkeit. Seine kommunikativen Anteile zeigen sich in der Bereitschaft, sich um Belinda zu kümmern und dem Wohlergehen des Teams eine hohe Wichtigkeit zu geben.

Hilde in ihrer ruhigen, gewissenhaften Art ist eindeutig eine organisierende Persönlichkeit. In ihrem Wunsch keinem zur Last zu fallen, zeigen sich auch strategische Anteile. Sie zeigt eine typische Verhaltensweise der ruhigen Organisierer, indem sie oft mehr weiß als die anderen, von dem diese aber nichts mitbekommen.

Eduard in seiner ordentlichen und eher konservativen Kleidung und Ansichten ist in seinem ersten Erscheinungsbild sicherlich ebenfalls eine organisierende Persönlichkeit. Da er aber ambitioniert ist, dadurch auf die anderen manchmal etwas übereifrig wirkt, zeigen sich auch Züge der strategischen Persönlichkeit.

Ruth hat eine strategische Persönlichkeit, weil sie weiß, was sie will und ihre Vorschläge Vorgesetzten gegenüber oft durchsetzen kann. Sie ist imstande, die Interessen des Teams zu vertreten, weil sie ihre Argumente gut vorbringen kann und überzeugend auftritt. Manchmal aber ist sie etwas zu forsch. Dies passiert den strategischen Persönlichkeiten schnell. Sie sind von ihren Plänen überzeugt und wollen diese durchsetzen. Ihre kommunikative Seite kam bei dem Konflikt um den Stellenwechsel hervor. Es fiel ihr sichtlich schwer, das Team mit ihrer Entscheidung zu konfrontieren. Sie wollte das Team nicht alleine lassen.

Belinda ist lebendig und immer offen für Neues. Sie hat damit einen innovativen Persönlichkeitsanteil, der sich auch darin zeigt, dass sie keine Angst davor hat, die Stelle wieder zu wechseln, wenn diese ihr nicht zusagen sollte. Da sie aber Wert auf eine gute Ausbildung gelegt hat und diese auch beruflich einsetzen möchte, hat sie ebenfalls strategische Eigenschaften. Genau diese Mischung wollte sich Ruth ja auch zunutze machen.

11. Anforderungen an den Teamleiter

*Teamleiter müssen so interessiert sein, dass sie Fragen stellen,
so respektvoll, dass sie zuhören, und so verantwortungsvoll,
dass sie reagieren.*

Umfragen zeigen immer wieder, dass Unzufriedenheit bei Mitarbeitern dadurch entsteht, dass

- sie sich vom Chef schlecht behandelt fühlen,
- Transparenz im Unternehmen fehlt,
- sie kein Feedback bekommen,
- ihnen Informationen vorenthalten werden,
- Entscheidungen über ihren Kopf hinweg gefällt werden.

Nur wenn ein Teamleiter in der Lage ist, in den verschiedenen Phasen mit dem Team zu reden, kann diese Frustration vermieden werden. Der Teamleiter muss sich bemühen, ein Klima aufzubauen, das sich durch Transparenz, Authentizität, gegenseitige Akzeptanz und die Fähigkeit auszeichnet, sich in den anderen hineinzuversetzen. Der Teamleiter kann also nicht autoritäre Anweisungen geben, sondern muss ein kooperatives Miteinander finden. An den Teamleiter wird die Forderung gestellt, dass er bereit und überzeugt sein muss, dass einem Menschen nur dann etwas beizubringen ist, wenn dieser angeleitet wird, selbstständig nachzudenken und für sich selbst zu lernen. Es gibt wahrscheinlich kein größeres Hindernis für die Teamentwicklung, als wenn der Teamleiter gewisse Ergebnisse erzwingen will. Ein Team muss meist erst die Unterscheidung lernen zwischen einer globalen, undifferenzierten Abhängigkeit vom Teamleiter („Der muss das entscheiden." „Der weiß das." „Da müssen wir zuerst ihn fragen.") und einer partiellen, differenzierten Abhängigkeit vom seinem Fachwissen und seiner sozialen Kompetenz. Dies ist eine wesentliche Aufgabe emanzipatorischer Teamarbeit.

Sehr oft ist es die Aufgabe der Teamleiterin, die Arbeitsentscheidungen zusammenzufassen und zu fokussieren. Keine Leiterin kann einem Team seinen inneren Widerspruch ersparen oder ihm die Komplexität menschlicher Kommunikation und Zusammenarbeit auf handliche Formeln reduzieren. Im Gegenteil: Sie wird darauf bestehen, die Wirklichkeit im Team anzuerkennen, sie beim Namen zu nennen und sie nicht zu verleugnen oder zu vereinfachen. Die Leiterin muss das Team dabei unterstützen, Arbeitshindernisse zu überwinden.

Der Teamleiter muss

- eine Vision haben,
- ein klares Ziel haben,
- die Bereitschaft haben, horizontal zu arbeiten,
- ein Verständnis für die Marktsituation haben,
- die Fähigkeit haben, sich verändernden Bedingungen anzupassen
- und gute Kommunikationsfähigkeiten besitzen.

Leitung ist kein Geschenk, sie ist eine langfristige Verpflichtung.

Die Teamleiterin hat in allen Teamphasen eine unterschiedliche Bedeutung und Funktion. Jedoch ist sie immer wichtig, auch wenn sie unterschiedlich aktiv wird. Ich möchte zunächst auf die wichtigsten Aspekte des Leiterverhaltens in den einzelnen Phasen eingehen. Da im Folgenden deutlich wird, wie unterschiedlich das Verhalten der Teamleiterin in den verschiedenen Phasen sein muss, kann sich selbstverständlich nicht jede Leiterin in jeder Phase optimal verhalten, weil bestimmte Themen ihr nicht so liegen oder ihrer Persönlichkeit nicht so entsprechen. Deswegen werde ich die vier Persönlichkeitstypen aufzeigen, in denen sich sicherlich jeder in Teilen wiederfinden wird und somit besser erkennen kann, wo seine Stärken und Schwächen in den einzelnen Teamphasen liegen.

Es wird deutlich, dass ein Teamleiter sich selbst so gut kennen muss, dass er weiß, in welchen Phasen er sich „wie ein Fisch im Wasser" fühlt und welche Bereiche ihm schwer fallen. Diesen Aspekten muss er besondere Aufmerksamkeit widmen, sich sorgfältiger vorbereiten oder sich Unterstützung holen.

Die Teamleitung hat hauptsächlich zwei Aufgaben:

(1) Die Teamentwicklung unterstützen.

Für ein effizientes Arbeiten muss die Teamleitung die beschriebenen Aufgaben der einzelnen Teamphasen kennen und die Strukturen dafür zur Verfügung stellen. Nur so können die Teammitglieder in ihrem vollen Potential arbeiten bzw. Konfliktpunkte angehen, analysieren und beseitigen.

(2) Das Managen der äußeren Teamgrenzen.
Die Teamleitung ist die Verbindung zu anderen Einheiten im Unternehmen, zum Management und eventuell zum Kunden. Sie muss die Erwartungen der anderen an das Team klären, Informationen verteilen, Leistungsdaten sammeln und notwendige Ressourcen sichern.

Jedes Unternehmen ist gefordert, die Teamleiter nicht mit dieser Aufgabe alleine zu lassen, sondern entsprechende Personalentwicklungsprogramme zu implementieren. Um diesen Anforderungen zu genügen, müssen die folgenden Fähigkeiten mitgebracht oder entwickelt werden:
(1) den Prozess der Zielsetzung managen
(2) Kommunikationsfähigkeit
(3) Verhandlungsgeschick
(4) Gruppenunterstützung
(5) Selbsteinschätzung
(6) Zielorientierung
(7) Aktionsplanung
(8) Organisationsfähigkeit
(9) Fachkompetenz
(10) Mitarbeiterführung
(11) Teamfähigkeit
(12) Konfliktmanagement
(13) Dienstleistung
(14) Entscheidungsfreude
(15) Belastbarkeit
(16) Zielstrebigkeit
(17) Zuverlässigkeit
(18) Standfestigkeit
(19) interkulturelle Kompetenz (bei allen international tätigen Firmen)

Die Effektivität der Teamleitung wird durch verschiedene Aspekte eingeschränkt:

(1) Blockaden in der Organisation: Der Teamleiter braucht vom Management eine klare Aussage darüber, was seine Mission ist. Das Management soll die diffizile Rolle des Teamleiters innerhalb der

Organisation erläutern und dessen Position durch einen formalen Titel und eine Stellenbeschreibung deutlich machen. Nicht selten werden Personen zu Teamleitern ernannt, ohne dass weitere Maßnahmen (Schulung, Erwartungen, Vergütung etc.) diskutiert und eingeleitet werden.

Die Arbeitsplatzbeschreibung eines Teamleiters muss so gestaltet sein, dass er Entscheidungen in seinem Bereich treffen kann. Vom Management kommen nicht selten Doppelbotschaften. So wird einmal belohnt, wenn der Teamleiter die Initiative ergreift und eine Entscheidung trifft, ein anderes Mal wird er dafür bestraft, weil die Entscheidung missfällt.

(2) Psychologische Blockaden: Die Teamleiterin muss auch psychologisch auf die Position vorbereitet werden. Für manche ist es schwierig, mehr Eigenständigkeit auszufüllen. Sie waren es vielleicht bis dahin gewohnt, die Anweisungen von anderen auszuführen. Manche Teamleiter fühlen sich unterstützt und ermutigt, wenn sie ihre neue Rolle selbst definieren dürfen, andere sind dadurch offen oder versteckt entmutigt. Das Management muss sich also fragen, ob die Teamleiterin die Fähigkeit besitzt, mit Widersprüchlichkeiten und Entscheidungen umzugehen.

(3) Verhaltensblockaden: Das Management muss sich auch fragen, ob der Teamleiter das richtige Verhalten an den Tag legt, um rechtzeitig den Bedarf an Veränderungen erkennen zu können, deren Realisierung für die Verbesserung der Teamleistung notwendig ist.

Der Teamleiter muss diese Fähigkeiten haben, um personelle und organisatorische Probleme zu lösen. Bevor jemand zum Teamleiter ernannt wird, sollten sich die Verantwortlichen Gedanken darüber machen, welche Teamleiterkriterien für die Position wichtig sind und ob die Person, die die Teamleitung übernehmen soll, diese Fähigkeiten mitbringt, oder ob sie sie lernen kann. Ich bin immer wieder über die Unachtsamkeit erschrocken, mit der Leitungsstellen besetzt werden. Völlig unverständlich ist mir die Verwunderung über das Auftauchen von Problemen, die bei sorgfältiger Planung schon früher hätten erkannt bzw. vermieden werden können. Nur wenn die zukünftigen Teamleiter gut vorbereitet sind, können sie die schwierigen Klippen der Teamentwicklung auch meistern.

11.1 Durch Integration zur Zugehörigkeit

In dieser ersten Phase der Zugehörigkeit erwarten die Teammitglieder von ihrem Leiter Struktur, Orientierung, Sicherheit, Schutz und eine mühelose Lösung aller Schwierigkeiten. Die Erkenntnis einer eigenverantwortlichen Gestaltung des Teamgeschehens ist meist noch nicht vorhanden. Es gelingt aber keinem einzigen Teamleiter, die Erwartungen des Teams wirklich zu erfüllen. Diese Erkenntnis setzt sich aber erst in späteren Teamphasen durch. Das Team versucht meist dies zu verleugnen und reagiert mit Ärger, Wut oder Feindseligkeit, sobald die Einsicht unabwendbar wird, dass der Leiter nicht über die erwarteten magischen, übermächtigen Fähigkeiten verfügt.

Jedes Teammitglied hat bei Eintritt in ein Team bereits Vorerfahrungen mit Leitern anderer Gruppen. Diese Vorerfahrungen prägen seine Erwartungen an den Teamleiter. Häufig wird ein Verhalten dem Leiter gegenüber erst verständlich, wenn das Teammitglied über die Vorerfahrungen kommuniziert, so dass ein bestimmtes Verhalten besser eingeordnet und entsprechend darauf reagiert werden kann.

Der Leiter wird in dieser Phase noch als stark und mächtig phantasiert und auch gewünscht (wenn auch nicht ohne Ambivalenz). Er soll führen und anleiten. Das Team fühlt sich von dem Leiter und seiner (zunächst ja oft nur vermuteten) Fähigkeit abhängig. Es wird erwartet, dass er die Ziele setzt bzw. einen Rahmen anbietet, in dem die Ziele erarbeitet werden können.

Die meisten Menschen wollen von einer Teamleiterin in der Zugehörigkeitsphase zunächst einmal Informationen und Orientierung zur Überwindung der eigenen Unsicherheit. Sie muss klare, eindeutige Strukturen anbieten, so dass sie einen Rahmen für die Teamarbeit gibt. Die Teammitglieder sind für jede Unterstützung dankbar, die ihnen hilft, ihre Unsicherheit abzubauen und ihre Zweifel zu klären, um damit das Gefühl der Zugehörigkeit zu gewinnen. Ein akzeptierendes Klima ist die Voraussetzung dafür: Hier wird ermuntert ohne zu drängen, informiert ohne auszufragen, Kontakt angeboten ohne zu übereilen.

Die Autorität des Teamleiters wird nicht – noch nicht – angezweifelt, jedenfalls nicht offen. Er kann sie dosiert nutzen, um mit ihren „Steighilfen" dem Team über die Klippe des Anfangs und der Zugehörigkeit hinwegzuhelfen.

Sein Ziel bleibt jedoch, die Abhängigkeit des Teams von seiner Autorität zu reduzieren, um im gleichen Maße Selbststeuerungskräfte zu erhöhen. Dadurch, dass er nicht einfach stellvertretend für die Teammitglieder entscheidet, sondern ihnen den Ball der Verantwortung für ihr eigenes Lernen zurückspielt, fördert er diesen Prozess und gibt ihnen zugleich den Impuls, sich aus dieser Abhängigkeit zu befreien. Damit wird das Entstehen der nächsten Phase möglich. Diese wird das Team aber nur dann erfolgreich bewältigen, wenn alle Fragen der Zugehörigkeit hinreichend geklärt sind.

Versucht ein Teamleiter das Team zu schnell in die Verantwortungsphase zu schubsen, auch wenn Fragen der Zugehörigkeit noch unbeantwortet sind, wird es ein ineffizientes Team werden, das lediglich Teilerfolge erzielt, aber wieder über die selben unerledigten Themen der Zugehörigkeit stolpert.

Das wichtigste Leiterverhalten in der Zugehörigkeitsphase ist das Strukturgebende und die **Aufmerksamkeit**. Die Aufmerksamkeit ist deshalb wichtig, weil die Teammitglieder wahrgenommen werden wollen. Dies muss sich sowohl auf die Arbeit als auch auf die Beachtung der Person beziehen. Wenn es die Teamleiterin versteht, Veränderungen an einer Person wahrzunehmen und diese auch in einer freundlichen Art zu kommentieren („Du hast die Haare irgendwie anders, sieht nett aus." „Sie waren gestern Abend aber noch lange in der Firma, gab es so viel zu tun?"), wird sie dem Wunsch der Teammitglieder nach Beachtet-Werden gerecht. Bei Besprechungen muss die Teamleiterin in dieser Phase akribisch darauf achten, dass sie Rückmeldungen von allen Teammitgliedern bekommt. Wird eine Person vergessen, so prägt sich das dieser Person ein und es wird ihr schwer fallen, sich wichtig zu fühlen.

Die Teamleiterin ist in der ersten Phase für die **Struktur** zuständig. D. h. sie muss zunächst die Bedingungen für den äußeren Rahmen festlegen. So muss sie in Einzelgesprächen klären, welche Person zum Team dazugehören soll. In den „Zugehörigkeitsmeetings" hat sie klar die Leitung inne. Sie strukturiert die Vorschläge der

Teammitglieder, kann aber gleichberechtigt Vorschläge einbringen. Sie muss das Team daran hindern, sich in die Arbeit zu stürzen, bevor nicht die äußeren Rahmenbedingungen geklärt sind. Sie muss ein deutliches „JA" von allen Teammitgliedern für die Zusammenarbeit einfordern und Zweifel klären. Sie hat sich vorher Gedanken darüber gemacht, wie die Arbeit strukturiert werden soll, stellt dies vor und diskutiert das mit den Teammitgliedern, um die Arbeitsstruktur festzulegen. Dabei macht sie sofort deutlich, welche Aspekte diskutiert werden können, welche angenommen und erfüllt werden müssen.

Die Teamleiterin ist auch für die Gestaltung der Mission, der Ziele und der Aufgaben verantwortlich. Sie muss den entsprechenden Rahmen anbieten, in dem diese Inhalte geklärt werden können.

Die Teamleiterin muss sich selbst überprüfen, ob sie mit einem Grundgefühl des Vertrauens den Teammitgliedern gegenübertritt. Vertrauen ist ein solch basales Gefühl, dass es jede weitere Entwicklung behindert, wenn es nicht vorhanden ist. Teamleiter, die aufgrund ihrer Lebenserfahrung von starkem Misstrauen geprägt sind, werden es schwer haben, die Entwicklung des Teams zuzulassen. Genauso kann es passieren, dass das Team dem Teamleiter nicht vertraut. Bei Misstrauen eines ganzen Teams liegt meist ein Fehlverhalten des Leiters vor, das dieses Gefühl erklärt. Auch wenn das Misstrauen ungerechtfertigt erscheint, muss es sehr ernst genommen werden, denn es untergräbt jede Zusammenarbeit. Soll eine Person zum Teamleiter ernannt werden, muss die Fähigkeit zum Vertrauen in andere Menschen und die Vertrauenswürdigkeit der Person als wichtige Kriterien der Teamleiterfähigkeit angesehen und entsprechend entschieden werden.

In dieser Phase muss die Teamleiterin insgesamt ein freundliches Verhalten an den Tag legen. Sie stellt viele Fragen, die es ihr ermöglichen, die Teammitglieder kennen zu lernen und ihre Erwartungen einschätzen zu können. Sie vermeidet ein konfrontatives Verhalten, weil das die frühe Phase der Beziehung zu stark belasten würde. Wenn es die Teamleiterin dazu noch schafft, für die neuen Teammitglieder oder den Beginn eines Teams eine nette Geste des Willkommens zu kreieren, macht sie es „den Neuen" leicht, sich angenommen zu fühlen.

Körpersprache: Die Teamleiterin hat eine sehr offene Körperhaltung, so dass sich alle integriert fühlen. Ihr Blick ist auf das gesamte Team gerichtet bzw. auf den gesamten Raum, so dass sie z. B. sofort erkennen würde, wenn ein Stuhl fehlt, oder sich eine Person zurückzieht. Der Körper ist beweglich und nicht starr, so dass eine Entspannung von diesem Körper ausgeht. Sie nimmt die Körperhaltung der Person ein, der sie zuhört, um ihr damit ihr Interesse zu vermitteln und um sich in die Person einzufühlen (spiegeln). Ihr Gesichtsausdruck ist offen, sie lächelt häufig.

Fragen zur Zugehörigkeit für den Teamleiter:
(1) Haben alle Teammitglieder eine eindeutige innere Verpflichtung (Commitment) für dieses Team abgegeben?
(2) Sind die Strukturen des Teams allen Teammitgliedern hinreichend bekannt, d. h. wissen alle wer zum Team dazugehört, wie das Team zusammenarbeitet und was die Aufgabe des Teams ist?
(3) Habe ich sofort alle Teammitglieder vor Augen? Wenn nein, wen vergesse ich immer wieder?
(4) Gibt es Regeln für das Team?
(5) Sind allen Teammitgliedern die Regeln des Teams bekannt?
(6) Ist allen der äußere Rahmen des Teams klar und haben sich alle damit einverstanden erklärt?
(7) Sind alle mit den Teammitgliedern einverstanden?
(8) Ist die Art der Teamsitzungen geklärt (Dauer, Aufgabenverteilung, inhaltlicher Schwerpunk(t)?
(9) Sind alle mit der Häufigkeit der Teamsitzungen einverstanden?
(10) Ist allen Teammitgliedern klar, wer zum Team dazugehört und wer nicht (Achtung, hier gibt es oft Überraschungen.)?
(11) Was habe ich gemacht, damit sich „die Neuen" willkommen fühlen?
(12) Habe ich dafür gesorgt, dass die neuen Teammitglieder den anderen vorgestellt werden?
(13) Habe ich dafür gesorgt, dass die neuen Teammitglieder in die Arbeitsabläufe eingearbeitet werden?
(14) Kennt mein Team die Vision, Mission, Ziele, Werte und Erwartungen an das Team?

(15) Haben wir eine gemeinsame Mission entwickelt und daraus schriftlich Ziele und Aufgaben fixiert, denen alle eindeutig zugestimmt haben?

(16) Hat das Team gemeinsame Regeln festgelegt, die die Umsetzung der Mission, Ziele und Aufgaben auch ermöglicht?

(17) Kann ich meinen Teammitgliedern vertrauen?

(18) Vertrauen mir meine Teammitglieder?

(19) Beziehe ich mein Team bei Neueinstellungen ein?

(20) Bin ich als Teamführer für die Aufgabe geschult worden?

(21) Habe ich Kontakte zu zukünftigen Teammitgliedern angebahnt?

(22) Halte ich regelmäßig Teammeetings ab, die konkrete Ergebnisse bringen?

(23) Kenne ich die Werte, Bedürfnisse, Vorlieben und Abneigungen der Teammitglieder?

(24) Habe ich gemeinsam mit dem Team eine Jahresplanung erstellt?

(25) Gebe ich bei Teammeetings sowohl Information als auch Motivation?

Eventueller Trainingsbedarf für den Teamleiter:

• Moderationstechniken
• Projektmanagement
• Teambuilding
• Kommunikationstraining

Fa. Bacher

Wie hat sich Ruth in der Zugehörigkeitsphase verhalten? Was hat sie richtig gemacht und was falsch?

Ruth hat Belinda mit dem Abteilungsleiter zusammen ausgesucht. Sie war von Belindas Energie angetan und erhoffte sich eine Unterstützung von ihr, da sie stark in das Projektteam der Systemsoftware involviert war.

Auch wenn das gesamte Team einem neuen Teammitglied zugestimmt hatte, hatte es Ruth versäumt, das Team in die Bewerberauswahl mit einzubeziehen. So traf sie eine Wahl, die lediglich ihre Bedürfnisse berücksichtigte.

Ruth wollte den Einstieg von Belinda gut vorbereiten und hatte deshalb ein gemeinsames Frühstück an Belindas erstem Arbeitstag geplant.

Diese Idee war sehr gut. Das informelle Frühstück gibt allen Beteiligten erst einmal die Möglichkeit sich zu „beschnuppern", ehe über konkrete Arbeitsprozesse gesprochen wird.

Leider kamen ihr wichtige Termine dazwischen, so dass sie Belinda nur ganz kurz vorgestellt hatte und das Team nach 10 Minuten verließ.

Dadurch hebelte Ruth ihre eigene Aktion aus. Sie wollte dem Willkommen Gewichtung geben, hielt sich aber nicht an die Durchführung.

Die „Neue" reagierte zwar auf der Sachebene verständnisvoll („Ja klar, gehen Sie ruhig, die anderen Sachen sind selbstverständlich wichtiger."), aber auf der Beziehungsebene spürte sie gleichzeitig die Kränkung darüber, dass eben andere Sachen wichtiger als ihr Ankommen waren. Carlos fing sofort an, mit Belinda zu flirten. Belinda stieg darauf ein, weil die Situation jetzt etwas „ungemütlich" wurde, da sie zuvor lediglich Kontakt zu Ruth hatte, die anderen aber noch nicht kannte. Sie war also froh, dass sich überhaupt jemand für sie interessierte. So redeten die beiden, während die anderen eine Weile zuschauten, dann aber wieder an ihre Arbeit gingen. Denn alle anderen fühlten sich genauso unwohl. Sie wussten nicht, was jetzt mit dem Frühstück passieren sollte, ob es in Ordnung war, einfach da zu sitzen und über das Wetter zu reden. Sie hatten also die Möglichkeit, sich dieser unklaren Situation zu entziehen. Dadurch erhielt Belinda aber nicht die Möglichkeit, die anderen locker kennen zu lernen. Genau das Gegenteil war der Fall. Da noch geklärt werden musste, welche Aufgaben Belinda genau übernehmen und wer Belinda einarbeiten sollte, fühlte sich Carlos dazu berufen, Belinda in der Firma herumzuführen und sie als neue Teamkollegin vorzustellen, während die anderen Teammitglieder wieder ihrer Arbeit nachgingen.

Ruth berief zweimal ein Meeting ein, um die neue Arbeitsaufteilung mit dem Team zu besprechen, aber jedes Mal musste sie das Meeting wegen anderweitiger Verpflichtungen absagen.

Die Kränkung für Belinda nahm dadurch noch stärkere Züge an. Sie erfuhr Lippenbekenntnisse, aber keine Taten.

Als „Neue" war es ihr aber nicht möglich dies anzusprechen. Sie zeigte sich nach außen freundlich und verständnisvoll. Ihren Freunden erzählte sie aber von dieser Irritation. Ruth wollte selbst die Einarbeitung von Belinda übernehmen, musste aber einsehen, dass ihr dazu die Zeit fehlte. Da Carlos schon angefangen hatte, Belinda die Firmenstrukturen und Arbeitsabläufe zu erklären, beließ sie es einfach dabei und sagte Carlos, er solle Belinda so gut es geht einarbeiten, sie würde den Rest der Einarbeitung übernehmen.

Dadurch wurde Ruth in keinster Weise ihrer strukturgebenden Aufgabe in der Zugehörigkeitsphase gerecht. Nicht sie hatte den Ablauf in der Hand, sondern der Ablauf hatte sie in der Hand. Bei großem äußeren Druck und eingespielten Teammitgliedern ist es sehr verführerisch, in ein solches Verhalten zu verfallen. Deswegen ist es umso wichtiger, sich dieser Aufgabe bewusst zu sein.

11.2 Die Konfrontation in der Verantwortung

Während in der Zugehörigkeitsphase die Autorität der Leiterin gefordert wurde, werden nun die Strukturen, die die Leiterin vorgibt, zunehmend kritisiert. Sind Teammitglieder an Autoritäten gewöhnt, so schieben sie der Leiterin jetzt für die aufkommende Kritik und Aggression die Schuld zu. Wenn die Leiterin jedoch einen systemischen Ansatz vertritt, sich also als Teil des Ganzen sieht, in dem jeder zum Gelingen oder Misslingen in wechselseitiger Abhängigkeit beiträgt, wird sie diese Vorstellung von Autorität enttäuschen. Die Leiterin gibt Hilfen, damit ein Problem besprochen und bearbeitet werden kann. Sie entscheidet jedoch nicht über richtig oder falsch und löst das Problem nicht stellvertretend für das Team oder den Einzelnen. Dies zwingt die Teammitglieder, sich mit sich, den anderen und dem Problem auseinander zu setzen. Letztlich ist das der einzig gangbare Weg, auch wenn er anfangs mühsam und unbequem ist. Er verunsichert und nagt an den Wertvorstellungen und gewohnten Arbeitsweisen. Die Teammitglieder müssen sich auf sich selbst besinnen, aber weichen dem mitunter aus, indem sie die Leiterin dafür verantwortlich machen, dass es nicht vorangeht. Diese solle doch entscheiden und sagen, wo es lang geht. Aber wehe, sie tut es! Sofort bekommt sie es mit dem anderen Persönlichkeitsanteil des Teammitglieds zu tun, das gerade mit Nachdruck dabei ist, seine Selbstständigkeit und Unabhängigkeit aufzubauen und zu verteidigen. In der Phase der Verantwortung gibt der Teamleiter Struktur an das Team ab. Das Team entscheidet nun gemeinsam über innere Spielregeln. Es muss in dieser Phase viele Entscheidungen treffen. Besonders die Aufgabenverteilung muss geklärt und auch durchgeführt werden. In regelmäßigen Meetings erfolgt immer wieder eine Abstimmung über die Zusammenarbeit und es finden Anpassungen des Arbeitsprozesses statt. All diese Vorgänge dürfen allerdings die äußeren Rahmenbedingungen nicht verletzen, ansonsten rutscht das Team wieder in die Zugehörigkeitsphase zurück.

Während die erste Phase durch Freundlichkeit gekennzeichnet war, muss nun der Teamleiter auch den Mut zu einem konfrontierenden Wort finden. Er muss es auch aushalten und austragen können, dass er selbst kritisiert wird. Ein gutes Konfliktmanagement ist also in dieser Phase unabdingbar. Der Leiter muss entweder weiterhin die Idealerwartungen der Zugehörigkeitsphase erfüllen – was ungeheuer anstrengend ist, oder er wird jetzt stärker kritisiert, manchmal auch entwertet. In schwierigen Situationen gilt er schnell als „Versager". In der Zugehörigkeitsphase hielt das Team den Teamleiter für allmächtig. Sie glaubten, er sei für alles verantwortlich. Wird er als Autorität anerkannt, glaubte das Team, dass er alles regeln kann. Wird seine Autorität hingegen angezweifelt, so glaubt das Team, dass er in der Lage sein müsste, alles zu regeln und zu klären, dies aber nur unzulänglich betreibt. Das Team muss in der Verantwortungsphase fähig werden, die fachlichen und persönlichen Begrenzungen des Teamleiters zu erkennen, ohne ihn zu demontieren. Sie müssen die wahre Macht des Teamleiters erkennen. Der Teamleiter übt sicherlich Einfluss auf das Team aus, aber auch er ist nur bestimmter Teil des Teamsystems. Von daher haben alle Teammitglieder Einfluss auf das Teamgeschehen. Niemand kann von der Verantwortung der Einflussnahme befreit werden. Auch Passivität nimmt Einfluss auf einen Verlauf. In der Zugehörigkeitsphase ist das gesamte Team daran beteiligt, wenn es nett und harmonisch verläuft. In der Verantwortungsphase sind alle dafür verantwortlich, ob es konfrontativ oder produktiv verläuft. Besonders wenn es Probleme gibt, ist es für den Teamleiter meist schwere Arbeit, den anderen deutlich zu machen, dass alle an dem Problem beteiligt sind. Besonders die Passiven neigen zur Abwehr der Verantwortlichkeit. Der Teamleiter muss also bereit sein, **Auseinandersetzungen** zu führen, damit die Probleme gelöst und zukünftig vermieden werden können.

Die fachlichen und sozialen Fähigkeiten der Leiterin werden kritisch betrachtet und mit dem verglichen, was man selbst in dieser Situation getan hätte. Eine Reihe von Testfragen stehen im Raum: „Was kann die Leiterin wirklich? Wie setzt sie sich durch? Welchen Vorsprung hat sie? Wie steht es mit ihrer Sicherheit? Wie passt mir ihre persönliche und fachliche Art? Kann ich sie nicht doch dazu bringen, mir einen Teil der unbequemen Eigenarbeit zu ersparen oder abzunehmen?"

Das Verhalten des Teamleiters muss eindeutig sein. Er muss den direkten Blickkontakt mit den Teammitgliedern suchen. Die Fähigkeit der Konfrontation bedeutet auch immer, die Dinge beim Namen zu nennen und nicht die Teammitglieder durch vage Äußerungen im Unklaren zu lassen.

Die Teammitglieder sind in dieser Phase auf **Anerkennung** aus. Diese sollte ihnen auch in einem realistischen Rahmen gewährt werden. Es wird viel über Motivation von Mitarbeitern gesprochen. In halbwegs qualifizierten Berufen muss der Teamleiter nichts für die Motivation der Teammitglieder tun. Sie sind innerlich genügend motiviert, ihre Arbeit gut zu erledigen. Er muss lediglich darauf achten, diese nicht zu demotivieren. Die fehlende Anerkennung ist ein wichtiger Demotivationsfaktor. Die Anerkennung muss in Worten erfolgen, aber sie muss sich auch darin zeigen, dass die geleistete Arbeit in ein Gesamtkonzept integriert ist. Diese Integration ist Aufgabe des Teamleiters. Wenn das Teammitglied nicht sehen kann, dass seine Arbeit für den erfolgreichen Ablauf der Arbeit entscheidend ist, bleiben auch alle Worte der Anerkennung nur Worthülsen. Da die meisten Teamleiter aber leider häufig selbst keine Anerkennung erhalten, vergessen sie ebenso, Anerkennung ihren Teammitgliedern entgegenzubringen, obwohl sie selbst sehr gut das Gefühl kennen, wie wichtig es für die Motivation ist, dass gute Arbeit und Anstrengung auch gesehen und anerkannt wird.

Da die Teammitglieder in dieser Phase den Teamleiter kritisch betrachten, ist es umso wichtiger, dass dieser auch tut, was er sagt. Nur so kann er sich die Autorität erhalten, die ihm zu Beginn des Teams gegeben wurde, nun aber kritisch hinterfragt wird. Der Teamleiter darf von seinen Teammitgliedern nicht etwas verlangen, was er selbst nicht einhält. So verlangte z. B. ein Teamleiter von seinen Teammitgliedern Pünktlichkeit, aber er selbst kam immer zu spät, weil er ja noch „ganz wichtige Dinge" zu erledigen hatte. Die Akzeptanz des Teamleiters ließ deswegen zu wünschen übrig.

Verfolgt die Leiterin hier das Ziel der Selbststeuerung, schafft sie Raum zum Ausprobieren von Eigeninitiative und zum Vorbringen eigener Vorschläge. Die Mutigen greifen dies auf und die anderen können dann, wenn auch zögerlich, folgen. Die Leiterin muss die Übernahme von Verantwortung seitens der Teammitglieder unterstützen. Schafft sie dies nicht, so werden die, die gerne Verantwortung übernehmen (und von denen sollte man viele im Team haben), frustriert und ziehen sich gegebenenfalls zurück.

Körpersprache: Die Körperhaltung des Teamleiters muss aufrecht sein. Die Kongruenz, d. h. die Übereinstimmung zwischen Körpersprache und gesagtem Wort, ist zwar immer wichtig, aber in der Verantwortungsphase insbesondere. Der Teamleiter braucht „Standfestigkeit", d. h. er steht auf beiden Beinen vor dem Team oder er sitzt mit dem ganzen Körpergewicht im Stuhl. Seine Gestik und sein Blickkontakt müssen auf die Person gerichtet sein, die er konfrontiert oder von der er konfrontiert wird. Er muss aber immer wieder einen Blick „in die Runde" werfen, um die Gesamtstimmung des Teams noch mitzubekommen. Insgesamt ist sein Ausdruck ernst, dies ganz besonders dann, wenn er Teammitglieder konfrontieren muss bzw. selber konfrontiert wird.

Fragen zur Verantwortung für den Teamleiter:
(1) Habe ich meine Teammitglieder auch für kleinere Aktivitäten gelobt?
(2) Wenn ich mir alle Teammitglieder vorstelle: Was hat mir in den letzten zwei Tagen an jedem einzelnen Teammitglied gefallen? Habe ich das dem Teammitglied gesagt?
(3) Kann ich kritische Äußerungen der Teammitglieder annehmen und darüber nachdenken oder muss ich mich direkt verteidigen?
(4) Bin ich froh, wenn keine Konflikte im Team auftreten?
(5) Weiß ich, was Konfliktmanagement bedeutet?
(6) Kann ich es anwenden?
(7) Finde ich klare, aber nicht kränkende Worte, wenn mir an einem Teammitglied etwas nicht gefällt?
(8) Ist meine Stimme klar und fest? Sind meine Worte eindeutig?
(9) Sind die Zuständigkeiten im Team klar definiert oder gibt es immer wieder Unstimmigkeiten, weil entweder Arbeit nicht erledigt oder doppelt erledigt wird, oder weil die Abläufe nicht klar sind?

(10) Bin ich in der Lage destruktive Konkurrenzsituationen zu klären?

(11) Kenne ich die Kompetenzen meiner Teammitglieder und habe ich ihnen meine Sicht der Dinge mitgeteilt?

(12) Welche Aufgaben erledige ich immer noch selber, obwohl es andere im Team gibt, die dies auch kompetent durchführen können?

(13) Ist mein Team auf Erfolg eingeschworen?

(14) Fühlen sich die Teammitglieder genügend über die Vorkommnisse im Unternehmen informiert?

(15) Wie steht es mit abteilungsübergreifender Zusammenarbeit bzw. Teamwork?

(16) Hat mein Team heute noch dieselben Probleme wie vor zwei Monaten, wenn ja – warum?

(17) Welches Feedback gibt das Team dem Management und wie sind die Reaktionen?

(18) Geht das Team offen und konstruktiv mit Konflikten um?

(19) Hat das Team im letzten Vierteljahr konkrete Innovationen oder Verbesserungen realisiert?

(20) Verbindet das Team persönliche Erfolge mit dem Teamerfolg?

(21) Auf welche Weise – formell oder informell – zeige ich Anerkennung?

Eventueller Trainingsbedarf für den Teamleiter:
- Konfliktmanagement
- Arbeitsorganisation
- Präsentationstechniken

Fa. Bacher

Wie hat sich Ruth in der Verantwortungsphase verhalten? Was hat sie richtig gemacht und was falsch?

Ruth hatte Belinda so gut es ging eingearbeitet, aber immer, wenn das Systemsoftwareprojekt sie zu stark in Anspruch nahm, war Carlos bereitwillig eingesprungen und hatte Belinda die Dinge erklärt. Ruth sah dies zwar nicht allzu gerne, beugte sich aber dem Druck des Terminkalenders. Da Carlos schon lange in der Firma war, konnte er Belinda gut die allgemeinen Abläufe erklären und auch erläutern, warum sie sich historisch so entwickelt hatten. Belinda bekam dadurch einen guten Gesamtüberblick über die Firma und es gelang ihr zügig, ihren Aufgabenbereich korrekt zu erledigen. Auch eine erste Einschätzung der gesamtbetrieblichen Abläufe erschien ihr jetzt möglich. Da Carlos Belinda auch die Arbeitsbereiche der anderen erläuterte, in denen er sich nicht so gut auskannte, waren einige Detailerklärungen ungenau. Belinda machte aufgrund dieser Informationen Fehler, die nun die anderen Teammitglieder dazu veranlassten, sich einzuschalten und ihr die Abläufe zu erläutern. Carlos ging Belinda zunehmend auf die Nerven, zumal sie langsam erkannte, dass Hilde eine wesentlich kompetentere Person war. Obwohl Eduard ihrem Alter entsprach, kamen die beiden gar nicht gut klar, da sie so grundverschieden waren. Belinda hinterfragte ständig die Prozeduren im Arbeitsablauf und wollte wissen, warum die Dinge so gemacht wurden, wie sie gemacht wurden. Erschienen sie ihr unlogisch oder kompliziert, fragte sie nach, warum man sie denn nicht veränderte. Dies ging Eduard ziemlich auf die Nerven, denn er hatte an einigen Strukturierungen von Arbeitsprozessen mitgewirkt. Er spürte auch, dass Ruth Belindas Innovationsfreude sehr gefiel, ihm war aber wichtig, sich bei ihr auch gut zu positionieren, schließlich wollte er auch bald Teamleiter werden.

Abraham spürte eine deutliche Distanz zu den anderen. Da er sowieso bald in Rente gehen wollte, tangierten ihn die Innovationsdiskussionen nur noch bedingt, auch wenn er sie aufmerksam verfolgte.

So passierte es immer häufiger, dass Eduard und Belinda sich in langen Diskussionen um die Notwendigkeit der Implementierung der Systemsoftware verloren, ohne dass eine Seite von ihrem Standpunkt abwich. Wenn Ruth mitmischte, war sie immer eindeutig auf Belindas Seite, da ihr Belindas Innovationsfreude gefiel und sie im Zuge dessen erst so richtig merkte, wie konservativ Eduard war.

Hier hatte es Ruth eindeutig nicht geschafft, eine neutrale und damit vermittelnde Position einzunehmen. In einer Konfliktsituation zwischen zwei Teammitgliedern muss sie das aber in ihrer Verantwortung als Teamleiterin unbedingt.

Eduard fühlte sich von ihr nicht mehr gehört und verstanden. Für seine Argumente gab es keinen Platz.

Dies kann aber sowohl für das Teamklima als auch für das Thema sehr gefährlich sein, denn zum einen polarisieren sich infolgedessen die Positionen, zum anderen werden seine Aspekte bei der Problemlösung nicht mehr berücksichtigt. Die Diskussionen wurden zwar engagiert geführt, aber sie hatten keinerlei Konsequenzen für die Arbeitsabläufe. Von daher dienten diese Diskussionen nicht der Verbesserung der Arbeit, sondern nur der Verfestigung der eigenen Position.

Ruth spürte, dass sich eine Spaltung im Team auftat. Auf der einen Seite Abraham, Hilde und Eduard als „Innovationshemmer" und auf der anderen

Seite Belinda, Carlos und sie als „Innovationsförderer". Dies bereitete ihr Unbehagen, aber die Arbeitsbelastung verhinderte ein genaues Hinsehen.

Gleichzeitig hatte sich eine neue Situation ergeben. Ihr Vorgesetzter war plötzlich schwer erkrankt und sie musste verstärkt seine Aufgaben übernehmen. Das Team fühlte sich dadurch noch mehr vernachlässigt, da Ruth nun nicht nur wegen der Systemsoftware, sondern auch noch wegen der übergeordneten Aufgaben abwesend war. Ruth sah sich deswegen genötigt, eine Stellvertretung für sich zu finden. Eduard erkannte die Notwendigkeit des Stellvertreters und versuchte sich entsprechend zu positionieren, was Ruth aber nur auf die Nerven ging, weil er so überangepasst war. So engagierte er sich plötzlich, die Arbeitsabläufe für die neue Software umzustrukturieren. Auf der einen Seite freute sich Ruth darüber, auf der anderen Seite war sie skeptisch und traute diesem Engagement nicht. Ohne etwas zu sagen, sprang Hilde mehr und mehr in das Vakuum von Ruths Abwesenheit und erledigte ohne große Worte die alltäglichen Aufgaben von Ruth. Gleichzeitig stellte sie aber an sich den Anspruch, auch ihre eigene Arbeit gewissenhaft zu machen. Somit befand sie sich schon wieder in einer Überlastungssituation. Da sie aber sah, wie sehr sich Ruth erfolglos bemühte, allen Aufgaben gerecht zu werden, sagte sie nichts, sondern unterstützte sie so gut sie konnte, auch wenn es ihr körperlich immer schlechter ging.

Dies ist eine klassische Situation in einem Leitungsvakuum. Eine Person, die nicht die Leitung inne hat, übernimmt mehr und mehr Leitungsfunktionen. Dies ist aber die Verantwortung der Leitung. Das heißt, die Verantwortung verschob sich fast unbemerkt auf Hilde. Da sie viele Aufgaben, die in Ruths Verantwortungsbereich fielen, erledigte, war für Ruth auch nur unvollständig erkennbar, dass sie ihrer Stellung nicht mehr gerecht wurde.

Ruth schaffte es nicht, einen Stop in die schwierige Situation zu bringen und die Verantwortungsbereiche mit den Teammitgliedern neu zu diskutieren. Stattdessen bemühte sie sich so gut sie konnte, was wiederum bei den Teammitgliedern eine Aggressionshemmung auslöste (und hier besonders bei Hilde).

Dies ist ein – unbewusster oder bewusster – häufig benutzter „Trick", um Konfrontationen aus dem Weg zu gehen. Man kann doch nicht jemanden angreifen, der sich so engagiert!

11.3 Der Respekt für die Offenheit

Da die Offenheitsphase meist unverhofft durch die Offenbarung einer Person eingeleitet wird, muss der Teamleiter sich hier sehr schnell von einer konfrontierenden, manchmal auch fordernden Haltung zu einer vorsichtigen und respektierenden Form der Kommunikation umstellen. Er muss erkennen, dass die Person den Mut gefasst hat, ein für sie heikles Thema anzusprechen. Er muss dafür sorgen, dass die anderen Teammitglieder aufmerksam zuhören und nicht aus Angst vor Offenheit mit vorschnellen Ratschlägen kommen oder, was noch viel schlimmer ist, mit Gelächter und Bagatellisierung das Thema abwehren.

Wenn die Teammitglieder Vertrauen zum Teamleiter haben, suchen sie diesen, um sich zu öffnen, meist erst einmal zu einem Gespräch „unter vier Augen" auf. Der Teamleiter muss aber mit dem Teammitglied zusammen entscheiden, ob die Informationen, die das Teammitglied dem Teamleiter anvertraut, für das ganze Team wichtig sind, so dass sie im Team vorgetragen werden müssen. Dies ist auf jeden Fall dann notwendig, wenn das Teammitglied Schwierigkeiten anspricht, die es mit einem oder mehreren Teammitgliedern hat. Bei persönlichen Belangen, die eher dem privaten Bereich zuzuordnen sind, können beide von Fall zu Fall entscheiden, wie sie weiter vorgehen wollen. Es ist aber für den Teamleiter auf jeden Fall wichtig zu erfahren, warum das Teammitglied nicht genug Vertrauen hat, es dem ganzen Team mitzuteilen. Der Teamleiter muss sich immer wieder davor schützen, Ratschläge zu geben, um damit das Thema zu schnell abzuwürgen. Bei Themen der Offenheit ist es häufig sogar hilfreich, sich dafür einen anderen Ort als das Büro auszusuchen, um über die Angelegenheit zu sprechen. Ein Spaziergang kann da oft schon hilfreich sein. Selbst wenn die Teamleiterin nicht zur Offenheit neigt, wird es wahrscheinlich einen „emotional leader", einen „emotionalen Anführer", geben. Diesem fällt es leichter als den anderen, Gefühle offen anzusprechen. Eine solche Person ist in der Regel sehr sensibel und spürt schon lange, dass vieles geklärt werden müsste, sich aber niemand traut es anzusprechen. Diese Person weiß, dass auch die emotionalen Aspekte der Arbeit geklärt sein müssen, um vernünftig arbeiten zu können. Sie bringt auch den Mut auf, dies anzusprechen. Solche Menschen werden häufig als schwach erlebt, weil sie emotionaler reagieren als andere Menschen. Es darf dabei aber nicht verkannt werden, dass sie die Mutigen sind, die die Themen beim Namen nennen. Es ist wie bei der Geschichte von Kaisers neuen Kleidern. Die Kinder hatten den Mut zu sagen, dass der Kaiser doch gar keine Kleider trägt, während alle das Offensichtliche verschwiegen und sich gegenseitig etwas vormachten.

So kommt ein Team nicht selten plötzlich zur Offenheit, weil einer den Mut hat, Themen offen anzusprechen und die anderen dazu bereit sind, dieser Person zu folgen. Hier wird nun von der Teamleiterin viel Fingerspitzengefühl und Vorsicht verlangt. Das Teammitglied spricht schwierige Themen an und braucht alle Unterstützung der Teamleiterin, um dies im Team vorzutragen. Freier (Gefühls-) Ausdruck setzt ein Klima gegenseitigen Vertrauens voraus. Das Team muss zu einer Atmosphäre von Toleranz, Respekt und freundlicher Anerkennung gelangt sein, damit schwierige Themen sensibel behandelt werden können. Die Teamleiterin kann dieses Klima nicht alleine produzieren. Sie kann die Offenheitsphase nur durch ein entsprechendes Modellverhalten begünstigen, indem sie selbst von ihren eigenen Gefühlen spricht und die Aussagen der anderen Teammitglieder nicht als falsch oder richtig klassifiziert. Es ist wichtig, sich immer wieder zu verdeutlichen, dass jedes Teammitglied lediglich die Wahrnehmung der Situation widergibt, die es aber für die Wahrheit hält. Die Teamleiterin muss durch entsprechende Kommunikationsstrukturen diese unterschiedlichen Wahrnehmungen zu einer gemeinsamen Geschichte zusammenbringen. Um sicherzugehen, dass die Person auch richtig verstanden wird, nimmt sie durch „aktives Zuhören" teil. Bei emotionalen Themen ist die Gefahr der Informationsverzerrung besonders groß. Sie muss gegebenenfalls andere Teammitglieder stoppen, die aufgrund unterschiedlichster Gefühle zu schnell die Äußerungen eines Teammitglieds unterbrechen wollen, eh sie überhaupt verstanden haben, was es vortragen möchte.

Die Teamleiterin braucht vor allem Sensibilität, um die Signale des Öffnens zu erkennen und entsprechend darauf reagieren zu können. Entscheidend ist ein vorsichtiges, respektvolles Zuhören. Die meisten Menschen fallen nämlich nicht „mit der Tür ins Haus", sondern lassen erst einmal kleine „Versuchsbomben" der Offenheit los („Ich finde hier im Team stimmt einiges nicht."). Damit wollen sie testen, wie die anderen und besonders die Teamleiterin darauf reagieren. Die Teamleiterin muss diese versteckten „Versuchsbomben" erkennen und durch richtiges und interessiertes Nachfragen das Teammitglied ermutigen, sich weiter zu öffnen. Entgegen dem Leiterverhalten in der Verantwortungsphase, wo ein konfrontierendes Wort notwendig ist, muss die Leitung nun zu einem vorsichtigen Verhalten wechseln. Dieser Wechsel ist eine wirkliche Herausforderung für die Teamleiterin. Hierbei wird deutlich, dass dies nicht jedem gleich gut gelingen kann.

Wirkliche Offenheit ist nur dann hergestellt, wenn die Teammitglieder das Gefühl haben, sie werden von den anderen ernst genommen, auch wenn sie noch so abstruse Gedanken und Gefühle anbringen. Auch hier ist selbstverständlich das Modellverhalten der Teamleiterin wieder von entscheidender Bedeutung. Wenn ein Teammitglied es wagt, z. B. Zweifel an dem Vorgehen eines Projektes auszudrücken, obwohl doch alle anderen so begeistert sind, muss die Teamleiterin Modell dafür sein, dass sie diese Zweifel ernst nimmt und ihren Anlass verstehen will. Will sie die Zweifel aber nicht hören, weil sie selbst so begeistert von dem Projekt ist, wird sich die Person nicht gehört fühlen und sich wieder zurückziehen. Dadurch können wichtige Informationen verloren gehen, die den Verlauf günstig hätten beeinflussen können.

Die Teamleiterin kann das Team nicht in die Offenheit stoßen. Werden z. B. die Teammitglieder aufgefordert, nun doch mal „offen und ehrlich" zu sagen, was in ihnen vorgeht, können ungünstige Teamstrukturen geschaffen werden, die der Offenheit entgegenwirken. Die Teamleiterin muss respektieren, dass die Teammitglieder entweder noch nicht die innere Bereitschaft und Fähigkeit zur Offenheit erreicht haben oder die Bedingungen es nicht zulassen, sich auf bindende Kontakte einzulassen und einander zu respektieren. Um zur Offenheit zu gelangen, muss sich die Teamleiterin auf diese Aspekte konzentrieren.

Es gibt aber noch andere Fehlverhalten der Teamleitung, die die Entwicklung in die Offenheit verhindert:

- Die Leitung entscheidet alleine über die Normen und Ziele des Teams. Durch fehlende Kooperationsfähigkeit der Teamleitung sind nicht alle an der Konsensfindung beteiligt. Somit verharrt das Team in der Verantwortungsphase, weil die Mitglieder sich unentwegt damit auseinander setzen müssen, ob sie entweder mehr Verantwortung haben wollen oder noch mehr Normen und Anweisungen einfordern, damit sie für den Entscheidungsprozess keine Verantwortung zu übernehmen brauchen.
- Die Bedürfnisse des Teams oder der Firma werden über alle anderen Bedürfnisse gestellt, d. h. es wird versucht, die Teamentwicklung auf Kosten einzelner Teammitglieder geschehen zu lassen, die noch nicht gelernt haben, ihre Meinung und ihre Bedürfnisse einzubringen. Es entsteht eine Pseudooffenheit. Einige glauben offen zu sein, aber wenn ein Teammitglied wichtige Aspekte zurückhält, ist das ganze Team behindert und nicht wirklich in der Offenheitsphase.
- Das Team wird in Richtung Produktivität lediglich manipuliert (z. B. durch finanzielle Anreize), d. h. die angeblich gewonnene Reife wird ziemlich folgenlos für die Entwicklung des Teams bleiben. Jeder wird nur seinen eigenen Gewinn sehen, in Konkurrenz erstarren und niemals zu einer Kooperationsfähigkeit gelangen. Konkurrierende Teammitglieder fühlen sich viel zu bedroht, als dass sie sich öffnen würden.

Eine gute Teamleiterin wird sich bemühen, alle Kommunikationsformen zuzulassen, die die Offenheit fördert. Durch ihren modellhaften respektvollen Umgang mit den einzelnen Teammitgliedern werden die Standards des Umgangs gesetzt. Auch hier ist die Modellfunktion der Teamleitung nicht zu unterschätzen. Alle moralischen Worte nützen nichts, wenn die Teamleitung eine beleidigende oder abwürgende Sprache oder eine ablehnende Körpersprache einsetzt.

Die Teamleiterin muss ihr Verhalten in der Offenheitsphase im Vergleich zur Verantwortungsphase ändern. Sie muss den Teammitgliedern Zeit und Raum lassen, sich zu öffnen. Sie muss durch fördernde, aber nicht drängende Fragen das Öffnen unterstützen. Die Teamleiterin sollte herausarbeiten, ob es dem Teammitglied nur darum geht, die wichtigen Informationen mitzuteilen, oder ob es den

Standpunkt vertritt, der bloßen Mitteilung müsste sich die Suche nach einer Lösung anschließen. Sie muss sich hüten, Lösungen vorzuschlagen, sondern helfen, dass das Teammitglied Lösungen finden kann.

Kreativität ist das Kennzeichen der Offenheitsphase und macht das Leben etwas bunter. Die Teamleiterin muss ungewöhnliche Ideen aushalten können und nicht sofort ängstlich befürchten, dass das Team vom Ziel abkommt. Häufig ist es so, dass eine ungewöhnliche Idee zu einer nächsten führt, die das Problem lösen hilft. Hier kann die Teamleiterin noch einmal gut überprüfen, wieweit sie dem Potential des Teams wirklich vertraut. Wenn sie dies tut, kann sie die Dinge auch einmal laufen lassen, ohne befürchten zu müssen, dass die Arbeit nicht erledigt wird bzw. das Team auseinander fällt.

Körpersprache: Die Teamleiterin sollte dem Teammitglied, das sich öffnen möchte, zugewandt sein. Die Körperhaltung ist offen (d. h. keine verschränkten Arme und Beine) und direkt auf das Teammitglied gerichtet. Die Stimme ist sanft und ruhig. Sie wechselt in ihrer Aufmerksamkeit immer mal wieder kurz in das gesamte Team um zu sehen, wie es den anderen geht, um sich dann aber wieder dem Teammitglied zuzuwenden. Bei der Frage nach Lösungen, wendet sie sich in ihrem Blickkontakt allen Teammitgliedern zu, so dass sich alle aufgefordert fühlen, nach einer Lösung zu suchen.

Fragen zur Offenheit für den Teamleiter:
(1) Gehen mir emotionale Äußerungen der Teammitglieder auf die Nerven und fühle ich mich dadurch in meiner Arbeit behindert?
(2) Fühle ich mich peinlich berührt, wenn mir jemand etwas Emotionales mitteilt?
(3) Kann meine Stimme sanft und langsam werden?
(4) Kann ich zuhören, ohne direkt Lösungen anbieten zu müssen?
(5) Kann ich allen Teammitgliedern ein offenes und ehrliches, aber nicht zerstörerisches Feedback geben?
(6) Sind alle Teammitglieder offen für Feedback?
(7) Bin ich in der Lage, 10 Gefühle aufzuschreiben und mich zu erinnern, wann ich sie das letzte Mal erlebt habe?
(8) Wie stehe ich emotional zu jedem einzelnen Teammitglied?

(9) Herrscht in meinem Team eine ehrliche Atmosphäre oder spielen wir alle Theater?

(10) Kann ich eine Diskussion schon mal laufen lassen oder befürchte ich sofort das absolute Chaos?

(11) Wie viel weiß ich von den Sorgen und Nöten der Teammitglieder?

(12) Vermute ich nur, wie es den Teammitgliedern geht, oder habe ich es von ihnen gehört?

(13) Wann ist im Team das letzte Mal (oder überhaupt einmal) eine „verrückte" Idee ausgesprochen und umgesetzt worden?

(14) Habe ich mit dem Team partnerschaftliches Verhalten geübt?

(15) Ist die zwischenmenschliche Kommunikation effektiv?

Fragen, die helfen, ein Team in die Offenheit zu führen

(1) Wer im Team kann die anderen am besten beeinflussen und ihre Meinung ändern?

(2) Wer steht bei Diskussionen am stärksten im Widerspruch zu anderen?

(3) Wer wird vom Team am meisten anerkannt?

(4) Wer ist am ehesten bereit, Mitglieder, die angegriffen werden, zu schützen und zu verteidigen?

(5) Wer ist eher aufgaben- und zielorientiert, d. h. zeigt das größte Verlangen, dass ein Ergebnis zustande kommt?

(6) Wer bemüht sich besonders um die menschlichen Belange im Team und um das Teamklima?

(7) Wer zieht sich am ehesten von der aktiven Diskussion zurück, wenn starke Differenzen auftreten?

(8) Wer ist am konfliktfreudigsten, d. h. ist bereit, im Team sachliche und emotionale Differenzen auszutragen?

Eventueller Trainingsbedarf für den Teamleiter:

• Managementtraining mit Selbsterfahrung
• Konfliktmediation
• Grundkenntnisse der Psychologie

Fa. Bacher

Wie hat sich Ruth in der Offenheitsphase verhalten? Was hat sie richtig gemacht und was falsch?

Da die Spaltung im Team für Ruth unerträglich wurde, schlug sie dem Team vor, ein Teamtraining zu veranstalten. Das Team stimmte dem zu. Ruth erhoffte sich dadurch eine Verbesserung des Arbeitsklimas und die Überwindung der Spaltung im Team, auch wenn sie keine Vorstellung davon hatte, wie das denn geschehen könnte.

Ruth war so offen zu sich selbst, dass sie ihre eigene Hilflosigkeit eingestehen und entsprechende Maßnahmen ergreifen konnte. Dies ist nicht selten der erste Schritt in die Offenheitsphase.

Ruth übernahm die Organisation des Trainings. Sie fand einen Trainer, den sie für kompetent hielt und der ihr sympathisch war. Es wurde vereinbart, für das Training zunächst nur einen Tag anzusetzen und zu schauen, wie es ihnen damit geht, denn bislang besaß keiner von ihnen Erfahrung mit einem solchen Training.

Da Ruth mit ihrer Parteilichkeit zur Spaltung des Teams beigetragen hatte, war es gut, dass sie für die Organisation des Teamtrainings die Verantwortung übernahm und somit wieder einen Teil der Kontrolle zurückgewann, die sie in der Verantwortungsphase verloren hatte. Sie vertraute an dieser Stelle ihrer Wahrnehmung und suchte sich Unterstützung, um die Situation zu klären.

Im Training erzählte Hilde, wie sehr sie sich unter Druck gesetzt hatte, dass sie es einfach nicht mehr schaffe und für sich eine andere Lösung brauche. Ruth machte sich große Vorwürfe, dass sie Hildes Überforderung nicht gesehen hatte. Sie war zu involviert in die Überzeugungsarbeit für die neue Systemsoftware gewesen.

Das schlechte Gewissen ist zwar häufig die erste Reaktion auf solch einen Vorfall. Er hilft der Person, die sich öffnet, aber wenig. Ruth war nämlich dadurch mehr mit sich selbst beschäftigt als damit, Hilde wirklich zuzuhören. Dies ist für Leitungen ein häufig wiederkehrendes Verhaltensmuster. Wenn sich die Leitung aber an Vorwürfen festhält, bindet das schon wieder das „Aggressionspotential" der anderen. Denn jemand, der sich sowieso schon so viele Vorwürfe macht, den kann man nicht mit noch mehr Kritik belasten.

Abraham mischte sich deswegen auch ein, indem er nun seinerseits Ruth stützte und ihr versicherte, dass sie sich keine Vorwürfe zu machen brauche, denn Hilde hätte ja was sagen können.

Abraham schlüpfte hier in die Retter- und damit Leitungsrolle. Damit verlor Ruth schon wieder ihre Führungsrolle. Es kann nicht Aufgabe der Teammitglieder sein, die Teamleiterin zu stützen. Es ist vielmehr Aufgabe der Teamleiterin, den Gesamtkontext zu erkennen, der in diesem Fall darin bestand, dass sie die Aufgaben nicht erfüllt, statt ihrer Hilde diese übernommen hatte. Somit war keine Verantwortungslücke entstanden, die den Notstand deutlich gemacht hätte. Anstatt sich in Vorwürfe zu verrennen, wäre es für den Teamprozess besser gewesen, Ruth hätte sich bei Hilde genau über ihre Aktionen erkundigt, die sie bis dato offensichtlich übersehen hatte. Damit hätte sie kein Schuldgefühl vermittelt, sondern vielmehr den Wunsch, etwas aus der Situation zu lernen.

Nach einigen Offenbarungen war das Team erleichtert. Es hatte sich innerlich und äußerlich viel bewegt. Während zu Beginn des Trainings beide Gruppierungen auf jeweils zwei Seiten des Stuhlkreises gesessen hatten, saßen sie jetzt alle „durcheinander". Die starren Positionen hatten sich aufgelöst.

Es war gut, dass sich Ruth in dieser Phase zurückhielt und ihre Gefühle der Schuld und Verantwortung nicht in den Vordergrund stellte. Ruth gelang, das Team arbeiten zu lassen, so dass die Talente der einzelnen Personen zur Geltung kamen. Gleichzeitig vermittelte sie damit dem Team, dass sie an es glaubt und seine Arbeitsfähigkeit schätzt.

Das Team vereinbarte, selbstständig die Stellvertreterproblematik zu diskutieren. Sie entschieden sich aber dafür, sich noch einmal einen Tag zurückzuziehen und die Sache sorgfältig und ohne Störungen von außen zu bearbeiten. Ruth gelang es sich zurückzuhalten, infolgedessen erarbeitete das Team gemeinsam die Talente der einzelnen Personen.

Nun kann das Team an den positiven Aspekten der Verantwortungsphase anknüpfen. Dies entlastet Ruth. Sie muss in diesen Prozess auch nicht eingreifen, sondern vertraut auf die Kompetenz des Teams.

Ohne dass irgendjemand etwas bestimmen musste, entschied sich das Team für Hilde als Teamleiterin. Carlos wurde zum „Pressesprecher" des Teams gewählt, Eduards technisches Verständnis und sein genaues Arbeiten prädestinierten ihn für Ruths Stellvertretung im Systemsoftwareteam. Das Team konnte ebenfalls formulieren, was es sich von Ruth auch weiterhin wünscht: hauptsächlich mehr Zeit. Mit Hilfe des Trainers lernte das Team, weitere Wünsche an Ruth zu formulieren. An dieser Stelle musste Ruth häufig vom Trainer ausgebremst werden, weil sie vorschnell glaubte, die Bedürfnisse der Teammitglieder zu kennen und sich bereits innerlich wieder unter Druck setzte, diese erfüllen zu müssen.

Dadurch, dass das Team faktische Änderungen vollzogen hatte, die auch Ruth entlasteten, wurde sie entspannter und konnte sich, ohne innerlich in Druck zu geraten, die Forderungen des Teams besser anhören. Wie so vielen Teamleitern fällt es auch Ruth schwer, sich einzugestehen, dass sie bestimmte Aspekte ihrer Teammitglieder nicht kennt. Diese Situation entsteht dadurch, dass die Leitung nicht richtig zuhört oder nicht fragt. Es ist immer hilfreich, davon auszugehen, dass man nicht weiß, was in einem

Menschen vorgeht, als sich darüber in Vermutungen zu verlieren. Denn nach dem, was man nicht weiß, kann man ihn fragen.

11.4 Die Terminierung der Trennung

Je nach Stand der Gruppe und Persönlichkeit der Teammitglieder kann es die Trennung betreffend zu unterschiedlichen Reaktionen kommen. Einige Teammitglieder geraten vielleicht in Torschusspanik: Sie wollen möglichst noch nachholen, was sie bisher versäumt haben. Andere werden mit den Transferschwierigkeiten nicht fertig und verdrängen diese, indem sie die ganze Teamzeit als sinnlos abwerten: Es hat ja nichts gebracht. Wieder andere arbeiten weiter wie gewohnt und tun so, als würde die Trennung nicht immer näher rücken. Es muss jedenfalls davon ausgegangen werden, dass die Teamleiterin für einen guten Trennungsprozess nicht allzu viel Unterstützung vom Team erwarten kann.

Die Antwort der Leiterin auf die verschiedenen Reaktionen kann in der Regel nicht in einem Nachholen des Versäumten liegen, sondern in einem Angebot, sich mit dem persönlichen Umgang mit Zeit, mit Realität auseinander zu setzen und die Transferleistungen so gut zu organisieren, wie das in Anbetracht der begrenzten Zeit möglich ist. Die Teamleiterin muss immer wieder auf die Begrenztheit der Zeit hinweisen und auf realistische Vorgehensweisen drängen. Sie muss wieder mehr Struktur vorgeben, als es in den beiden vorherigen Phasen der Fall war.

Die Schlussphase verlangt von der Leiterin ein gutes Gespür für die noch vorhandene Zeit (timing): Das Team soll weder hektisch auseinander laufen noch zu früh zur Landung ansetzen.

Sie sollte sich gemeinsam mit dem Team Gedanken über ein angemessenes Abschiedsritual machen. Auch hier gilt: Je intensiver die Beziehungen waren, desto mehr Zeit muss für den Abschied eingeplant werden. Der Abschied verdeutlicht noch einmal die Wichtigkeit einer Person oder des Teams. Auch in der Phase der Trennung kommt der Leitung die Aufgabe zu, ein Modell vorzuleben und die Ablösung so zu vollziehen, dass das Auseinandergehen erleichtert wird. Damit dies möglich ist, muss der Teamleiter

• strukturelle Bedingungen zur Orientierung geben und

• ein gutes Timing bereitstellen, damit die noch zu klärenden Aufgaben und Themen rechtzeitig mit der nötigen Ruhe und Sorgfalt
erledigt werden können.

Der Teamleiter kann davon ausgehen, dass die Teammitglieder
versuchen werden, die Trennung zu vermeiden, da dies für die meisten Menschen ein unangenehmes Thema ist. Von daher liegt es an
dem Teamleiter, immer wieder an die bevorstehende Trennung von
einem Teammitglied oder des gesamten Teams zu erinnern. Er darf
nicht müde werden, dies bei jeder Teamsitzung ca. 4–6 Wochen vor
Ende immer wieder zu erwähnen, so dass sich das Team sowohl mit
den noch zu erledigenden Aufgaben als auch mit dem persönlichen
Teil des Abschlusses auseinander setzen kann.

In einem Team sind häufig Teammitglieder, die in der Trennungsphase ganz viele Themen anbringen, die unbedingt noch nach Erledigung drängen. Hier muss der Teamleiter erkennen, ob diese Dinge wirklich noch erledigt werden müssen, oder ob es um die Verleugnung der Trennung geht, nach dem Motto: Wenn wir noch so
viel zu tun haben, können wir uns doch nicht trennen. Es gibt aber
auch Teammitglieder, die die Trennung durch Passivität ignorieren.
So werden z. B. in einem der abschließenden Teammeetings die Abschlussberichte diskutiert und verteilt, ein Teammitglied aber hat
seinen nicht angefertigt. Darin zeigt sich der kindliche Glaube, dass,
wenn der Abschlussbericht nicht vorliegt, die Trennung auch nicht
stattfinden kann.

Das Modellverhalten des Teamleiters in der Trennungsphase besteht darin, dass er seine eigenen gemischten Gefühle bezüglich der
Trennung zeigen kann. So kann man ja einerseits froh sein, wieder
mehr Zeit für andere Dinge zu haben, andererseits kann man sich
aber noch gar nicht vorstellen, wie es denn ohne die anderen sein
wird. Auf der Sachebene muss er insofern Modell sein, als dass er
seine Sachen rechtzeitig erledigt und sich nicht damit entschuldigt,
Dinge noch nachzureichen.

Der Teamleiter muss also ständig die äußere Grenze des Abschlusses deutlich machen und die entsprechenden Aktivitäten einfordern. Er muss aber auch einen Rahmen bereitstellen, in dem das
persönliche Abschiednehmen stattfinden kann. All dies verlangt ein
ausgesprochen **feinfühliges Timing** vom Teamleiter. Er muss auf der

einen Seite Ruhe vermitteln, so dass die Dinge noch angesprochen werden können, die noch angesprochen werden sollen. Auf der anderen Seite, muss er zu dem verabredeten Zeitpunkt ein „rundes" Ende hinbekommen haben. Nichts ist an einem Abschied schlimmer, als wenn er in Hektik oder mit formalen bzw. emotionalen Überresten vollzogen wird. Die Verantwortung für ein gutes Gelingen liegt beim Teamleiter, da die Teammitglieder zu sehr mit ihrer Abwehr beschäftigt sind. Dies soll nicht heißen, dass nicht auch die anderen Teammitglieder mit ihren individuellen Fähigkeiten zu einer guten Gestaltung des Abschieds beitragen können. Der Teamleiter darf dies aber nicht erwarten.

Sein Verhalten muss folglich von einer Ruhe geprägt sein, die aber ständig die begrenzte Zeit im Kopf präsent hat. Er übernimmt wieder stärker die Struktur und fordert Aufgaben ein. Er muss standhaft gegen jede Art von Verführung sein, die Zeit hinauszuzögern. Wahrscheinlich muss er erst einige Erfahrungen damit gemacht haben, bis er erkennt, wie kreativ Menschen sind, um einer Trennung aus dem Weg zu gehen. Er muss jedem Teammitglied vermitteln, dass es wichtig ist, an den Abschiedsritualen teilzunehmen. Nur so bekommen alle eine Chance, sich das Vergangene noch einmal anzuschauen und die neuen Perspektiven auf sich zukommen zu lassen. In diesem Abschiedsritual achtet der Teamleiter darauf, dass jedes Teammitglied etwas zu der Trennung sagt. Er lässt keine Ausflüchte zu („Es ist schon alles gesagt. Ich habe dem nichts hinzuzufügen."), sondern fordert jeden auf, es mit den eigenen Worten zu sagen.

Wenn ein Teammitglied den Wunsch äußert, das Team verlassen zu wollen, hat der Teamleiter die schwierige Aufgabe herauszubekommen, ob die Trennung nur als einzig mögliche Form der Konfliktlösung gesehen wird. Der Teamleiter muss viel Fingerspitzengefühl mitbringen um zu erkennen, warum ein Teammitglied den Wunsch äußert, das Team zu verlassen. Er sollte sich nicht von scheinbar vernünftigen, vordergründigen Argumenten blenden lassen, sondern intensiv nachfragen. Ich habe viele Menschen gesehen, die sich von einer Gruppe trennen wollten, weil sie das Gefühl hatten, für die Gruppe nicht wichtig zu sein. Durch die Trennungsdiskussion wurde die Wichtigkeit der Person deutlich und sie konnte bleiben. Das Teammitglied versucht, die persönliche Zugehörigkeitsthematik durch einen Trennungsversuch zu klärcn. Dicscs Vorgehen ist nicht selten anzutreffen. Der Teamleiter muss erst einmal erkennen, dass das Teammitglied sich nicht trennen will, sondern mit Themen wie Beachtung, Wichtigsein, einen Platz haben etc. gehört werden will.

Der Teamleiter sollte sich auch Gedanken darüber machen, wie er dem **Stolz** über die geleistete Arbeit Ausdruck verleihen kann. Eine Urkunde, auch wenn sie spielerisch gemeint ist, kann hier vielleicht die richtige Idee sein. Damit zeigt er den Teammitgliedern, dass er ihre Arbeit anerkennt und nicht für selbstverständlich gehalten hat.

Ich möchte hier noch eine Aufgabe der Teamleiterin in der Trennungsphase erwähnen, die sicherlich die schwierigste ist und auch nicht allzu häufig vorkommt. Denn die Trennung von einem Teammitglied kann auch durch seinen Tod erfolgen. Das Team hatte je nach Todesart eine oder keine Chance, sich auf diese Trennung vorzubereiten. Aber immer sollte das Team eine besondere Betreuung erfahren, da es viele existentielle Fragen in jedem Einzelnen aufwirft. Wenn die Teammitglieder einen guten und offenen Zusammenhalt haben, so können sie über die ganz persönlichen Gedanken und Gefühle sprechen und sehen, wer sich mit ähnlichen Gedanken und Gefühlen herumschlägt. Auf die Teamleiterin kommt die schwierige Aufgabe zu, bei der Beerdigung ein paar Worte zu sprechen. Für die Familie des Verstorbenen ist es meist sehr hilfreich, wenn sie etwas aus der Arbeitswelt des Verstorbenen erfährt, denn die war ihnen meist fremd. Bei einer solch schweren Aufgabe wird die Teamleiterin feststellen können, ob sie die Aufgabe der Selbst-Erkenntnis der Offenheitsphase hinreichend bewältigt hat. Denn sie muss insofern genügend Kontakt zu ihren eigenen Gefühlen haben, um zu wissen, wie sie eine Trauerrede gestalten möchte, die ihr, dem Verstorbenen, seiner Familie und den anderen Teammitgliedern gerecht wird. Auch bei der ultimativen Trennung des Todes gilt, dass jedes Weglaufen und Ignorieren nur zu einer Verschleppung der Loslösung führt.

Körpersprache: Durch direktes, ruhiges, aber bestimmtes Zugewandtsein vermittelt der Teamleiter den anderen, dass die Sachen auf jeden Fall zu beenden sind. Er hört sich die Ausreden an, kommt aber auf die Notwendigkeit des Abschlusses zurück. Seine Körperhaltung ist also wenig nachgebend, aber nicht starr. Er wendet sich immer wieder allen Teammitgliedern zu, um zu sehen, wie alle mit der Trennung umgehen.

Fragen zur Trennung für den Teamleiter:
(1) Weiß ich immer genau, wie viel Uhr es ist und wie viel Zeit noch für das Meeting, die Aufgabe etc. bleibt?
(2) Besteht eine klare Übersicht über das, was, wann, von wem noch erledigt werden muss?
(3) Habe ich mit dem Team besprochen, wie der eigentliche Abschied aussehen soll?
(4) Wie geht es mir mit der Trennung und kann ich die Gefühle dazu akzeptieren?
(5) Kann ich die Gefühle und Gedanken mit dem Team teilen?
(6) Bin ich mit dem Ergebnis der Teamarbeit und Teamentwicklung zufrieden?
(7) Bin ich mit meinem Leiterverhalten zufrieden?
(8) Was würde ich heute anders machen?

Trainingsbedarf:
• Managementtraining mit Selbsterfahrung
• Die Kunst der Rede

Fa. Bacher

Wie hat sich Ruth in der Trennungsphase verhalten? Was hat sie richtig gemacht und was falsch?

Nach dem Teamtraining verlief die Arbeit wieder reibungsloser. Als alle gerade dachten, jetzt sei etwas Ruhe in das Team eingekehrt, verstarb der Abteilungsleiter plötzlich an seiner schweren Erkrankung. Neben dem Schock des plötzlichen Todes stellte sich nun die Frage der Nachfolge schneller als geplant. Wie zu erwarten, wurde Ruth gefragt, ob sie die Nachfolge des Abteilungsleiters antreten wolle. Aus formalen Gründen musste aber eine Ausschreibung der Stelle erfolgen. In dieser sehr schwierigen Situation, von der alle überrollt wurden, holte Ruth sich Unterstützung, wodurch ihr klar wurde, dass sie diesen Posten annehmen wollte. Die Situation im Team musste noch geklärt werden. Ruth ging auch direkt in die Offensive und teilte dem Team ihre Entscheidung mit. Somit hatte das Team frühzeitig die Möglichkeit, sich mit den Veränderungen auseinander zu setzen und mussten ihre Arbeitszeit nicht mit Spekulationen über die Zukunft verplempern.

Ruth hat richtig gehandelt, indem sie sofort das Gespräch mit dem Team gesucht hat. Jeder im Team wusste von der Situation und jeder konnte sich denken, dass Ruth an der Position interessiert war. Sie hatte von daher gar keine andere Möglichkeit, als dem Team sofort mitzuteilen, wozu sie sich entschieden hatte.

Noch in der Diskussion um die Umstrukturierung des Teams fand Ruth jedoch heraus, dass ihre Position auch öffentlich ausgeschrieben wurde und bei einer Personalagentur Bewerberinterviews liefen. Ruth fühlte sich tief gekränkt und sprach den Geschäftsführer an, der allerdings behauptete, sie habe da etwas falsch verstanden, es handele sich um eine andere Position. Da Ruth aber von keiner ähnlichen Position wusste, fragte sie erneut nach, bekam aber wieder keine zufrieden stellende Auskunft.

Ruth vertraute nun mehr auf ihr Gefühl und ließ sich nicht mehr mit Informationen abspeisen, die mit den anderen Informationen nicht zusammenpassten. Auch wenn sie keine zufrieden stellende Antwort fand, so hatte sie aber deutlich gemacht, dass sie sich nicht mit „hinterhältigen" Handlungen abgibt.

Es wurde Ruth klar, dass ihr Chef sie nicht haben wollte und nach jemand anderen suchte. Falls die Suche aber erfolglos bleiben würde, würde er sie dennoch, sozusagen als notwendiges Übel, auf diese Position setzen. Ruth erkannte, dass sie überhaupt kein Vertrauen zu diesem Mann mehr hatte, und fing an, nach einer neuen Stelle zu suchen. Mehr aus Enttäuschung als aus Begeisterung ging sie zu einigen Bewerbungsgesprächen. Währenddessen war Ruth zwischen ihrem Verantwortungsgefühl dem Team gegenüber und ihrer eigenen Situation gefangen.

In einer solch schwierigen Situation befinden sich viele Menschen, die sich zu einer Trennung vom Team oder von der Firma entscheiden. Aber all dies geschieht meist, ohne dass die „Verursacher" dieses Konfliktes davon etwas mitbekommen. Denn das Vertrauen zu diesen Personen ist nicht mehr vorhanden. Selbst wenn Ruth abgewartet hätte und die Position mangels eines anderen Bewerbers bekommen hätte, hätte sie eine solch schwache Position gehabt, dass sie letztendlich doch nichts für ihre Abteilung hätte ausrichten können.

Ruth sah deshalb keine andere Möglichkeit, als sich nach einer neuen Position umzusehen. Sie fand bei einer kleinen Firma eine neue interessante Aufgabe und ein gutes Betriebsklima. Dies bereitete ihr aber einige Magenschmerzen, weil dies bedeutete, dass sie das Team in dieser unoffenen, unklaren Situation zurückließ. Aber der Wunsch, die Firma zu wechseln war inzwischen so stark geworden, dass sie es dem Team endlich sagen musste. Eine Freundin musste sie allerdings mehrmals dazu anstoßen, es dem

Team endlich zu sagen, da nicht mehr viel Zeit bis zur offiziellen Kündigung blieb.

Ruth zeigte sich hier sehr menschlich, indem sie der Offenheit bezüglich ihrer Trennung vom Team ausweichen wollte. Denn sie ahnte die Reaktionen. Entscheidend dabei ist, dass sie sich Unterstützung in Gesprächen geholt hat, und diese Menschen sie auch in der richtigen Art unterstützten.

Als sie es endlich schaffte, dem Team mitzuteilen, dass sie die Firma verlassen würde, waren alle wie vor dem Kopf gestoßen. Wegen des unoffenen Vorgehens des Managements wollte plötzlich niemand mehr die Teamleitung übernehmen. So entschied sich das Team, nicht ein neues Teammitglied als Ersatz für Ruth zu suchen, sondern einen neuen Teamleiter. Dies wurde dem Geschäftsführer mitgeteilt. Das entsprach genau seinen Vorstellungen; er hatte bereits die Bewerbervorauswahl abgeschlossen. Das Bewerbungsverfahren erwies sich aber als wesentlich unergiebiger als es die Geschäftsleitung angenommen hatte. So verließ Ruth die Firma, noch bevor ein Ersatz für sie gefunden wurde. Ruth konnte noch die Dinge regeln, die in ihrer Macht standen, es machte sie aber dennoch sehr unzufrieden, dass so viele Dinge ungeklärt blieben. Aufgrund ihrer persönlichen Kränkung hatte sie diesbezüglich aber auch nichts mehr unternommen.

Auch hier zeigte sich Ruth wieder sehr menschlich in ihrem Verhalten. Wahrscheinlich wäre es auch gar nicht möglich gewesen, vom Management genaue Pläne zur zukünftigen Personalentwicklung zu erhalten. Sie hatte von daher gut daran getan, sich darauf zu konzentrieren, mit dem Team einen guten Abschied hinzubekommen.

Sie lud das Team zu einem Abschiedsessen zu sich nach Hause ein. Es wurde ein schöner Abend, selbst wenn die Traurigkeit und die Sorge um die Zukunft jederzeit spürbar war.

Ruth hatte diesen Abschied so gut es ging hinbekommen. Sie musste, wie so viele andere, erfahren, dass wir in Trennungen nicht alles im Griff haben. Dies entbindet uns aber nicht von der Verantwortung, die Aspekte, die wir beeinflussen können, bewusst zu gestalten. Und dies ist Ruth gut gelungen. Sie hatte dem Abschied eine persönliche Note verliehen. Dadurch wurde dem Team deutlich, dass sie wegen der Betriebsumstände gehen musste, und nicht, weil sie mit dem Team unzufrieden war.

12. Leiterverhalten in den einzelnen Teamphasen

Wir haben bereits gesehen, dass in den einzelnen Teamphasen vom Teamleiter ein sehr unterschiedliches Leiterverhalten gefordert wird. Neben einem erforderlichen Training entscheidet aber auch die Persönlichkeit des Teamleiters darüber, ob er sich in einer Phase wohl fühlt und intuitiv das Richtige macht, oder ob er diese Phase am liebsten überspringen oder ignorieren würde, weil er sich dort außerordentlich unwohl fühlt. Für einen Teamleiter ist es wichtig, sich seiner Präferenzen bewusst zu sein. Nur so kann er in den Phasen, die ihm nicht so liegen, sehr aufmerksam und vorsichtig vorgehen, um schwerwiegende Fehler zu vermeiden. Ignoriert er einzelne Notwendigkeiten einer bestimmten Phase, so wird er das ganze Team in seiner Weiterentwicklung blockieren.

Es wurde deutlich, wie sehr das Leiterverhalten in den einzelnen Phasen wechseln muss. Dies stellt eine hohe Anforderung an die Leitung. Da Menschen aber in der Regel nicht so vielfältig sind, und das richtige Teamleiterverhalten viel Erfahrung und Übung bedarf, ist es viel wichtiger, dass die Teamleiterin ihre eigenen Stärken und Schwächen kennt und somit realistischer an die einzelnen Teamphasen herangeht.

Ich möchte im folgenden Leitungsanforderungen mit den vorgestellten Persönlichkeitstypen vergleichen, um so die Stärken und Schwächen jeden Typs in den Teamphasen zu verdeutlichen. Dies gibt der Teamleiterin eine gute Möglichkeit, sich in den einzelnen Persönlichkeitstypen schneller zu erkennen. Den Teammitgliedern gibt diese Übersicht eine Möglichkeit, die Stärken und Schwächen der Teamleiterin zu erkennen und sich entsprechend darauf einzustellen. Denn nicht nur die Teammitglieder sollten mit Toleranz behandelt werden, sondern auch die Teamleiter verdienen eine menschliche Einschätzung.

12.1 Die Strategin

Eine strategische Teamleiterin wird die Menschen, die sie zu führen hat, als Instrument für „die Sache" sehen. Sie zeichnet sich durch hohe fachliche Kompetenz aus. Jede inhaltliche Diskussion führt sie mit Begeisterung, sofern die Diskussionsteilnehmer sachlich und vernünftig argumentieren. Alle menschlichen Faktoren sind dieser Person so fern, dass sie Probleme, die aus Beziehungskonflikten entstehen, erst gar nicht erkennt. Wird ihr von den Teammitgliedern ein mitmenschlicher Konflikt zur Lösungsfindung vorgetragen, so ist sie unfähig, auf die menschlichen Belange einzugehen. Sie wird stattdessen versuchen, den Konflikt auf der Sachebene logisch zu lösen, was unweigerlich nur zu einer Scheinlösung führen kann. Meist wissen die Teammitglieder aber, dass sie ihre Teamleiterin nicht mit „Menschlichem" belangen können. Sie sucht selten außerhalb eines festgesetzten beruflichen Rahmens das Gespräch mit ihnen. Die Teammitglieder wissen wenig Persönliches von ihr. Ebenso wie sie von sich selbst einen immer gleich bleibenden Arbeitseinsatz fordert, sieht sie auch Konflikte oder persönliche Belastungen nicht als etwas an, das die Arbeitsfähigkeit einschränken muss.

Eine strategische Teamleiterin kann einen sehr autoritären Leitungsstil aufweisen. Sie ist so überzeugt von ihren eigenen Ideen und Theorien, dass sie daneben keine anderen Gedanken gelten lässt.

Sie kann aber auch Gefallen an der Eigenständigkeit der Teamkollegen finden. Besonders wenn diese viele eigene Ideen einbringen, die die Sache voranbringen, wird sie dies tatkräftig unterstützen.

Die strategische Persönlichkeit kommt immer über ihre Fachkenntnisse und Leistungen zu einer Teamleiterfunktion. Sie wird gerne als ideale Teamleiterin gesehen, weil sie die notwendige intellektuelle Schärfe mitbringt, die zum Erfassen von komplexen Vorgängen notwendig ist. Sie ist auch die geborene Führungspersönlichkeit, sieht aber die Teammitglieder eher als Gehilfen zur Erlangung der (meist von ihr formulierten) Ziele an. Häufig wird übersehen, dass die strategische Teamleiterin aufgrund ihres Autonomiestrebens nicht unbedingt die Teamfähigste ist. Wenn Entscheidungen in einem Team nur schwer zu finden sind, so kann sie schnell ungeduldig werden und eine Entscheidung über die Köpfe der Teammitglieder hinweg treffen.

Stärken:
- fördert Unabhängigkeit
- gute Fachkenntnis
- Leistungsdenken
- logisches Denken
- sachlich
- selbstständig
- entscheidungsfreudig
- kritikfähig
- souverän

Schwächen:
- zeigt wenig Emotionen
- egozentrisch
- zynisch
- kontaktarm
- Angst vor Bindung
- kühl
- ungeduldig

Die strategische Teamleiterin kann die Notwendigkeit der **Zugehörigkeitsphase** nicht erkennen. Sie möchte am liebsten sofort zur tatsächlichen Aufgabe übergehen. Alle Absprachen und Regeln, die den Gruppenzusammenhalt sichern, findet sie überflüssig und als Zeitverschwendung. Ihr klarer analytischer Verstand hilft ihr zwar dabei, klare Gruppenregeln festzulegen und sich erst zufrieden zu geben, wenn diese genau geklärt sind. Wenn dies aber zu lange dauert, weil einzelne Teammitglieder mit der Zugehörigkeit noch hadern, so wird sie autoritär und ungeduldig („Was denn nun, machen Sie nun mit oder nicht?"). Ihr eigenes Ziel vor Augen, entscheidet sie auch über die Köpfe der Teammitglieder hinweg. Zur Angstreduzierung kann dies sehr hilfreich sein. Sie gibt den Teammitgliedern Orientierung, aber keinen Entscheidungsspielraum. Hat es im Vorfeld der Teambildung viel Unsicherheit und Chaos gegeben, so kann die strukturierte Teamleiterin mit ihrer sachlichen Klarheit ganz wohltuend sein.

Es fällt ihr schwer, auf andere zuzugehen und damit erst einmal die zwischenmenschliche Beziehung in Gang zu setzen. Sie wirkt dadurch oft unnahbar und distanziert. Da sie nicht sehr interessiert an Menschen ist, wird sie lediglich versuchen, die Kenntnisse und Leistungsfähigkeit der Teammitglieder einzuschätzen. Sie ist aber nicht wirklich neugierig auf den Menschen. Sie möchte seine Leistungsfähigkeit kennen lernen, aber nicht den Menschen als Ganzes. Es besteht von daher die Gefahr, dass sie nicht genügend abklärt, ob die Teamgrenzen klar sind und ob sich die Teammitglieder wirklich verpflichtet fühlen. Da sie persönliche Dinge wenig interessieren, wird sie auch die Notwendigkeit des Gesehenwerdens nicht genügend berücksichtigen. Denn der dazu notwendige Small Talk fällt ihr äußerst schwer. Das ist für sie reine Zeitverschwendung. Stimmungsänderungen bei anderen Menschen fallen ihr auch nicht wirklich auf. Bei einer strategischen Teamleiterin ist es sehr wahrscheinlich, dass sie sich für die Teamleitung entschieden hat, weil sie die Sache sehr interessiert. Die Teammitglieder dienen lediglich dazu, diese Sache zu erledigen. Aus diesem Grunde ist in ihrem Team zu erwarten, dass die Teammitglieder immer wieder auf Themen der Zugehörigkeit zu sprechen kommen. Die Teamleiterin hält die Leistungsfähigkeit der Teammitglieder für so selbstverständlich, dass sich diese nicht genug gesehen, sich falsch eingeschätzt oder sich missachtet fühlen. Die strategische Teamleiterin wird diese Beschwerden als einen Wunsch nach Anerkennung missverstehen. Dies ist es aber nicht, sondern es ist der Wunsch nach Beachtung.

Dem strategischen Teamleiter liegt selbstverständlich die Phase der **Verantwortung,** er fühlt sich hier am wohlsten. Es geht um Effektivität und Kompetenz. Diese erscheinen ihm als die wichtigsten Elemente jeder Teamarbeit. Das Team erhält viel Orientierung darüber, was zu tun ist. Diskussionen können kontrovers geführt werden, solange sachlich argumentiert wird. Er selbst hat keine Angst zu konfrontieren, die Teammitglieder wissen also sehr genau, wie er zu ihrer Arbeit steht. Es macht ihm Spaß, eigenständiges Verhalten und Äußerungen zu fördern. Sind die Teammitglieder zu eigenverantwortlichem Handeln in der Lage, wird er sie voll und ganz unterstützen. Er kann sich aber auch zurückhalten und den Ablauf nur beobachten und analysieren. Die Teammitglieder erhalten Anerkennung für ihre Leistungen. Sind die Teammitglieder (noch) zu unselbstständig, kann der strategische Teamleiter ohne Schwierigkeiten für das Team Entscheidungen treffen und auch dafür sorgen, dass diese durchgeführt werden. Lediglich den emotionalen Aspekten der Verantwortungsphase, wie Konkurrenzdenken, Rivalisierung, Unter- und Überlegenheitsgefühl, steht er unsensibel gegenüber. Er wird versuchen, die Konflikte auf der Beziehungsebene sachlich zu lösen („Man kann doch über alles in Ruhe reden."). So kann es ihm passieren, dass er nicht früh genug die destruktiven Kräfte dieser Gefühle erkennt, um ihnen Einhalt zu gebieten. Nicht selten vertritt er in seinem Wertesystem sogar diese destruktiven Kräfte („Konkurrenz belebt das Geschäft."), so dass er sie im Team noch fördert.

Die strategische Teamleiterin sieht überhaupt keine Notwendigkeit für die Entwicklung in die **Offenheitsphase**. Sie verfügt häufig über ein theoretisches Gerüst, das den Kontakt sowieso nicht vorsieht. Sie hat wenig Gespür dafür, dass sich in der Verantwortungsphase auch zwischenmenschliche Themen angesammelt haben, die irgendwann zur Sprache gebracht werden müssen. Folglich verhindert sie die Weiterentwicklung des Teams in die Offenheitsphase. Solange ein Team zeitlich begrenzt ist und die Arbeit gut läuft, wird dies auch keinem auffallen. Aber Teams, die keiner zeitlichen Begrenzung unterliegen oder in denen sich die zwischenmenschlichen Probleme anhäufen, werden sich alleine gelassen fühlen. Sehr wahrscheinlich findet sich aber ein informeller Leiter, der diese Offenheit vertragen kann und das Vertrauen des Teams besitzt. Infolgedessen wird die strategische Teamleiterin immer weiter ausgeschlossen, weil sie keine Ahnung davon hat, was wirklich im Team läuft. Das Team und vor allem der emotionale Leiter entwickeln Strategien, die zwischenmenschlichen Probleme zu lösen, ohne sie direkt ansprechen zu müssen. Während das Team aus dem Mund der Beziehungsebene spricht, hört die Teamleiterin auf dem Ohr der Sachebene. Damit ist die Fehlkommunikation vorprogrammiert. Die Teamleiterin hat den Kontakt zum Team verloren, und merkt es nicht einmal.

Der strategische Teamleiter wird immer dann eine **Trennung** für angebracht halten, wenn eine Aufgabe erfüllt ist. Für andere Formen der Trennung hat er wenig Gespür. Es wäre für ihn auch nie denkbar, Gefühle bezüglich der Auflösung eines Teams zu zeigen. Er rationalisiert die Trennung und ist froh über jeden, der dies auch tut. Von daher bevorzugt er Trennungen, die schnell und schmerzlos ablaufen. Damit unterdrückt er aber auch den Gefühlsausdruck der Teammitglieder. Die Teammitglieder bleiben auf ihren Gefühlen „sitzen", es wird kein Raum geschaffen darüber zu reden. Da aber alle auch Angst davor haben, sind sie häufig froh, dass diese Themen nicht angesprochen werden. Es entsteht Einsamkeit, weil jeder mit seinen Gedanken und Gefühlen alleine bleibt. Zudem besteht die Gefahr, dass viel Ungesagtes im Raum bleibt, was zu nicht geklärten „Überresten" führt.

Da der strategische Teamleiter aber ein Verfechter der Autonomie ist, wird er nicht versuchen, Teammitglieder zu halten. Er ist in der Lage, ihre Arbeit anzuerkennen und wird diese auch zum Ausdruck bringen. Auch der Stolz über vollbrachte Leistungen kann in einem Team mit einem strategischen Teamleiter ausgelebt werden. Ferner wird er alles daran setzen, für die Zukunft Perspektiven in die Wege zu leiten. Er wird auf die Einhaltung der formalen Bedingungen der Terminierung achten, so dass das Team keine überhängenden Aufgaben mit in ein neues Team nimmt. Es ist ihm allerdings sehr unangenehm, wenn ihm das Team ein nettes Abschiedsgeschenk überreicht, um ihm zu zeigen, wie sehr sie ihn geschätzt haben. Von einer derartigen Situation ist er peinlich berührt.

12.2 Der Kommunikator

Dieser Teamleiter kann sich sehr gut in die Situation anderer versetzen. Mit viel Einfühlungsvermögen und Zuhören gelingt es ihm, auf die Belange der Mitarbeiter einzugehen. Die Teammitglieder haben das Gefühl, sie können mit allen Problemen zu ihm kommen. Er fühlt sich dadurch nie gestört, sondern findet immer Zeit, notfalls auch außerhalb des beruflichen Rahmens. Dabei kann es leicht passieren, dass er aus einem zu großen Verständnis heraus, die Notwendigkeit der Sachzwänge nicht hinreichend erkennt und den äußeren Rahmen immer wieder aufweicht.

Bringt es eine kommunikative Persönlichkeit in eine Teamleiterposition, wehrt sie häufig die eigene Abhängigkeit ab, indem sie andere Menschen abhängig macht. Zur Verdeckung der eigenen Abhängigkeit und aus einem echten Empfinden heraus, vermittelt der Kommunikator seinen Teammitgliedern, dass sie äußerst wichtig sind.

Er wird immer viel Wert darauf legen, seine Teammitglieder individuell zu fördern. Er verteilt großzügig Unterstützung in zeitlicher und emotionaler Hinsicht. Sollte sich allerdings ein Teammitglied vom Teamleiter wegentwickeln, so wendet er sich gekränkt ab („Ich habe doch alles für ihn getan. Undank ist der Welten Lohn."). Die Förderung dient nicht der wirklichen Weiterentwicklung der Teammitglieder, sondern der Anbindung an den Teamleiter.

Andererseits besitzt der kommunikative Teamleiter ein hohes Verantwortungsgefühl für das Team, gekoppelt mit einem Hang zum schlechten Gewissen. Wird z. B. ein Teammitglied aufgrund einer Überforderung krank, so macht er sich Vorwürfe, dies nicht frühzeitig erkannt zu haben. Er wird sich große Mühe geben, die persönliche Situation jedes einzelnen Teammitglieds in die Arbeitswelt zu integrieren. Wenn Teammitglieder berichten, dass sie sich bei ihrem Teamleiter gut aufgehoben fühlen und sie das Gefühl haben, sie können mit allen Belangen zu ihm gehen, dann haben sie sicherlich einen Teamleiter mit starken kommunikativen Anteilen.

Stärken:
- sucht Kontakt
- warmherzig
- empathisch
- hilfsbereit
- geduldig
- selbstlos
- voller Einsatz für die Teammitglieder
- kann gut zuhören
- bindungsfähig
- einfühlsam

- fürsorglich
- aufmerksam

Schwächen:
- Verlustangst
- überfordert sich
- festhaltend
- Hang zur Schwermut
- abhängig
- ignorieren von Sachzwängen
- zeitlos

Der kommunikative Teamleiter spürt intuitiv die Wichtigkeit eines guten Ablaufs der **Zugehörigkeitsphase**. Er wird sich gut auf das erste Meeting vorbereiten und sich vor allem darauf konzentrieren, dass die Teammitglieder eine angenehme Atmosphäre vorfinden. Von daher wählt er mit Bedacht den geeigneten Raum aus, sorgt für Getränke und wird sich bemühen, im Vorfeld Informationen über die Teammitglieder zu bekommen. So weiß er schon, dass ein Teammitglied lieber Tee als Kaffee trinkt, und dass ein anderes Teammitglied ein starker Raucher ist und er somit genügend Rauchpausen einplanen muss. Durch diese sorgfältige Planung gibt er den Teammitgliedern ein Gefühl der Wichtigkeit. Sein gutes Gespür für Mitmenschen sowie sein Streben nach Harmonie wird es den Teammitgliedern leicht machen, sich diesem Team zugehörig zu fühlen. Dieser Teamleiter wird sich hauptsächlich wegen der Teammitglieder für das Team entscheiden. Die gute Zusammenarbeit mit den Kollegen ist ihm wichtig.

Es fällt ihm sehr leicht, die Teammitglieder in ein lockeres Gespräch zu verwickeln. Die Atmosphäre ist angenehm. Alle kommen schnell ins Gespräch und reden über alle möglichen Themen. Die Teammitglieder finden schnell heraus, wer sich für Fußball interessiert und wer plant, auf das Firmensommerfest zu gehen.

Weil die Atmosphäre so nett ist, fällt es dem Teamleiter schwer, die Abklärung von wichtigen Regeln und Vorgehensweisen anzusprechen. Das Meeting dauert immer länger und wichtige Eckpfeiler der zukünftigen Zusammenarbeit, wie z. B. die Zielvereinbarungen, Regeln etc., sind noch nicht geklärt. Der Teamleiter vergisst auch die innere Verbindlichkeit der Teammitglieder einzuholen, da er diese als selbstverständlich voraussetzt. Spricht jemand aber dieses Thema an, so wird er sich dem mit voller Konzentration zuwenden und dem Teammitglied helfen eine Entscheidung zu treffen. Die zeitliche Begrenzung der Meetings fällt ihm schwer, da es doch noch so viel voneinander zu erfahren gibt.

Die kommunikative Teamleiterin bekommt in der Phase **Verantwortung** bei zu starker Auseinandersetzung Angst, obwohl gerade sie es ist, die mit ihrer Intuition als erste spürt, dass „etwas im Busch" ist. Sie möchte am liebsten in der harmonischen Zugehörigkeitsphase verharren. So kann es passieren, dass sie sich in Illusionen flüchtet oder etwas schön redet und beschwichtigt („Das wird schon wieder."). Sie wird auch versuchen direkt in die Offenheitsphase zu gehen, damit die Konflikte nicht so heftig werden. Da sie sich sehr um die Teammitglieder kümmert und immer entsprechend freundlich ist, sind diese häufig durch ihr schlechtes Gewissen gehemmt, auch Kritikpunkte anzubringen. Da Kritik anzusprechen den wenigsten leicht fällt, kann es passieren, dass das Team versucht, die Verantwortungsphase zu überspringen, um sofort in die Offenheitsphase zu gelangen. Ich habe dies häufig in Teams beobachtet, die im beratenden, helfenden Bereich tätig sind. Frauen sind für diesen Trick besonders anfällig. Es wird in endlosen Meetings die Beziehungsdynamik analysiert, während die Themen der Arbeitsstrukturierung nicht geklärt werden. Dies wird nur für eine begrenzte Zeit befriedigend sein, denn die Klärung von Beziehungsthemen müssen der Arbeitsfähigkeit dienen, und dürfen keinen Selbstzweck haben. Hier kann es der kommunikativen Teamleiterin passieren, dass sie den eigentlichen Arbeitsauftrag vergisst und von außen (vom Kunden, vom Management) Druck bekommt. Diesen Druck wird sie entschuldigend an die Teammitglieder weitergeben. Diese werden immer unzufriedener, da sie ihre eigentliche Bestimmung nicht erfüllen können. Nicht selten springt ein Teammitglied in das Organisationsvakuum und übernimmt diese Leitungsfunktion. Die Teamleiterin lässt ihn auch gerne gewähren, weil sie an dieser Arbeit kein Interesse hat. Dies kommt aber einer Entmachtung gleich.

Der kommunikative Teamleiter fühlt sich in der **Offenheitsphase** am wohlsten. Seine empathische, einfühlende Art macht es Menschen leicht, sich zu öffnen. Hier geht es um menschliche Beziehungen, da kennt er sich aus. Er hat ein sehr sensibles Gespür dafür und lässt sich nicht von Ausreden ablenken, wenn die Teammitglieder Dinge zurückhalten, die für die weitere Zusammenarbeit von Bedeutung sind. Er wird sich von daher auch eine Situation überlegen, in der es den Teammitgliedern leicht fällt, die Themen anzusprechen. Dies kann z. B. ein Teamtraining sein, wo das Team abseits des Alltagsgeschehens die eigene Dynamik diskutieren kann. Sollte der Teamleiter das Gefühl haben, dass sich ein Teammitglied nicht mehr wohl fühlt, wird er es aktiv zu einem Gespräch einladen, und nicht warten, bis es auf ihn zukommt. Er geht empathisch auf dessen Bedürfnisse und Schwierigkeiten ein, wodurch sich das Teammitglied verstanden und ernst genommen fühlt. Der kommunikative Teamleiter hat auch das besondere Talent, zwischen Teammitgliedern zu vermitteln. So findet das Team auch schnell wieder zu seiner Arbeitsfähigkeit zurück, weil die Themen offen angesprochen und gemeinsame Lösungen gefunden werden können, ohne dass einer benachteiligt wird.

Die kommunikative Teamleiterin wird zunächst einmal alles daran setzen, dass es überhaupt nicht zu einer **Trennung** kommt. Sie wird ihre Kreativität dafür einsetzen, immer wieder neue Aufgabenfelder für das Team oder den Einzelnen zu finden, in der Hoffnung, dass die Konstellation nicht geändert werden muss. Lässt sich dies nicht vermeiden, wird sie auch hier wieder viel Raum für die emotionale Seite der Trennung einräumen. Sie wird sich etwas Schönes einfallen lassen, um den Abschied gebührend zu feiern. Dabei scheut sie keine Kosten und Mühen. Teammitglieder einer kommunikativen Teamleiterin verlassen das Team immer mit dem Gefühl, dass sie wichtig und bedeutungsvoll für das Team waren und dass die Teamleiterin sich ernsthaft um sie bemüht und gekümmert hat. Dies kann aber auch zur Folge haben, dass sich die Trennung immer wieder hinauszögert. Es wird immer wieder ein Grund gefunden, noch einmal miteinander zu sprechen. Die Schwierigkeiten der Loslösung spüren die Teammitglieder und trauen sich oft nicht zum Ausdruck zu bringen, dass dies der Zeitpunkt für einen guten Abschluss wäre, und sie das Team jetzt verlassen möchten. In einem solchen Team finden sich nicht selten Teammitglieder die „eigentlich schon seit Jahren" das Team verlassen wollten, wobei „es woanders aber bestimmt nicht so schön ist". So hat die Teamleiterin auch kein Interesse daran, dass die formalen Dinge der Terminierung abgeschlossen werden. Denn wenn ein Abschlussbericht noch abzugeben ist, stellt dies ja einen guten Grund dar, noch einmal zusammen zu kommen. Aber die Abschiedsfeier wird jedem in Erinnerung bleiben.

12.3 Die Organisatorin

Jedes Team, das Beständigkeit und Verlässlichkeit braucht, sollte sich immer diesen Persönlichkeitstyp zur Teamleiterin nehmen. Denn sie wird immer gut vorbereitet zum Meeting erscheinen, zuverlässig alle Absprachen einhalten und vollen Einsatz zeigen. Vor jedem Meeting liegt den Teammitgliedern die Agenda vor, und um die Zeit effizient zu nutzen, wird von allen erwartet, dass sie sich darauf vorbereitet haben. Sie zeigt vor allem Ausdauer, Gründlichkeit und Geduld, dafür aber weniger Initiative, Elastizität und schöpferische Freiheit. Sie akzeptiert selbstverständlich hierarchische Ordnungen und erwartet das Gleiche von ihren Teamkollegen. Sie ist nicht an einer autonomen Meinung und Entwicklung der Teammitglieder interessiert, sondern sie sollen von ihren Werten überzeugt werden und danach leben. Es fällt ihr leicht, sich Firmenstrukturen zu unterwerfen und diese einzuhalten.

Selbstverständlich erwartet sie, dass alle Teammitglieder pünktlich zur Arbeit und zur Teamsitzung erscheinen und immer gut vorbereitet sind.

Die Organisatorin erwartet von sich selbst zu funktionieren (unter allen Umständen!), und erwartet das Gleiche von ihren Teammitgliedern. Sie sucht nicht das persönliche Gespräch, sondern „kommuniziert" über Regeln und Bedingungen. So fällt es ihr auch schwer, Entscheidungen zu treffen, wenn Regeln und Vorschriften dazu keine Orientierung bieten. Sie verwendet viel Zeit darauf die bestmögliche Option herauszufinden. Hierbei verlässt sie sich auf keinen Fall auf ihre Intuition (die sie gar nicht wahrnimmt), sondern sucht die Entscheidungshilfe in äußeren „objektiven" Faktoren.

Da die Organisatorin der Inbegriff von Beständigkeit ist und Veränderung zu vermeiden sucht, kann es passieren, dass sie sich auf schädigende Kompromisse einlässt. Dieses Verhalten beruht, anders als beim kommunikativen Teamleiter, nicht primär auf dem Interesse am Teammitglied, sondern auf dem Interesse an der Beständigkeit des Teams.

Die Organisatorin kann den Teammitgliedern durch ihre Verlässlichkeit viel Sicherheit geben. Sie ist wie der Fels in der Brandung, wenn die Dinge unsicher werden. Gleichzeitig wird sie aber aggressiv jede Innovation abwehren, wenn diese die Beständigkeit gefährdet.

Stärken:
- gut organisiert
- loyal
- zuverlässig
- pünktlich
- planvoll
- korrekt
- verantwortungsbewusst
- Ausdauer
- Pflichtgefühl
- klare Werte und Grundeinstellungen
- konsequent
- ordnungsliebend

Schwächen:
- traditionalistisch
- innovationsfeindlich
- festhaltend
- abhängig
- starre Werte und Grundeinstellungen
- pedantisch
- zwanghaft
- keine Spontaneität

Die organisierende Teamleiterin erlebt jede neue **Zugehörigkeitsphase** mit viel Unwohlsein. Es ist eine neue Situation, und sie weiß nicht, was auf sie zukommt. Diesem Unwohlsein tritt sie durch eine genaue Planung des ersten Zusammentreffens entgegen. Aber anders als dem kommunikativen Teamleiter geht es ihr nicht so sehr um eine angenehme Arbeitsatmosphäre, sondern vielmehr soll die genaue Planung ihre Angst vor Unvorhergesehenem reduzieren. Sie spielt vorher alle Eventualitäten durch. Hierbei deckt sie unbewusst wichtige Bereiche der Zugehörigkeit ab. So wird bei ihr mit Sicherheit jeder einen vorbereiteten Platz finden, je nach Größe des Teams auch mit Namensschildern. Sie hat alle technischen Hilfsmittel aufgebaut und vorher mehrmals die Funktionstüchtigkeit überprüft. Sie hat auch einen genauen Plan, was in der ersten Zeit geklärt werden muss und wird auf dessen Einhaltung beharren. Dies bietet den neuen Teammitgliedern erst einmal viel Orientierung, denn auch sie bringen Befürchtungen mit. Die Teamleiterin kann jedoch dazu neigen, den Teammitgliedern nicht genügend inneren Raum zu geben, um die eigene Verbindlichkeit zu überprüfen. Da sie selbst eine sehr verbindliche Person ist, kann sie Wankelmütigkeit nicht nachvollziehen. Sie versucht der Wankelmütigkeit mit klaren Regeln zu begegnen. Dies mag einigen Teammitgliedern helfen, andere wird es aber noch mehr einengen und eher aus dem Team treiben. Die Teammitglieder sind sicherlich von der guten Organisation angetan. Aber eine lockere Atmosphäre entsteht nicht. Die Gespräche sind ein bisschen gezwungen, alle sind froh, weil die Teamleiterin schnell auf die Fakten der zukünftigen Zusammenarbeit zu sprechen kommt und sie sich auf das vorbereitete Papier konzentrieren können. Es wird konzentriert gearbeitet, aber wenig gelacht.

Der organisierende Teamleiter fühlt sich in der **Verantwortungsphase** wieder besser. Er hat seine Orientierungslosigkeit der Zugehörigkeitsphase überwunden, Routine hat sich eingestellt. Kontroverse Diskussionen werden zwar unterbunden, aber der organisierende Teamleiter gibt einem Team viel Orientierung und Zuverlässigkeit. Er wird bei Konflikten immer darum bemüht sein, Lösungen zu finden. Wenn es sich um sachliche Konflikte handelt, fällt ihm dies wesentlich leichter, als wenn es um emotionale Themen geht. Bei seinem gut organisierten Verstand fällt es ihm sofort auf, wenn Lösungen oder Entscheidungen diskutiert wurden, die nicht durchführbar oder unvollständig sind. Hier kann seine Penetranz auch schon einmal zum Vorschein treten. Denn er lässt erst los, wenn die Dinge wirklich geklärt sind. Da er aber einen Hang zur Überkontrolle hat, kann es passieren, dass ihm die Eigenständigkeit der Teammitglieder Angst macht, und er deshalb die Arbeitsvorgänge zu stark kontrolliert oder die Dinge selber erledigt. Der organisierende Teamleiter ist derjenige, der am schlechtesten delegieren kann. Demzufolge hat es ein Teammitglied leicht, Verantwortlichkeiten auf ihn abzuwälzen, die es selber nicht erledigen will. So ist er ständig überarbeitet, die Teammitglieder hingegen sind entlastet oder manchmal sogar schadenfroh, die Arbeit auf ihn abgewälzt zu haben.

Die organisierende Teamleiterin ist zur **Offenheit** nur dann in der Lage, wenn nicht grundsätzliche Dinge dadurch in Frage gestellt werden. Sie wird das Team dazu veranlassen, Gefühle wohl sortiert zu äußern. Spontane Reaktionen lösen bei ihr Angst aus. Sie weiß nicht, mit ihnen umzugehen. Nur solange sich Offenheit in dem gegebenen Rahmen regeln lässt, kann sie gut damit umgehen. Da sie Beständigkeit anstrebt, wird sie alles tun, damit Lösungen gefunden werden, mit denen das Team gut weiter existieren kann. Sollte es in einem Team zu Chaos kommen, ist sie sehr gut in der Lage, den Überblick zu behalten und wieder eine ordnende Struktur einzubringen, die die Hitzköpfe beruhigt. Da für die organisierende Teamleiterin die Ordnung wichtiger ist als Gefühle, kann es aber auch passieren, dass zu schnell eine Struktur hergestellt wird, die der Dynamik des Teams nicht entspricht, und somit nicht zur Klärung der Probleme beiträgt. Es entsteht eine Scheinlösung, die aber das eigentliche Problem schnell wieder aufleben lässt, da es ja nicht geklärt wurde.

Der organisierende Teamleiter hat natürlich größte Schwierigkeiten mit **Trennungen**, da jede Trennung die Vergänglichkeit symbolisiert. Hier kann es passieren, dass seine Zwanghaftigkeit ganz deutlich zum Vorschein kommt, und er energisch-ängstlich auf die Einhaltung der vereinbarten Rituale beharrt. Es kann den Teammitgliedern auch passieren, dass sie sich überraschend mit einem Teamleiter konfrontiert sehen, der plötzlich ganz emotional und ungerecht wird und sie mit einem hohen Perfektionsanspruch drangsaliert. So wird er ganz pingelig bei der Abfassung der Abschlussberichte immer wieder einen Einwand finden, damit das

Team als noch nicht beendet gilt. Anders als der kommunikativen Teamleiterin geht es ihm hier nicht so sehr um den Verlust der Teammitglieder, sondern um den Verlust der Teamstruktur, die ihm viel Halt und Orientierung gegeben hat. Dies kann zur Verärgerung der Teammitglieder führen, so dass das Team kein gutes Ende findet. Die Teammitglieder fühlen sich zunehmend eingeengt und fliehen mehr aus dem Team, als dass sie sich verabschieden. Dies verstärkt die Ängste des Teamleiters in Zukunft noch mehr. Er wird versuchen, sehr schnell ein neues Team zu bilden, in das er die alten Regeln implementieren kann und so tun, als hätte es die Trennung nie gegeben. Dies mag den alten Teammitgliedern im Nachhinein das Gefühl geben, sie seien für den Teamleiter nicht wirklich wichtig gewesen, aber genau das Gegenteil ist der Fall. Sie waren ihm so wichtig, dass er durch die Neugründung eines Teams versucht, den alten Zustand wieder herzustellen. Ein organisierender Teamleiter ist immer besser für Teams geeignet, die nicht zeitlich begrenzt sind. Aber auch hier lassen sich Trennungen nicht vermeiden.

12.4 Der Innovator

Ein innovativer Teamleiter beschäftigt sich selbstverständlich am liebsten mit Innovationen und Visionen. Er scheut sich nicht davor Ungewöhnliches auszuprobieren. Die Disziplin für die Durchsetzung dieser Ideen fehlt ihm aber häufig, da sein Interesse zu schnell erlahmt und er nach neuen Anregungen sucht. Er versteht es, Menschen für die eigenen Ideen mitzureißen und zu begeistern. Er hat eine starke Suggestivkraft, kann überzeugen und den Teammitgliedern das Gefühl vermitteln, dass es Spaß macht, in diesem Team zu sein. Ideen der Teammitglieder greift er begeistert auf. Aufgrund der Wendigkeit seines Denkens, macht es Spaß, mit ihm zu diskutieren und gemeinsame Pläne zu entwickeln. Es darf aber niemand darauf bauen, dass er Zusagen, die er in solchen Diskussionen macht, zukünftig auch einhält. Oft erinnert er sich nicht einmal an sie.

Er wird dem Team großzügig Annehmlichkeiten zur Verfügung stellen, auch wenn diese ein paar Mark mehr kosten (es ist ja nicht sein Geld). Zugunsten eines guten Klimas wird nicht auf das Geld geachtet. Besonders neue Teammitglieder sind davon begeistert und verzeihen ihm meist die fehlende Organisation der Einarbeitung. Arbeiten die Teammitglieder länger mit dem Innovator zusammen, macht sich zunehmend Unzufriedenheit breit, weil Zusagen nicht eingehalten und Pläne ständig umgeschmissen werden, so dass das Team die Orientierungslosigkeit erkennt.

Der Innovator ist stets offen und spontan gegenüber den Teammitgliedern. Sie können mit ihren Belangen jederzeit zu ihm kommen. Auch wenn er nicht unbedingt dazu bereit ist, wirklich zuzuhören, sondern nur die Elemente des Gespräches herausfiltert, die ihm für neue Ideen interessant erscheinen.

Es ist für den Innovator eine Selbstverständlichkeit, den Teammitgliedern großzügige Freiheiten einzuräumen. Wer diese Freiheiten selber strukturieren kann, fühlt sich mit ihm sehr wohl, weil eigene Dinge vorangetrieben werden können, ohne dass jemand ständig kontrolliert. Dafür nehmen einige Teammitglieder auch in Kauf, dass das unorganisierte Übersprühen von Ideen manchmal etwas nervig ist. Der Innovator käme nie auf die Idee, die Anwesenheit der Teammitglieder genau zu überprüfen. Es geht ihm öfters durch, dass ein Teammitglied einen Abgabetermin nicht eingehalten hat. Teammitglieder, die nur mit viel Kontrolle diszipliniert arbeiten, sind bei einem solchen Teamleiter nicht gut aufgehoben, weil die ganze Arbeit im Chaos versinkt.

Er hat großes Verständnis für Teamkollegen, die auch noch andere Sachen ausprobieren wollen, selbst wenn dies das Verlassen des Teams zur Folge hat. Er wird das Teammitglied ermutigen, diese Herausforderung anzunehmen. Er wird ein neues Teammitglied herzlich willkommen heißen, weil er die neue Situation wieder als eine Chance sieht. Gefahren, die in zu großer Unbeständigkeit liegen, sieht er nicht. Werden diese von anderen geäußert, so sieht er diese nur als Bremser.

Stärken
- spontan
- begeisternd
- innovativ

- kreativ
- immer neue Ideen
- schneller Denker
- flexibel
- charmant
- charismatisch
- intensiv
- leidenschaftlich
- lebendig
- phantasievoll

Schwächen

- inkonsequent
- sprunghaft
- verantwortungslos
- unpünktlich
- unmoralisch
- verschwenderisch
- vergisst Versprechen

Für den innovativen Teamleiter ist jede neue **Zugehörigkeitsphase** mit viel Neugierde und Lust verbunden. Meist geht das neue Team auf seine Initiative zurück. Von daher ist es für ihn selbstverständlich, dass das Ganze eine gute Sache ist: Er ist von der Aufgabe genauso begeistert wie von den Menschen. Eventuelle Zweifel wischt er mit seinem Optimismus schnell vom Tisch. Er versteht es, die Teammitglieder für die neue Situation und Aufgabe zu begeistern. Das kann ihn dazu bringen, dass er eine längere, enthusiastische Rede hält, die natürlich nicht vorbereitet ist, sondern aus dem Stegreif gehalten wird. Er versteht es, die Herausforderungen der zukünftigen Arbeit überzeugend zu vermitteln. Aber in dieser suggestiven Begeisterung bleibt nicht genügend Raum für die Skepsis und Zweifel der Teammitglieder. So besteht bei ihm die Gefahr, dass er die innere Verpflichtung, das Commitment, der Teammitglieder nicht einholt und im Laufe der Teamentwicklung immer wieder an die ungeklärten Themen der Zugehörigkeit stößt. Die Teammitglieder lassen sich zunächst auch von dieser Begeisterung anstecken, wenn sie aber an die konkrete Arbeit gehen, merken sie sehr schnell, dass sie gar keine Orientierung haben. Die eher trockenen Themen der Zugehörigkeit, wie das Abstecken der genauen Grenzen und Regeln, vergisst der innovative Teamleiter einfach. Er sieht auch nicht die Notwendigkeit, sich selbst an diese Regeln zu halten. Teammeetings fangen weder pünktlich an noch hören sie zu der angegebenen Zeit auf. Die Teamzusammengehörigkeit regelt sich für ihn hauptsächlich aus dem Spaß und der Lust an der Arbeit heraus. Mit viel Kreativität versteht er es, den Teammitgliedern die Arbeit angenehm zu machen und so manchen Zweifler in das Team zu ziehen. Die Atmosphäre ist locker, meist ist der Teamleiter der Alleinunterhalter, der es versteht, an der richtigen Stelle ein paar auflockernde Witze und Bemerkungen fallen zu lassen. Dass der Raum nicht entsprechend für das Meeting vorbereitet wurde, übergeht er charmant mit seinem Improvisationstalent („Oh, wir haben gar keinen Kaffee da, na ja, macht nichts. Es ist ja sowieso warm draußen, trinken wir eben alle Wasser.").

Ein Team mit einer innovativen Teamleiterin kommt häufig gar nicht in die **Verantwortungsphase**, da sich bei jeder Konsolidierung der Zugehörigkeit bereits etwas geändert hat, so dass die Zugehörigkeit erneut mobilisiert wird. Sollte das Team doch zur Verantwortungsphase kommen, so lässt die innovative Teamleiterin durchaus die Konflikte zu, sieht aber keine Notwendigkeit eine Lösung zu suchen. Vielmehr hat sie Spaß an der Auseinandersetzung, aber mehr als Adrenalinstoß, denn als wirklichen Versuch einer Konfliktlösung. So kann ein Konflikt auch schon einmal so ins Chaos ausbrechen, dass das ganze Team zerfällt, weil die innovative Teamleiterin nicht genügend ordnendes Konfliktmanagement in das Team bringt. Sie neigt zur Polarisierung und lässt zu, dass sich Fronten bilden. Mit dem Hang zu Überraschungen ist sie aber gedanklich auch flexibel genug, um in schwierigen Situationen auf Lösungen zu kommen, die niemandem sonst eingefallen wären. Ist ein Team mit einer innovativen Teamleiterin zum Fortbestand verdammt, so organisiert sich das Team selber. Es bildet sich ein informeller Teamleiter, der die erforderlichen Strukturen zur Verfügung stellt, während die Teammitglieder ihre Arbeit selbst organisieren. Da die Teamleiterin Freiheit sehr schätzt, wird sie eine solche Selbstorganisation unterstützen, weil sie eine unvorhersehbare Eigendynamik spannend findet. Da innovative Teamleiter oft gute Verkäufer sind, passiert es häufig, dass die Selbstorganisation des Teams ihrer Kompetenz zugeschrieben wird, so dass sie unverdient Karriere machen.

Der innovative Teamleiter hat – sofern sich ein Team unter seiner Leitung so weit entwickeln konnte – Spaß an der **Offenheitsphase.** Er lässt sich auch durch chaotische Teamsituationen nicht aus der Ruhe bringen, da er sie spannend findet. Sie vermitteln ihm neue Aspekte bezüglich der Entwicklung des Teams und der Wahrnehmung der Teammitglieder. Wird es in der Offenheitsphase zu aggressiv oder traurig, wird sich der Teamleiter in einen Entertainer verwandeln, damit die Stimmung im Team wieder steigt. Diese humorvolle Seite kann dem Team helfen, die Themen wieder in einem realistischeren Verhältnis zu sehen. Dadurch kann der innovative Teamleiter das Team schützen, sich zu stark in ein Thema zu verrennen. Gleichzeitig bagatellisiert er aber das Thema. Teammitglieder fühlen sich mit ihren Belangen überhaupt nicht ernst genommen und werden sich daraufhin wieder verschließen. Da der Teamleiter aber selbst einen Hang zur Übertreibung hat, kann er bei einem für ihn wichtigem Thema das Chaos noch verstärken. Hier wird sich ein ordnendes Teammitglied auftun, das dem Ganzen wieder einen Rahmen gibt, der für alle handhabbar ist. Dies funktioniert allerdings nur, wenn entweder der Teamleiter diese Begrenzung zulässt, weil er um seine Übertreibungstendenzen weiß, oder er bereits das Interesse an dem Thema verloren hat, so dass die ordnende Kraft nicht weiter seine eigenen Energien begrenzt.

Die innovative Teamleiterin hat keine Schwierigkeiten mit der **Trennung,** da ein Neuanfang immer wieder eine neue Chance bietet. Möchte ein Teammitglied für die persönliche Weiterentwicklung das Team verlassen, so wird die innovative Teamleiterin dafür viel Verständnis haben und die Person zu diesem Schritt ermutigen. Sie wird ihm auch jede Hilfe zukommen lassen, zu der sie in der Lage ist. Die Überbetonung der Chance wird es den Teammitgliedern aber schwer machen, auch Gefühle von Verlust und Wut zum Ausdruck zu bringen. Sie werden von der Teamleiterin als Pessimisten hingestellt, die die Sache zu schwarz sehen. Von Traurigkeit hält sie nicht viel, und wird die Schwermut durch aufmunternde Worte zu unterdrücken wissen.

Es kann dem Team aber auch passieren, dass kurz vor dem Ende eines Projektes die Teamleiterin alles über den Haufen wirft und das Ergebnis neu definiert, weil sie glaubt, dass die alten Vorgaben hinfällig sind oder sie das Interesse daran verloren hat. So gibt es in einem Team mit einer innovativen Teamleiterin viele unvollendete Projekte. Dies führt entweder zu Frustrationen bei denjenigen, die ihre Arbeit ordentlich zu Ende führen wollten oder ist denen recht, die keine Lust mehr an der Aufgabe haben und sie nicht fertig stellen wollen.

Die innovative Teamleiterin ist immer für einen lustvollen Abschied (Fete) zu haben, allzu tiefe, gefühlvolle Situationen wird sie vermeiden. Für die Gestaltung einer schönen Feier oder Überraschung wird sie Geld locker machen und sich noch einmal von der großzügigen Seite zeigen.

Sie kann bei den Teammitgliedern besonders das Gefühl des Stolzes über eine gute Arbeit verstärken. Es wird ihr Spaß machen, sich dafür ein angemessenes und kreatives Ritual (Urkunden o.ä.) auszudenken. Durch ihre gute Fähigkeit zur Außendarstellung versteht sie es geschickt, die Leistungen des Teams zu verkaufen und somit für sich und das Team interessante neue Tätigkeiten zu ermöglichen.

Kurzübersicht über die Persönlichkeitsstrukturen für die Bewältigung der einzelnen Teamphasen.

Persönlich-keit / Team-phase	Zugehörigkeit	Verantwortung	Offenheit	Trennung
strategisch	– –	++	–	+
kommunikativ	++	–	++	– –
organisierend	+	++	–	– –
innovativ	++	– –	+	+

++ = kann sie sehr gut erfüllen
+ = kann sie gut erfüllen
– = kann sie schlecht erfüllen
– – = kann sie gar nicht erfüllen

Sie werden sicher bei einigen Beschreibungen sich selbst oder Ihren Teamleiter erkannt haben, aber bei einer anderen Beschreibung desselben Typus gedacht haben: Nein, das trifft ja gar nicht zu. Das ist nicht verwunderlich, denn die meisten Teamleiter sind eine Mischung aus den vier Persönlichkeitstypen, wobei sich jeweils aber meist ein oder zwei Persönlichkeitstypen deutlicher zeigen, während ein anderer Teil nahezu verkümmert oder abgewehrt ist.

Ein Gleichgewicht ist erst hergestellt, wenn alle vier Typen vertreten sind, denn wie wir gesehen haben, beinhaltet jeder Typ Eigenschaften, die für ein optimales und flexibles Teamleiterverhalten in den verschiedenen Phasen wichtig sind.

Da dies aber nur sehr selten der Fall ist, ist es viel wichtiger, dass der Teamleiter sich eingestehen kann, welche Eigenschaften er besitzt und welche bei ihm unterentwickelt vertreten sind. Denn nichts ist schlimmer, als mit einem Teamleiter zusammenzuarbeiten, der seine eigenen Stärken und Schwächen nicht erkennen will und sich ständig anders einschätzt als dies alle anderen tun.

Appendix 1:
Hilfen zur Teamentwicklung

I. Fragen an das Team in den einzelnen Phasen

Für ein Teamtraining oder eine selbst organisierte Reflexionsrunde, können die folgenden Fragen eine Orientierung für die Diskussion bieten. Es ist immer hilfreich auch die Fragen aus den vorherigen Phasen zu beantworten. Denn sollten hier zu viele Unstimmigkeiten auftreten, so wird dem Team deutlich, was es noch zu klären gibt und warum die Weiterentwicklung stagniert.

Jedes Teammitglied füllt den Fragebogen aus und die Ergebnisse werden im Team diskutiert. Wie entstehen die unterschiedlichen Wahrnehmungen? Wo sind sich alle in der Wahrnehmung einig? Was kann getan werden, um die positiven Elemente zu erhalten und die negativen abzubauen?

Die Zustimmung der Aussage steigt mit der Nummer auf dem Fragebogen,

Nr. 4: Ich stimme der Aussage voll und ganz zu.
Nr. 3: Ich stimme der Aussage weitestgehend zu
Nr. 2: Ich stimme der Aussage nur zum Teil zu.
Nr. 1: Die Aussage stimmt für mich gar nicht.

Fragen an die Zugehörigkeitsphase

(1) Herausforderung und Ziele:	4	3	2	1
Im Team gibt es gemeinsame und definierte Ziele.				
Die Ziele sind nicht klar. Neue Aufgaben werden als Belastung empfunden.				
Die Ziele sind gemeinsam entwickelt worden und werden als Herausforderung empfunden.				
Die Richtung und der Weg zur Zielerreichung sind allen klar.				
Alle stehen hinter den Zielen.				
Die Ziele sind ein Ansporn für die eigene Arbeitsleistung.				

(2) Humor	4	3	2	1
Es gibt herzlichen Humor und wir haben viel Spaß miteinander.				
Es herrscht eine kühle, sachliche Atmosphäre; wenn überhaupt, dann macht man sich über andere lustig.				
Der Spaß geht auf Kosten Einzelner.				
Alle sind am Spaß beteiligt.				

(3) Teamgefühl	4	3	2	1
Im Team herrscht gegenseitige Wertschätzung und Rücksichtnahme.				
Die Zugehörigkeit zum Team wirkt motivierend und stimulierend.				
Besonderheiten Einzelner werden respektiert, ohne dass die Kooperation darunter zu leiden hat.				
Es herrscht mehr ein „Wir-Gefühl" als ein „Einzelkämpferdasein".				
Die Mitglieder pflegen ihr Team.				
Die Mitglieder bemühen sich um eine Vertiefung ihrer Beziehungen untereinander.				
Die Mitglieder vernachlässigen ihr Team.				

Fragen an die Verantwortungsphase

(1) Kritikfähigkeit	4	3	2	1
Es findet eine faire und offene Auseinandersetzung über Probleme und Fehler statt.				
Unangenehme Themen werden vermieden. Bei Fehlern herrscht auch schon einmal Schadenfreude.				
Probleme werden als Chance gesehen, das Team weiterzuentwickeln.				
Fehler Einzelner werden zum eigenen Vorteil ausgenutzt.				
Konflikte werden offen ausgesprochen.				
Es wird gemeinsam nach einer Lösung gesucht.				
Kritik und Rückmeldung werden auf positive, nicht verletzende Art geäußert.				

(2) Arbeitsmoral	4	3	2	1
Alle ziehen an einem Strang und helfen sich gegenseitig.				
Interne Hierarchien behindern eine gleichberechtigte Zusammenarbeit.				
Es gibt eine gemeinsame Arbeitsstrategie.				
Der Leistungsstandard wird von den Mitgliedern gemeinsam definiert.				
Es gibt Verhaltensweisen, Traditionen oder Methoden, die ein effektives Arbeiten behindern.				
Die Meinung Einzelner gilt unterschiedlich viel.				
Es wird gemeinsam entschieden.				
Das Team nutzt die Fähigkeiten Einzelner erschöpfend.				

(3) Risikobereitschaft	4	3	2	1
Es herrscht hohe Experimentierfreudigkeit und es gibt die Möglichkeit für innovatives Handeln.				
Es gibt keine Risikobereitschaft. Die Mitglieder halten sich mit unkonventionellen Ideen zurück. Es herrscht Angst davor, einen Fehler zu begehen.				
Die Mitglieder können unkonventionelle Entscheidungen riskieren.				
Es herrscht die Bereitschaft vor, etwas Neues auszuprobieren.				
Fehler sind erlaubt.				
Fehlschläge werden als Gefahr für den eigenen Arbeitsplatz angesehen.				
Die einzelnen Mitglieder werden ermuntert, sich selbst zu entfalten.				

(4) Zufriedenheit	4	3	2	1
Die Arbeit in diesem Team füllt mich aus und bereitet mir große Zufriedenheit.				
Momentan fühle ich mich sehr unzufrieden.				
Mich befriedigt meine Arbeit.				
Ich muss mich überwinden, zur Arbeit zu gehen.				
Ich bin stolz auf meine Arbeit und erzähle gerne über die Teamarbeit.				

(5) Effektivität	4	3	2	1
Es gibt klare Ergebnisse. Unsere Zusammenarbeit verbessert die Qualität. Unsere Effektivität ist sehr hoch.				
Ergebnisse gibt es nur wenig vorzeigbare und werden nur umständlich erzeugt. Sehr geringe Effizienz.				
Die vorgegebenen Aufgaben und Ziele werden erreicht.				
Die Arbeitsergebnisse sind offensichtlich und Produkt der gemeinsamen Zusammenarbeit.				
Das Verhältnis Aufwand ./. Ergebnis stimmt.				
Die gemeinsame Arbeit kann sich sehen lassen.				
Die Zusammenarbeit im Team fördert die Qualität des Arbeitsproduktes.				

(6) Konfliktfähigkeit	4	3	2	1
Es gibt zwar ab und zu unterschiedliche Meinungen, doch führt dies zur inhaltlichen Auseinandersetzung.				
Streit, persönliche Auseinandersetzungen und Konflikte bleiben verdeckt. Es findet keine ehrliche und offene Auseinandersetzung statt.				
Es gibt erhebliche Animositäten.				
In Diskussionen geht es manchmal eher um das Recht oder die Macht anstatt um eine inhaltliche Auseinandersetzung.				
Wenn jemand sich tatsächlich über einen Kollegen/Kollegin ärgert, wird versucht, dies direkt unter vier Augen zu klären.				
Einzelne Mitglieder reagieren übermäßig verletzt auf Kritik.				
Einzelne Teammitglieder kämpfen um ihren Machtanspruch.				
Auseinandersetzungen werden offen und fair geführt und führen nicht zu persönlichen Verletzungen.				
Streit/Meinungsverschiedenheiten gäbe es genug; aber darüber spricht niemand.				
Es wird hinter dem Rücken gesprochen und gelästert.				

Fragen an die Offenheitsphase

(1) Offenheit und Vertrauen	4	3	2	1
Die Mitglieder sind sehr offen. Es herrscht viel Vertrauen.				
Die Mitglieder sind sehr zurückhaltend. Es besteht wenig Vertrauen.				
Die Mitglieder trauen sich, auch schwierige Themen anzusprechen.				
Jedes Mitglied kann seine Meinung frei und spontan äußern.				
Es gibt Tabuthemen, die niemand ansprechen würde.				
Gefühle können ausgedrückt werden.				

(2) Vertraulichkeit	4	3	2	1
Die Mitglieder wissen um die persönliche Situation der anderen Mitglieder.				
Private Probleme, die Auswirkungen auf die Arbeit haben, können frei angesprochen werden.				
Ich fühle mich sicher, dass meine persönlichen Belange nicht in der Firma herum erzählt werden.				
Ich erzähle nichts wirklich Wichtiges, weil ich nicht weiß, was die anderen damit machen.				
Es wird wenig Privates im Team erzählt.				

Fragen an die Trennungsphase

(1) Abschluss	4	3	2	1
Alle Mitglieder wissen, wann das Projekt beendet sein muss (wann das Teammitglied das Team verlässt, wann sich das Team auflöst).				
Das Team hat Zeit eingeplant, um den Abschluss zu feiern.				
Es ist nicht allen klar, wann der Abschluss sein wird.				
Es ist noch genügend Zeit, um offene Fragen zu klären.				

(2) Formalien	4	3	2	1
Alle Mitglieder wissen, welche Abschlussarbeiten zu erledigen sind.				
Es ist noch so viel Arbeit unerledigt, dass sie bis zum Ende wohl kaum abgeschlossen sein wird.				
Alle Übergabedokumente sind erstellt.				
Es gibt Teammitglieder, die sich immer noch nicht an die Anfertigung der Abschlussdokumente gesetzt haben.				
Alle haben den Zeitplan genau im Kopf.				

(3) Gefühle	4	3	2	1
Wir sind in der Lage, uns bei den anderen zu bedanken.				
Jeder versucht so schnell wie möglich, das Team zu verlassen.				
Wir sind stolz auf das, was wir geleistet haben.				
Ich werde die anderen vermissen.				
Ich fühle mich von Einzelnen im Stich gelassen.				
Es wird mir schwer fallen, ohne das Team zu sein.				

(4) Perspektive	4	3	2	1
Alle Mitglieder wissen, welche neue Aufgabe auf sie zukommt.				
Nach dem Ende ist mir erst einmal unklar, was kommt.				
Der Teamleiter hat sich bemüht, jedem Einzelnen die Zukunftsperspektiven deutlich zu machen.				

II. Fragen zur Effizienz von Teammeetings

Bewerten Sie jede der unten stehenden Aussagen anhand der vorgegebenen Skala.

	stimmt 3 Punkte	stimmt manchmal 2 Punkte	stimmt nicht 1 Punkt
(1) Es ist oft nicht klar, weshalb wir zusammenkommen.	☐	☐	☐
(2) Wir halten nicht fest, was wir bis zum Ende einer Sitzung erreicht haben wollen.	☐	☐	☐
(3) Wir bereiten uns nicht genügend auf unsere Sitzung vor.	☐	☐	☐
(4) Wir kontrollieren zu wenig unsere Fortschritte während der Sitzung.	☐	☐	☐
(5) Unsere Sitzungstermine liegen nicht besonders günstig.	☐	☐	☐
(6) Ideen und Argumente gehen oft verloren oder geraten in Vergessenheit.	☐	☐	☐
(7) Wir stimmen uns nicht ab, welche Tagesordnungspunkte Vorrang haben.	☐	☐	☐
(8) Triviale und wichtige Fragen nehmen oft gleichviel Zeit in Anspruch.	☐	☐	☐
(9) Wir schweifen oft ab.	☐	☐	☐
(10) Die Konzentration der Aufmerksamkeit der Teilnehmer lässt zu wünschen übrig.	☐	☐	☐
(11) Manchmal sind es mehrere Meetings, obwohl es nur ein Meeting sein sollte.	☐	☐	☐
(12) Es kümmert uns wenig, was wir beschlossen haben und wie wir diese Beschlüsse in die Tat umsetzen wollen.	☐	☐	☐
(13) Unsere Handys bleiben angeschaltet, um jederzeit erreichbar zu sein.	☐	☐	☐

Zählen Sie Ihre Punkte zusammenn.

39–31 Punkte

Mit Ihren Teamsitzungen ist einiges im Argen. Das nächste Meeting sollte der Struktur der Teammeetings und dem Verhalten der Teammitglieder dienen. Analysieren Sie das schlechte Abschneiden und finden Sie Lösungen für grundlegende Verbesserungen.

30–22 Punkte

Ihre Teamsitzungen laufen in einigen Punkte ganz gut, aber es gibt auch genug Punkte, die noch verbessert werden sollten. Diskutieren Sie diese mit den anderen Teammitgliedern und finden sie Lösungen zur Verbesserung.

21–13 Punkte

Ihre Teamsitzungen laufen ausgezeichnet. Achten Sie darauf, dass es so bleibt.

III. Hinweise zur Beobachtung und Einschätzung von Teamdiskussionen

(1) Waren die Teammitglieder gleich stark an der Diskussion beteiligt? Gab es „Vielredner" und „Schweiger"?
Tragen Sie dazu die Namen der Teammitglieder unter (a) bis...
(k) (usw.) ein und machen Sie bei jedem Beitrag einen Strich hinter dem jeweiligen Namen:

Gesamtzahl der Diskussionsbeiträge

(a) . . . . :
(b) . . . . :
(c) . . . . :
(d) . . . . :
(e) . . . . :
(f) . . . . :
(g) . . . . :
(h) . . . . :
(i) . . . . :
(j) . . . . :
(k) . . . . :

(2) Haben die Teilnehmer versucht, bei ihrem Beitrag auf die Beiträge der Vorredner einzugehen, oder versuchten sie überwiegend bezugslos ihre Meinung einzubringen?

(3) Strukturierung
   (a) Wie haben die Gruppenmitglieder versucht, das Gespräch zu strukturieren (Zielfestlegung, Reihenfolge der Arbeitsschritte festlegen, Zwischenzusammenfassungen versuchen, Verdeutlichung der unterschiedlichen und gemeinsamen Standpunkte etc.)?

   (b) Welche Teilnehmer haben sich am meisten um Strukturierung bemüht?

(4) Gab es Rivalitäten zwischen den Gruppenmitgliedern (z. B. um die Führun(g)?
   Wer rivalisierte mit wem?

(5) Wurde die Diskussion engagiert oder eher lahm geführt? Woran lag das?

(6) Wer war das
   (a) ideenreichste: ....
   (b) dominanteste: ....
   (c) verständnisvollste: ....
   (d) ungeduldigste: ....
   (e) am verständlichsten sprechende: ....
   Teammitglied?

IV. Beispiel einer Persönlichkeitsanalyse (Key Account Manager Vertrieb)

Die Analyse wurde nach den Beobachtungsergebnissen eines ca. zweistündigen Interviews erstellt. Die einzelnen Kriterien wurden der Stellenbeschreibung entnommen.

Herrn L.s dominanteste Qualität ist Schnelligkeit mit Leichtigkeit. Damit kann er schnell und flexibel erkennen, was wann gemacht werden muss. Er kann schon mal „über einer Sache stehen" und ein Vorhaben vorsichtig durchsetzen. Bei aufkommenden Widerständen beugt er sich schnell flexibel wie ein Ast, um dann aber wieder aufzustehen und sein Vorhaben weiterzuverfolgen. Er zeigt damit ein hohes Maß an Flexibilität, d. h. er erkennt eine sich verändernde Situation schnell und passt sich ihr an. Er weiß, was getan werden muss. Er kann dies vorsichtig angehen oder aber Druck ausüben und Druck standhalten, wenn dies notwendig sein sollte. Das vorsichtige Insistieren liegt ihm allerdings mehr und entspricht mehr seinen tatsächlichen Wesenszügen. Von daher stimmte es, wenn er im Interview sagte, dass er sich unwohl fühlt, wenn Menschen ein aggressives Verhalten an den Tag legen.

Diese sehr freundliche Art in Kombination mit seinem angenehmen Äußeren dürfen aber nicht darüber hinwegtäuschen, dass es Herr L. gut versteht, sich zu kontrollieren und damit dem anderen nur einen begrenzten Einblick in seine Person zu gewähren. Auch wenn er schnell auf Menschen zugeht, braucht er für eine tiefe persönliche Beziehung Zeit. Dies zeigte sich auch darin, dass er die Frage nach seinen Stärken und Schwächen nur sehr vage und wenig kritisch beantwortete.

Herr L. hat eine fokussierte Aufmerksamkeit. Hierbei wechselt er seine Aufmerksamkeit gerne schnell von einer Person zur nächsten. Damit hat er Kontakt zu jeder Person und kann die Situation analytisch erfassen. Er kann gut ermitteln, was bereits existiertF, nach Informationen graben und aufgrund dieser Informationen präzise Analysen erstellen. Er geht sehr flexibel auf eine Situation oder auf sein Gegenüber ein und erkennt schnell die Motivation des Gegenübers, kann aber wieder auf seine eigenen Belange zurückkommen.

Dies macht ihn zu einem vorsichtigen Mann, der versucht auf alles vorbereitet zu sein, damit die Situation ihn nicht überrascht. Herr L. befindet sich in einer aufmerksamen Bereitschaft zu reagieren. Er kann damit Chancen erkennen und seine Handlungen beschleunigen, um rechtzeitig auf die Situation zu reagieren.

Er zeigt eine hohe Fähigkeit zur Antizipation, d. h. es fällt ihm leicht, in die Zukunft zu schauen, und mit seiner gut entwickelten Intuition und der entsprechenden Feinfühligkeit kann er Trends erkennen und diese in Zielsetzungen umsetzen.

Seine Fokussiertheit ermöglicht ihm auch dieses Ziel zu verfolgen. Eine zu starke Engstirnigkeit wird durch seine Flexibilität wieder ausgeglichen. Von daher wird er Verkaufpläne immer im Bewusstsein haben, aber sich bei veränderten Markt- oder Kundensituationen anpassen können.

Herr L. zeigt eine hohe Bereitschaft sich anzupassen. Diese Anpassungsbereitschaft gepaart mit seiner fokussierten Aufmerksamkeit gibt dem Gegenüber immer das Gefühl der ungeteilten Aufmerksamkeit. Somit vermittelt er dem Kunden, dass er seine Probleme versteht und es in dem Moment nichts anderes auf der Welt gibt. Dies ist sicherlich sehr hilfreich für den stabilen Kundenkontakt. Ihm kann damit aber auch der Überblick über die allgemeine Marktsituation verloren gehen. Seine Fähigkeit zum schnellen Wechsel relativiert diese Gerichtetheit etwas, aber er muss sicherlich daran arbeiten, den ganzen Markt im Blick zu behalten.

Seine leichte, vorsichtige Art macht ihn zu einem Diplomaten, der aber gerne den Konflikten ausweicht.

Da seine Kontrolle eher unbewusst abläuft, kann es ihm passieren, dass er manchmal sturer ist, als es seinem Selbstbild entspricht. Er stimmt dem anderen zu, um dann doch das zu machen, was er für richtig hält.

Es ist Herrn L. wichtig Ergebnisse zu produzieren, auf die er stolz sein kann. Wenn ihn die Umstände oder andere Menschen daran hindern, so wird er ungeduldig und bringt wenig Verständnis für Verzögerungen auf.

Herr L. braucht einen Ausgleich zwischen seinen emotionalen und intellektuellen Bedürfnissen. Dies zeigt sich auch deutlich in seiner Jobsuche. Er möchte eine neue Stelle, weil er aus emotionalen Gründen umziehen möchte. Er tut dies aber nicht einfach aus dem Bauch heraus, sondern sucht die entsprechende berufliche Herausforderung. Ein solcher Wunsch nach Ausgewogenheit wird sich auch in anderen Situationen zeigen.

Beziehungen: Herr L. geht gerne und vorsichtig Beziehungen ein. Am Anfang bleibt er dabei freundlich, aber etwas reserviert. Diese Reserviertheit kann er durch seine Aufmerksamkeit gut kaschieren, so dass man ebenfalls aufmerksam sein muss, um ihn kennen zu lernen. Er pflegt Geschäftsbeziehungen aber nicht der Beziehungen wegen oder weil er die Leute so nett findet, sondern verfolgt damit immer ein Ziel bzw. er braucht ein Ziel, um mit den Menschen in Kontakt zu treten und zu bleiben. Es entspricht seiner Persönlichkeit im Vertrieb zu arbeiten, weil er da am besten die inhaltliche Arbeit mit dem Kontakt zu Menschen verknüpfen kann.

Kundenkontakte: Es fällt Herrn L. leicht, bestehende Kundenkontakte aufzunehmen und zu intensivieren, da er Dinge voranbringen und in Beziehung
zu Menschen stehen will. Hier muss er sicherlich am Anfang seiner Tätigkeit
etwas gebremst werden, weil er den Anspruch an sich selbst hat, alles schnell
in den Griff zu bekommen. Da er sich aber erst in die Materie einarbeiten
muss, sollte ihn ein sorgfältiger Einarbeitungsplan vor unangenehmen Kun-
denkontakten schützen. Sein hoher Anspruch an sich selbst und seine
Schnelligkeit lassen ihn die Komplexität des Geschäftes nicht hinreichend erkennen.

Konfliktfähigkeit: Die große Vorsicht von Herrn L. wird bei der Konfliktfähigkeit zum Nachteil. Er versucht Konfrontationen aus dem Weg zu gehen. Er
grenzt sich aber nicht ab, indem er z. B. sagt, dass er das nicht beantworten
will oder kann, sondern gibt ausweichende nichts sagende Antworten. Dies
war beim Interview sehr deutlich zu sehen. Unabhängig wer eine konfrontati-
ve Frage stellte, er wich immer aus. Er antwortet nicht ehrlich, sondern versucht sofort zu erkennen, was der andere hören will, damit er die vermeintlich
richtige Antwort gibt. Es sollte hier allerdings die erschwerte Situation eines
Einstellungsgespräches berücksichtigt werden. Jedoch wird sich dieses Verhalten auch in vielen anderen Situationen zeigen.

Kooperation mit anderen Managern: Herr L. zeigte während des Interviews
eine besonders hohe Bereitschaft, sich zukünftigen Kollegen körperlich anzupassen. Er war ihnen häufig direkt zugewandt. Wenn in den Einarbeitungsplan ein besonders enger Kontakt berücksichtigt wird, wird er es annehmen und den Kontakt und die professionelle Unterstützung suchen. Wenn
er sich in seinem Arbeitsfeld sicher fühlt, kann es schon mal vorkommen, dass
er aufgrund seiner Vorsicht und Konfliktscheue Informationen festhält und
versucht sie alleine zu lösen, obwohl die Kooperation mit anderen sinnvoller
und effizienter wäre.

Führungseigenschaften: Herr L. übernimmt vorsichtig die Führung und versucht einen persönlichen Kontakt zu den Mitarbeitern zu bekommen. Dies darf
aber zunächst ein gewisses Maß an Emotionalität nicht übersteigen. Der einzelne Mitarbeiter fühlt sich von ihm gesehen und berücksichtigt. Er kann gut
Ideen anderer Personen in seine eigenen Pläne integrieren, sofern sie seinen
grundsätzlichen Absichten nicht widersprechen. Personen, die ähnliche
Ideen haben wie er, fühlen sich durch ihn motiviert, diese in die Diskussion
einzubringen. Menschen, die ihre eigenen Ideen in einen Arbeitsprozess integriert sehen wollen, werden sich bei ihm aufgehoben fühlen. Eine hohe an-
fängliche Anpassungsbereitschaft sollte aber nicht darüber hinwegtäuschen,
dass er sehr wohl überprüft, ob eine solche Idee in sein Gesamtkonzept passt
oder nicht. Menschen, die ein eher autoritäres Verhalten erwarten, werden ihn

als führungslos erleben. Für zukünftige Führungsaufgaben kommt es ihm sicherlich zugute, dass er noch jung und damit lernfähig ist. Auch hier sollte vor Einstellungen von Mitarbeitern ihn ein Trainingsplan auf die zukünftige Aufgabe vorbereiten. Vor allem im Bereich Konfliktfähigkeit muss sich Herr L. noch entwickeln. Er bringt aber eine gute Kombination aus emotionalen und intellektuellen Eigenschaften mit, die es ihm ermöglichen, Führung zu übernehmen.

Etablierung neuer Geschäftsmöglichkeiten: Seine antizipatorischen Fähigkeiten in Kombination mit seiner Schnelligkeit lassen ihn neue Geschäftsmöglichkeiten schnell erkennen. Da er alle Dinge mit hoher Intention angeht, wird er dazu auch Pläne abliefern und diese verfolgen. Seine schnell wechselnde Aufmerksamkeit kann lediglich dazu führen, dass er nicht mit der genügenden Ausdauer an einer Sache bleibt. Schnelle Erfolge liegen ihm sicherlich mehr als langjährige Etablierung von Geschäftsbeziehungen. Herr L. muss noch lernen und entsprechend kontrolliert werden, damit er an einer Sache oder einem Kunden dranbleibt und sich nicht anderen Dingen zuwendet.

Sensibilität: Herr L. ist ein sehr sensibler Mann, was er im Kontakt mit dem Kunden, mit Kollegen und mit Mitarbeitern einsetzt. Gepaart mit seiner guten Beobachtungsgabe kann er sich gut auf andere Menschen einstellen und sich in sie einfühlen. Dies ermöglicht ihm beim Kunden die richtige Strategie der Annäherung zu entwickeln.

Anpassungsfähigkeit und Abgrenzung: Herr L. ist sehr bemüht, eine Situation zu erkennen und sich ihr entsprechend anzupassen. Diese Anpassung muss aber in Übereinstimmung mit seiner Intention sein. Sollte ein Mensch oder eine Situation seiner Intention widersprechen, so wird er dies nicht offen zeigen, sondern versteckte Wege finden sein Vorhaben doch durchzusetzen.

Erkennen von Trends und Marktentwicklungen: Herrn L.s hohe Fähigkeit zur Antizipation macht es ihm möglich, Markttrends und -entwicklungen zu erspüren und in Pläne umzusetzen. Aber auch hier kann sich seine fehlende Konfliktfreudigkeit negativ auswirken, nämlich dann, wenn seine Empfindungen nicht in den allgemeinen Trend passen, und er sich gegen den Trend stellen müsste. Er braucht also in diesem Bereich Ermutigung, seine Phantasien zu entwickeln. Da ich seinen nächsten Vorgesetzten als einen eher nüchternen Menschen erlebe, der lieber auf der Sachebene bleibt, kann von ihm diese Ermutigung nicht erwartet werden.

Willensstärke: Aufgrund seiner Vorsicht und seiner Aufmerksamkeit der Umwelt gegenüber wird Herrn L.s Willensstärke unterschätzt. Sie ist aber sehr ausgeprägt. Er verfügt über die Fähigkeit, sowohl vorsichtig und scheinbar nachgebend zu insistieren als auch mit Druck seine Interessen durchzusetzen. Die Willensstärke ist sicherlich eine der ausgeprägtesten Eigenschaften von Herrn L..

Zusammenfassung: Herr L. ist ein vorsichtiger und sensibler Mann, der von einem starken Willen getrieben ist, den er mit Behutsamkeit oder Druck durchzusetzen versucht. Er kann sich gut in die Bedürfnisse der Kunden, Mitarbeiter und Kollegen versetzen, versucht diese zu berücksichtigen, ohne seine eigenen Interessen aus den Augen zu verlieren. Da er eine emotionale Bindung braucht, liegt ihm eine langfristige Kundenbindung mehr als die schnelle Mark.

Da er Dinge gerne zügig voranbringt, wird er Geduld noch lernen müssen.

Als Führungseigenschaft bringt er die nötige Sensibilität und Klarheit mit, die für die Leitung von Mitarbeitern notwendig ist. Lediglich seine Konfliktscheue wird es ihm schwer machen, in schwierigen Situationen klare Worte zu finden. Er hat aber durchaus Anlagen bei entsprechendem Training Konfliktfähigkeit zu lernen.

Er besitzt die innerliche und körperliche Beweglichkeit, sich auf verschiedene Mentalitäten einzustellen.

Seine Aufmerksamkeit ist eher eine fokussierte, von daher wird ihm der Überblick über einen breiten Markt schwer fallen. Globale Aspekte werden zugunsten von Einzelanalysen unter den Tisch fallen. Er ist sensibel und trotzdem zielorientiert. Menschliche Belange sind ihm wichtig, und er wäre einem Lernen sicherlich aufgeschlossen.

V. Beispiel einer Persönlichkeitsanalyse (Manager Finanzen)

Die Analyse wurde nach den Beobachtungsergebnissen eines ca. zweistündigen Interviews erstellt. Die einzelnen Kriterien wurden der Stellenbeschreibung entnommen.

Herr B. zeigt keine ausgeprägten Eigenschaften, sondern verschiedene Eigenschaften in abgeschwächter Form. Dies lässt sich daraus erklären, dass ihm Harmonie ganz wichtig ist. Deswegen zeigt er auch keine Ecken und Kanten, die provozieren könnten. Er kann Menschen entspannen, was durchaus auch zu Langeweile führen kann. Er ist neugierig auf neue Dinge und möchte sie aufnehmen.

Er geht mit Vorsicht an eine Sache heran. Bei aufkommenden Widerständen beugt er sich flexibel, um dann aber wieder sein Vorhaben weiterzuverfolgen.

Dies geht einher mit einer Zeitlosigkeit, in der er die Umwelt nicht mehr richtig wahrnimmt, sondern seine Dinge verfolgt, ohne die anderen noch wahrzunehmen und auf sie zu reagieren.

Herr B. verfügt auch über antizipatorische Eigenschaften, so dass er sich selbst oder ein Vorhaben in der Zukunft vorstellen kann. Er kann für sich Ziele setzen und das Ergebnis einer bestimmten Aktion voraussehen, ohne das dies nach außen hin sichtbar werden muss. Um die Harmonie nicht zu zerstören, wird er bei Konflikten seine Ziele für sich behalten, auch wenn er sie innerlich klar hat.

Herr B. ist in seiner Aufmerksamkeit eher auf eine Sache fokussiert. Es fällt ihm schwer, sich einem Menschen oder mehreren Menschen zuzuwenden. Im Interview hat er sofort seinen Lebenslauf herausgeholt mit der Begründung, dass er Angst habe, Details zu vergessen. Es sah eher so aus, als ob er das Papier benutzte, um für kurze Momente aus dem Kontakt herauszugehen. Wenn er auf Personen bezogen war, so hauptsächlich auf den Geschäftsführer.

Er ist ein präziser Analytiker, der gern nach Informationen gräbt, unlogische Gedankenstränge sofort aufspürt und ins Detail gehen kann. Er fühlt sich wohler, wenn er sich nur mit einer Sache beschäftigen muss. Dabei erforscht er gerne, was möglich ist. Er kann Aspekte von unterschiedlichen Seiten sehen, unterschiedliche Ideen tolerieren und somit gegensätzliche Möglichkeiten miteinander verbinden. Diese analytisch-integrative Fähigkeit ermöglicht es ihm, die Vielfältigkeit der Position zu erfüllen.

Dies korrespondiert mit seinem Harmoniebedürfnis. Wenn er die Unterschiedlichkeiten auf rationalem Wege integrieren kann, wird es keine Auseinandersetzung geben, weil alle Parteien zufrieden sind.

Beziehungen: Herr B. geht mehr innerlich als äußerlich in Beziehung. Er wünscht sich eine harmonische Beziehung und denkt von daher viel darüber nach, wie er die Beziehung gestalten kann. Davon dringt aber wenig nach außen, es wirkt eher, als sei er an Beziehungen nicht interessiert. Zu Auseinandersetzung ist er nicht in der Lage. Diese müssen andere erledigen. Er wird viel Energie auf die Integration verschiedener Standpunkte verwenden. Die emotionalen Anteile von Beziehungen sind ihm zwar nicht fremd, er ist aber sehr unsicher, wie er diese nach außen bringen kann.

Führungseigenschaften: Herr B. führt durch Struktur auf der Sachebene. Menschen, die auf diese Art Orientierung suchen, fühlen sich bei ihm gut aufgehoben. Er lässt seinen Mitarbeitern viel Spielraum, da er an einer guten Zusammenarbeit interessiert ist. Auf emotionale Aspekte der Mitarbeiterführung kann er nicht eingehen. Er erkennt sie zwar, da sie ihn aber verunsichern, wird er versuchen, diese so schnell wie möglich nicht mehr vorkommen zu lassen.

Frau L. und Frau C. werden ihn als angenehmen Vorgesetzten erleben, da er ihrer sanften Art entspricht. Langfristig könnte es dort aber schwierig werden, wenn die beiden erkennen, dass er nicht auf die Beziehungsebene eingehen will.

Herrn K. und Herrn C. wird er an einer zu langen Leine lassen, weil er nicht mit ihnen in die Auseinandersetzung gehen und zu schnell Gegenargumente von ihnen annehmen wird, ohne diese auf ihre Stichhaltigkeit zu überprüfen. Aber alle drei werden sich auf der Sachebene wohl fühlen und die Arbeit auch nur auf dieser Ebene bewältigen.

Frau K. wird die sachliche Zuwendung abschrecken, aber sie wird von der vorsichtigen Art angetan sein.

Zuverlässigkeit: Herr B. ist zuverlässig, da er Autoritäten und Gegebenheiten akzeptieren kann. Lediglich die fehlende Widerstandskraft kann in Situationen dazu führen, dass er sich nicht genug abgrenzt, um eine Sache pünktlich fertig zu stellen. Deadlines, die von außen gesetzt werden, werden von ihm eingehalten.

Sensibilität: Herr B. verfügt über eine versteckte Sensibilität, so dass seine Mitmenschen nicht sehr viel davon mitbekommen, da sich diese mehr in seinen inneren Diskussionen zeigt. So ist er in emotional prekären Situationen nicht unsensibel, sondern lediglich unsicher.

Anpassungsfähigkeit: Herr B. zeigt eher Anpassungsbereitschaft als Abgrenzung. Da eine Abgrenzung immer die Gefahr einer Konfrontation in sich birgt, passiert diese nicht im offenen Kontakt, sondern im Ignorieren seiner Umwelt, wenn er eine Sache durchziehen will.

Reaktion: Herr B. kann sich in seiner Reaktionsgeschwindigkeit nur geringfügig einstellen. Durch seine fokussierte Aufmerksamkeit kann es ihm passieren, dass er Aspekte, die gerade nicht in seinem Fokus sind, ignoriert und nicht darauf reagiert. Dies ist positiv, wenn es Nebensächlichkeiten sind. Es ist aber negativ, wenn es wichtige Themen sind, die jetzt behandelt werden müssen.

Aufmerksamkeitsspanne: Herr B. kann zwar die Aufmerksamkeit halten, ist aber nur bedingt ein aufmerksamer Mensch. Da er viel mit seinen inneren Gedanken und Gefühlen beschäftigt ist, ist seine Aufmerksamkeit nach außen eingeschränkt.

Willensstärke: Die Willensstärke ist bei Herrn B. schwach ausgebildet. Wenn, dann setzt er seine Vorstellungen nur auf Umwegen um. Er versucht nie den geraden und damit konfrontativen Weg, sondern sucht den Weg des geringsten Widerstandes. Dadurch kann es aber auch passieren, dass er seine Ziele durchgesetzt hat, ohne dass es einer gemerkt hat.

Verhalten gegenüber Autoritäten: Herr B. akzeptiert Autoritäten und erwartet von diesen auch in gewisser Hinsicht ein traditionell hierarchisches Verhalten. Er wird Anforderungen der Geschäftsleitung, die diese Hierarchie einklagen, akzeptieren und durchführen. Er wird die Geschäftsleitung nicht mit dem Bedürfnis nach einem persönlichen Kontakt belasten, sondern ihr lediglich auf der Sachebene begegnen, obwohl dahinter der Wunsch nach Aufmerksamkeit und Zugehörigkeit steckt. Von ihm geht wenig Gefahr aus, dass er Aufgaben übernimmt, für die er nicht zuständig ist.

Teamfähigkeit: Herr B. ist ein integratives Teammitglied. Er möchte möglichst reibungslos im Team arbeiten. Er wird sich mit Herrn M. gut in der disziplinierten Umsetzung von Sachthemen verstehen. Herrn T.s emotionale Ausbrüche sind ihm fremd und machen ihm auch in der Heftigkeit Angst. Er kann diesen nichts entgegensetzen, sondern erwartet, dass die Geschäftsleitung dies regelt. Da Herr B. Harmonie anstrebt, kann es passieren, dass er im Hintergrund versucht, sowohl Herrn M. als auch Herrn T. zufrieden zu stellen, in der Hoffnung, dass es dann weniger Auseinandersetzung gibt.

Ich halte es für wahrscheinlich, dass Herr M. und Herr T. ihn gar nicht wirklich als Teammitglied erleben werden, ihn auch nur dann einbeziehen werden, wenn es unbedingt notwendig ist. Herr B. wird sich nicht dagegen wehren, sondern seine Arbeit verrichten. Er ist nicht jemand, der um seinen Platz in einem Team kämpfen kann.

Zusammenfassung: Herr B. ist ein Mensch, dem Harmonie sehr wichtig ist. Dafür setzt er seine vorhandenen Fähigkeiten ein. Er kann sich dadurch schnell in eine Situation einfügen, wird aber wenig auffallen. Sollte ein Mitarbeiter gesucht werden, der seine Arbeit erledigt, ansonsten das System aber wenig durcheinander bringt, dann ist er sicherlich der richtige Mann. Laut der gemachten vorherigen Analyse erfüllt er den Anspruch der Harmonisierung, der Flexibilität und der Vorsicht. In Ansätzen ist auch die Geduld und Überlegtheit bei ihm vorhanden. Seine Anpassungsfähigkeit ist nicht eine, die auf Beziehung beruht, sondern eher auf Konfliktvermeidung und Normen.

Von daher entspricht Herr B. in Teilen dem aufgestellten Profil.

Für die Geschäftsleitung wäre Herr B. ein „einfacher" Manager, da er von ihr nicht allzu viel fordern würde, sondern sich in die Begebenheiten einfügen kann.

Appendix 2: Kommunikation

Teamarbeit kann nur funktionieren, wenn die Teammitglieder über grundlegende Kommunikationskenntnisse und -fähigkeiten verfügen (Matthes, 1992). Sollten den Teammitgliedern die nachfolgenden Punkte nicht vertraut sein, so ist es angebracht, vor dem Teambildungsprozess ein Kommunikationstraining voranzuschieben, wo die zukünftigen Teammitglieder zumindest ein Bewusstsein für die Regeln des zwischenmenschlichen Miteinanders erwerben. Teammitglieder, die diese Regeln nicht beherrschen, werden immer wieder die Teamentwicklung blockieren.

I. Sachebene und Beziehungsebene

> Achtzig Prozent der Menschen glauben,
> dass sie zu den zehn Prozent gehören,
> die am besten mit ihren Mitmenschen auskommen.
> (Meinungsumfrage von 1989)

Auf der **Sachebene** bewegt sich ein Team dann, wenn ein bestimmter Lernstoff oder eine bestimmte Problemlösung gefordert wird, oder wenn ein bestimmtes Produkt, eine bestimmte Dienstleistung erbracht werden muss und das Team sich inhaltlich damit auseinander setzt. Auf der Sachebene geht es darum, Vorgehensweisen und Methoden für die Lösung des Sachproblems zu entwickeln oder auszuwählen und eine für die Aufgabenerfüllung zweckmäßige Arbeitsorganisation und Arbeitsteilung zu finden. Dies ist ja auch der eigentliche Grund, warum ein Team gebildet wird. Störungen auf der inhaltlichen Ebene treten häufig auf, weil die verwendeten Informationen und Problemdarstellungen schwer verständlich sind, Teilnehmer mit unterschiedlichen (Fach-)Sprachen sprechen, sich abstrakt ausdrücken oder ihren Fachjargon benutzen.

Diese Aufgaben sind aber nur unter Berücksichtigung der **Beziehungsebene** zu lösen. Sie umfasst all das, was auf der zwischenmenschlichen Ebene im Team kommuniziert wird. Das kann der aggressive Tonfall oder auch das „Naserümpfen" gegenüber einem Teammitglied sein.

Nur wenn sich die Teammitglieder vertrauen und sicher fühlen, können sie ihre Arbeit effizient erledigen. Das erfordert von jedem Teammitglied nicht nur Sachkompetenz, auf die meist ausreichend geachtet wird, sondern auch Sozialkompetenz. Sozialkompetenz bedeutet dabei, Arbeitsprozesse auch auf der zwischenmenschlichen Ebene zu erkennen oder zu erspüren und sie in ihren Auswirkungen einschätzen und beeinflussen zu können.

Auf der Sachebene möchten wir Informationen vermitteln oder vermittelt bekommen. Die Informationen auf der reinen Sachebene sind emotionsfrei. Da dies aber selten der Fall ist, kommt die Beziehungsebene mit in die Kommunikation. Auf der Beziehungsebene werden unsere Intentionen, unsere Wertvorstellungen und zusätzlich viele gelernte Beziehungsmuster aus der Vergangenheit aktiviert, die durch das aktuelle Geschehen im Team schnell und unversehens ausagiert werden. Im betrieblichen Bereich herrscht häufig eine Scheu, die Gefühle des Gesprächspartners direkt anzusprechen. Wir fühlen uns unsicher, wie wir die Gefühle ansprechen sollen, denn es erfordert viel Fingerspitzengefühl und Training, beobachtete Gefühlsregungen treffend und nicht verletzend zu artikulieren.

So kann es passieren, dass ein Teammitglied eine kurze Präsentation des Projektverlaufs darstellt. Ein anderes Teammitglied wird durch diese Person an den großen Bruder erinnert, der immer alles besser wusste und konnte. Und schon ist er nicht mehr in der Lage, nur auf der Sachebene dem Vortrag zuzuhören, sondern wird empfindlich auf alles reagieren und daraus schließen, dass dieses Teammitglied versucht, sich gut zu positionieren.

Beide Ebenen stehen in einer Wechselbeziehung zueinander, die das Team zeitweise in Konflikte und Spannungen bringen kann: Informationen können als unsachlich empfunden werden, wenn der Sprecher gefühlsgeladen auftritt und in seiner Argumentation nicht zwischen sachlichen Fakten und persönlichen Kommentaren unterscheidet.

Einzelne Mitglieder wollen z. B. auf der Sachebene weiterkommen. Für viele ist das ohnehin die bekanntere und damit sichere Ebene. Sie betonen diese Ebene häufig auch dann, wenn es zu Lasten der Beziehungsebene geht. Während die einen also schon „zur Sache" kommen wollen, haben andere Teammitglieder auf der Beziehungsebene Blockaden und Verunsicherungen, die geklärt werden müssen. Da ist z. B. zu wenig Vertrauen, um offen über „die Sache" sprechen zu können; Rivalitätsgefühle machen es schwer, die Arbeit der anderen anzuerkennen; Sympathien verhindern es, den anderen zu kritisieren etc. Wenn dann noch Termindruck, Vorgaben aus dem Management, Druck vom Kunden oder ungewohnte Arbeitsmethoden dazukommen, sind Spannungen im Team gar nicht zu vermeiden. Beide Ebenen müssen in einer dynamischen Balance gehalten werden.

Abb. 9: Gleichgewicht von Sach- und Beziehungsebene

Dynamisch heißt, dass ein ausgewogener Zustand nur vorübergehend erreicht wird und immer wieder neu angestrebt werden muss. Nie wird der Status quo auf der Sach- oder Beziehungsebene lange anhalten.

Dies stellt hohe Anforderungen an die Teammitglieder und besonders an die Teamleiterin.

• Die Teammitglieder müssen Sachkompetenz **und** Sozialkompetenz für die Erreichung ihrer Ziele entwickeln. Die Leiterin ist Anwalt von **beiden** Ebenen.

• Die Auswertung der Arbeit des Teams muss sich deshalb auf Arbeitsergebnisse **und** die Arbeitsweise beziehen.

• Die meisten Menschen haben einen Nachholbedarf im Erlangen von Sozialkompetenz und im Umgang mit Problemen auf der Beziehungsebene, da diese Ebene in den üblichen Lern- und Arbeitsprozessen meist an den Rand gedrängt wird.

Wird ein Problem bearbeitet, so laufen auf beiden Ebenen unterschiedliche Prozesse ab:

Sachebene		Beziehungsebene
Wahrnehmung des Problems	↔	Selbstwahrnehmung und Fremdwahrnehmung
Definition des Problems	↔	Problem akzeptieren, anstatt es zu verdrängen
Analyse des Problems	↔	Bereitschaft zur Konfrontation mit den Tatsachen, auch den unbequemen
Suche nach den Ursachen	↔	Bereitschaft zur Überprüfung von Normen, Tabus und Vorurteilen
Entscheidung, was zu tun oder zu lassen ist	↔	Umgang mit Macht, Status, Interessen (eigenen und fremden)
Formulierung der Ziele	↔	Vorerfahrungen aus früheren Situationen, Muster und Prägungen
Entscheidungsalternativen entwickeln	↔	Umgang mit Sympathie und Antipathie
Planung	↔	Risikobereitschaft (Angst, Mut)
Ausführung des Plans	↔	Vertrauen in sich und andere
Auswertung der Ergebnisse (Erfolgskontrolle)	↔	Fähigkeit, sich Kritik und Lob zu stellen

Abb. 10: Vorteile der Sach- und Beziehungsebene
(aus Langmaack, Braune-Krickau, 1995)

II. Aktives Zuhören

What a woman says: "This place is a mess! C'mon, you and I need to clean up. Your stuff is lying on the floor and you'll have no clothes to wear if we don't do laundry right now!"

What a man hears: "blah, blah, blah, blah, c'mon blah, blah, blah, blah, you and I blah, blah, blah, blah, on the floor blah, blah, blah, blah, no clothes, blah, blah, blah, blah, right now."

Zuhören ist mehr als der Gegensatz von Sprechen. Mangelnde Konzentration auf den Gesprächspartner ist die Quelle vieler Kommunikationsschwierigkeiten. Nur so zu tun, als ob Sie jemandem zuhören und dabei gelegentlich nicken oder „mmh" murmeln, stellt keine Kommunikation dar. Aber wenn jemand spricht, hat er ein Anrecht darauf, dass ihm richtig zugehört wird. Ist man dazu im Moment nicht in der Lage, weil einen z. B. andere Aufgaben oder Gedanken beschäftigen, so sollte man dies dem Gegenüber fairerweise sagen und es auf einen anderen Zeitpunkt vertrösten. Bin ich aber an dem anderen interessiert und möchte ich einen Austausch mit ihm, besteht der erste Schritt darin, mich auf ihn zu konzentrieren. Ich muss eine Sache erst aus der Perspektive des Sprechers sehen, bevor ich sie wirklich nachvollziehen kann. Dies wird mir helfen, den anderen zu verstehen und ihm angemessen zu antworten. Das heißt nicht, dass ich die gleiche Meinung vertreten muss. Das Gegenüber soll aber spüren, dass ich mich bemühe, seine Perspektive zu begreifen, es nicht ignoriere, unterdrücke, kritisiere oder verdamme. Dadurch fühlt sich der Gesprächspartner ermuntert, weitere Informationen zu geben.

Das aktive Zuhören geht über das übliche Nicken hinaus. Der Zuhörer wiederholt mit eigenen Worten, was er glaubt, verstanden zu haben. Dies kann mit den einleitenden Worten geschehen, wie z. B.:

- „Habe ich dich richtig verstanden, dass...".
- „Dann wäre Ihre Idee..."
- „Ich versuche es einmal so zusammenzufassen..."
- „Sie müssen das Gefühl haben, dass...

Somit erhält der andere sofort die Möglichkeit, das Verstandene zu korrigieren, falls es nicht mit dem übereinstimmt, was er gemeint hat. Wenn ich nicht sicher bin, ob ich etwas richtig verstanden habe (akustisch, inhaltlich, logisch), überprüfe ich das. Mein Gesprächspartner wird dies als Anzeichen bewerten, dass mich sein Anliegen wirklich interessiert. Ich gehe von dem aus, was ich gehört oder gesehen habe. Ich fasse es gedanklich zusammen und wiederhole mit meinen eigenen Worten entweder die Hauptargumente des Sprechers oder meinen Eindruck von seiner Gefühlslage.

So kann beim aktiven Zuhören entweder die Auffassung des Gesagten oder die Gefühle, die dabei zum Ausdruck gekommen sind, wiedergegeben werden. Ich fasse mich in meiner Zusammenfassung kurz, denn die Konzentration soll auf dem Sprecher bleiben. Ich fasse nur das zusammen, was ich gehört habe und nicht die Interpretation des Gehörten.

Zum aktiven Zuhören gehört auch eine entsprechende Körpersprache. Der Körper des Zuhörers ist dem Sprechenden in einer offenen Haltung zugewandt. In unserer westlichen Kultur halten wir ruhigen Blickkontakt mit dem, der redet. Unterlagen sollten zugedeckt werden, so dass der Zuhörer nicht in die Versuchung gerät, doch zwischendurch zu lesen anstatt zuzuhören.

Ich habe viele Gespräche erlebt, wo Menschen lange kontrovers diskutierten, aber durch fehlendes aktives Zuhören nicht bemerkt hatten, dass sie eigentlich einer Meinung waren. Durch aktives Zuhören hätte die Diskussion wesentlich verkürzt werden können.

Zur Überprüfung der eigenen kommunikativen „Unarten" hier einige Fragen zur Kontrolle:
- Lege ich meine Erwiderung bereits zurecht, während die andere Person noch spricht?
- Lasse ich meine Gedanken abschweifen?
- Unterbreche ich den Sprecher?
- Spreche ich die Sätze des Gesprächspartners für ihn zu Ende?
- Rede ich, während der andere spricht?

Wenn ich ungeübt im aktiven Zuhören bin, fühlt sich das zu Beginn komisch und wie Zeitverschwendung an, weil ich glaube, genau das zu wiederholen, was der andere gerade gesagt hat. Die Erfahrung lehrt aber schnell, dass sich viele Missverständnisse dadurch vermeiden lassen und ich somit Zeit gewinne.

Aktives Zuhören ist immer dann wichtig, wenn ich
- Informationen einholen muss.
- in einem Konfliktgespräch bin.
- jemanden bestätigen oder unterstützen möchte.
- in einer emotionalen Situation bin.

Aktives Zuhören ist unbrauchbar, wenn der Sprecher nicht akzeptiert und respektiert wird. Es passiert zu leicht, dass emotional negativ gefärbte Wörter oder Phrasen einfließen und/oder ein kritischer, ironischer oder sarkastischer Ton benutzt wird, und dadurch der Sprecher am Weiterreden eher gehindert als ermutigt wird.

III. Fragen

Eine Frage soll **Denkprozesse** initiieren, um **Erkenntnisse** beim Befragten entstehen zu lassen, damit über diese Erkenntnisse bei ihm eine **Lösungsbildung** entsteht, die Bewegung (Motivation) für **Handlungen und Ergebnisse** (Zielerreichung) auslösen kann.

Ausweichende Antworten treten immer dann auf, wenn mehrere Fragen gleichzeitig gestellt werden. Man kann zwischen geschlossenen und offenen, direkten und indirekten Fragen unterscheiden.

Geschicktes Fragen besteht in der Formulierung von Fragen, die den Gesprächspartner veranlassen
- Informationen abzugeben.
- seine Meinung zu äußern.
- eine bestimmte Aussage zu treffen.

Mit Fragen wird
- die Aufmerksamkeit des Gesprächspartners erregt.
- dem Gespräch die gewünschte Richtung gegeben.

Die Fragen müssen dem Gesprächspartner die Möglichkeit zur Antwort lassen = offene Fragen stellen!

Empfehlungen zum Fragen
- immer nur eine Frage stellen
- kurze Fragen stellen
- konkrete Fragen stellen
- indirekte Fragen verführen meist zur Interpretation

Verhaltensweisen für sinnvolles Fragen
- Beschränken Sie sich auf bedeutsame Fragen
- Fragen in ihrem Schwierigkeitsgrad anpassen
- Fragen müssen neugierig machen
- Auffordernde bzw. herausfordernde Fragen stellen
- Überfordernde Fragen vermeiden
- Fragen verständlich formulieren und an Wissen und Bedürfnisse anknüpfen

- Fragen nacheinander stellen, nicht mehrere gleichzeitig
- Zeit zum Überlegen lassen, Fragen nicht vorschnell wiederholen bzw. im Schwierigkeitsgrad reduzieren
- Fragen nicht selber beantworten
- Keine rhetorischen Fragen stellen

Problemfelder

Die Formulierung einer Antwort braucht Überlegung und Zeit → Zeit für die Antwort geben!

Ist die Antwort auf eine Frage nicht erschöpfend → weiterfragen, aber nicht bohren!

Bei zurückhaltenden Gesprächspartnern → vorher die Bereitschaft zur Antwort absichern! (Darf ich Ihnen eine Frage stellen?)

Befragter hat mich nicht verstanden → die Sprache des Gesprächspartners sprechen!

Grundfragearten

Geschlossene Fragen sind Fragen, die die erwartete Antwort auf
- Ja oder Nein,
- einen Begriff oder
- eine ganz bestimmte Information beschränken.

Geschlossene Fragen werden angewandt, wenn
- ich nur kurz und knapp eine bestimmte Information einholen will.
- der Gesprächspartner wortkarg und sprachungeübt ist.
- mögliche Annahmen durch eine Serie von gezielten Fragen geprüft werden sollen.
- das Gespräch in eine bestimmte Richtung gelenkt werden soll.

Offene Fragen sind Fragen, die dem Befragten alle Möglichkeiten zur Antwort offen lassen.

Offene Fragen werden angewandt, wenn
- ich den anderen zu einer echten, unverfälschten Meinungsäußerung bringen will.
- ich den Gefragten zu freien Formulierungen veranlassen will.
- neue Informationen einzuholen sind.
- umfangreiche und schwierige Probleme abgeklärt werden sollen.
- viele Möglichkeiten entwickelt werden sollen.

Eine offene Fragestellung erkenne ich daran, dass sie nicht nur mit einem Wort beantwortet werden kann.

Suggestivfragen sind Fragen, die dem Gesprächspartner durch die Wortwahl und durch eine absichtliche Eingrenzung der Möglichkeiten unterschwellig nahe legen, eine bestimmte Antwort zu geben. Suggestivfragen werden angewandt, wenn

- ich eine Bestätigung meiner Meinung erhalten will.
- ich die Festigkeit, mit der eine Meinung vertreten wird, testen will.
- nicht allzu schwerwiegende Widerstände überwunden werden sollen.
- eine bestimmte Gesprächsrichtung eingeschlagen oder beibehalten werden soll.

Mit der Suggestivfrage will ich manipulieren, dem Gegenüber meine Meinung aufdrängen, da jede Suggestivfrage meine Meinung in Frageform darstellt. Z. B. „Sicher befürworten Sie ja auch, dass wir wöchentlich einmal ein Team-Training abhalten?" Deshalb sollten Suggestivfragen eher vermieden werden.

Alternativfragen sind eine Erweiterung der Suggestivfragen. Die Frage wird so gestellt, dass der Befragte sich zwischen zwei Möglichkeiten entscheiden muss:

„Treffen wir uns Freitag um 9.00 Uhr oder Donnerstag um 16.00 Uhr?"

Aktivierende Fragestellung knüpft an den vom Gesprächspartner geäußerten Gedanken in Frageform an

- „Sie sind also überzeugt, dass Gespräche dringend notwendig sind?"
- „Sie sehen also die Hauptschwierigkeit momentan in der Motivation der Kollegen?"

Durch eine solche Fragestellung

- erhält der Befragte die Gewissheit, dass ihm zugehört wurde, dass seine Aussagen wichtig sind.
- wird er veranlasst, seine Ausführungen noch einmal zu überdenken, um Fehler aufzufinden.
- wird er veranlasst, noch mehr zum Thema zu sagen.

Problemerschließende Fragen sind solche, bei denen ein vorhandenes Problem eine gestellte Aufgabensituation analysiert, erschließt oder lösen hilft.

- Was ist passiert?

- Welche Vorschläge machen Sie?
- Wie können wir hier vorgehen?

Diese Fragen sind sehr offen. Dadurch erhalte ich viele Informationen und Lösungsvorschläge. Die Befragten fühlen sich nicht eingeengt. Der Antwortspielraum kann jedoch unterschiedlich groß sein. Je nach Situation muss er verändert werden.

Bestätigungsfragen möchten die Zustimmung des Befragten erreichen und damit eine positive Grundstimmung erzeugen. Ich werde also nur das erfragen, von dem ich weiß, dass der Befragte wahrscheinlich zustimmt. Sie dienen hauptsächlich der Kontaktaufnahme und nicht wirklich des Informationsaustauschs („Müssen Sie sich auch manchmal überwinden, nach Hause zu gehen?" „Wenn ich das richtig einschätze, dann bevorzugen Sie auch sportliche Kleidung?").

Bei **Entscheidungsfragen** wird die Entscheidungsfähigkeit geschult, es werden die Möglichkeiten für Problemlösungen abgewogen und letztendlich entschieden. Außerdem lässt sich bei einer solchen Frageform die Meinung des Befragten feststellen („Welche Mitarbeitergruppen würden Sie am liebsten übernehmen?" „Wie viele Teambesprechungen wollen Sie abhalten?").

IV. Feedback

Im Feedback teilt der eine dem anderen mit, wie er seine Äußerungen verstanden und aufgenommen hat, welche Erwartungen er an ihn hat und wie er sich in dieser Situation selbst sieht. Genauso wichtig wie das Geben solcher Rückmeldungen ist das Entgegennehmen von Feedback, ohne verärgert, entschuldigend oder abwehrend darauf zu reagieren.

Feedback ist
- jede Mitteilung, die andere darüber informiert, wie ihr Verhalten von mir wahrgenommen, verstanden und erlebt wurde.
- jede Mitteilung, die andere darüber informiert, welche Absichten, Ziele, Wünsche, Gefühle ich in einer bestimmten Situation habe.
- jede Rückmeldung (verbal, nonverbal) über die Wirkung meines Verhaltens auf andere.

Damit das Feedback auch gelingt, sollten folgende Regeln beachtet werden:

Regeln für den Feedback-Geber:

- nicht moralisch bewerten
- nicht verallgemeinern
- beschreiben und nicht interpretieren und analysieren
- konkret sein
- angemessen sein
- brauchbar sein
- nur im eigenen Namen sprechen
- nichts aufdrängen
- nur beschreiben, was nach außen sichtbar war und die eigene (Gefühls-)Reaktion darauf benennen
- klar, offen und ehrlich formulieren
- für eine ruhige und angenehme Gesprächsatmosphäre sorgen
- genügend Zeit einplanen und keine Ad-hoc-Gespräche
- abklären, ob das Gegenüber an einem Feedback interessiert ist
- Ich-Aussagen
- Feedback-Empfänger direkt ansprechen

Regeln für den Feedback-Empfänger:

- nicht verteidigen und rechtfertigen
- nicht erklären
- nicht zurückschießen
- aktiv zuhören, aufnehmen und Unverstandenes klären, aber nicht ins Wort fallen oder über das Gesagte diskutieren und argumentieren
- bewusst machen, dass jede Wahrnehmung subjektiv ist, jedoch zusätzliche Informationen darüber, wie andere einen sehen
- sich für das Feedback bedanken

V. Definitionen

Achtsamkeit ist eine bewusste, aufnahmebereite Hinwendung zum anderen, die die Achtung gegenüber jeglicher Lebensform mit einschließt.

Beziehungsebene beschreibt die Kommunikationsebene, in der ich in der verbalen und nonverbalen Kommunikation der Beziehungsstruktur Ausdruck verleihe.

Homöostase (griechisch) ist die Erhaltung des normalen Gleichgewichts, z. B. Konstanthaltung des Blutdrucks oder der Körpertemperatur, bei offenen Systemen die Erhaltung der Binnenstabilität trotz sich wandelnder Umwelt.

Kompetenz ist die Fähigkeit bei einem Job zu bleiben, effizient zu sein und etwas Wichtiges zu erreichen. Kompetenz ist die Fähigkeit, Entscheidungen zu treffen und Probleme zu lösen.

Konflikt: Ein Konflikt liegt immer dann vor,
- wenn eine Partei oder beide Parteien zum gleichen Zeitpunkt Handlungen beabsichtigen oder durchführen, die zur Folge haben könnten oder haben, dass sich die andere Partei behindert, blockiert, bedroht oder verletzt fühlt;
- wenn z. B. die beteiligten Personen Pläne und Absichten hegen, deren Verwirklichung zu gegenseitigen Beeinträchtigungen führen, oder wenn einer der Beteiligten sich durch das Verhalten eines anderen behindert oder beeinträchtigt fühlt.

Liebenswürdigkeit ist die Fähigkeit eine Atmosphäre herzustellen, in der sich andere gemocht fühlen.

Mobbing: Von Mobbing (von **to mob** = anpöbeln, herfallen über) spricht man dann, wenn Angriffe, Schikanen, Intrigen oder Unterlassungen auf eine Person systematisch und über einen langen Zeitraum (mindestens 6 Monate) hinweg erfolgen.

Sachebene beschreibt die Kommunikationsebene, in der ein bestimmter Lernstoff, eine bestimmte Problemlösung, ein bestimmtes Produkt oder eine bestimmte Dienstleitung erbracht wird und Vorgehensweisen und Methoden für die Lösung des Sachproblems entwickelt werden. Eine für die Aufgabenerfüllung zweckmäßige Arbeitsorganisation und Arbeitsteilung müssen gefunden werden.

Sozialkompetenz bedeutet, Arbeitsprozesse auch auf der zwischenmenschlichen Ebene zu erkennen oder zu erspüren und sie in ihren Auswirkungen einschätzen und beeinflussen zu können.

Team ist eine Gruppe von Mitarbeitern, die für einen geschlossenen Arbeitsprozess verantwortlich ist und die das Ergebnis ihrer Arbeit als Produkt oder Dienstleistung an einen internen oder externen Empfänger liefert.

	Zugehörigkeit	Verantwortung	Offenheit	Trennung
Frage	rein oder raus	oben oder unten	offen oder verschlossen	festhalten oder loslassen
Leiterverhalten	integrierend	konfrontierend	respektierend	terminierend
Interaktion	einer mit vielen	einer gegen einen oder viele	einer mit/gegen einen	einer mit einem/allen
Gefühl	ich bin wichtig/ unwichtig	ich bin verantwortlich/ inkompetent	ich bin liebenswert/ nicht liebenswert	ich bin autonom/ abhängig
Ängste	nicht wichtig zu sein nicht gesehen zu werden	zu wenig oder zu viel Einfluss/Verantwortung haben	nicht gemocht werden, nicht nah, zu nah zu sein	es nicht alleine zu schaffen
Bedürfnis	Harmonie	Konfrontation	Differenzierung	Abschluss
Selbst-Gefühl	Selbst-Achtung	Selbst-Bestimmung	Selbst-Erkenntnis	Selbst-Begrenzung
Grenzen	der Gruppe	in der Gruppe	des Einzelnen	der Gruppe

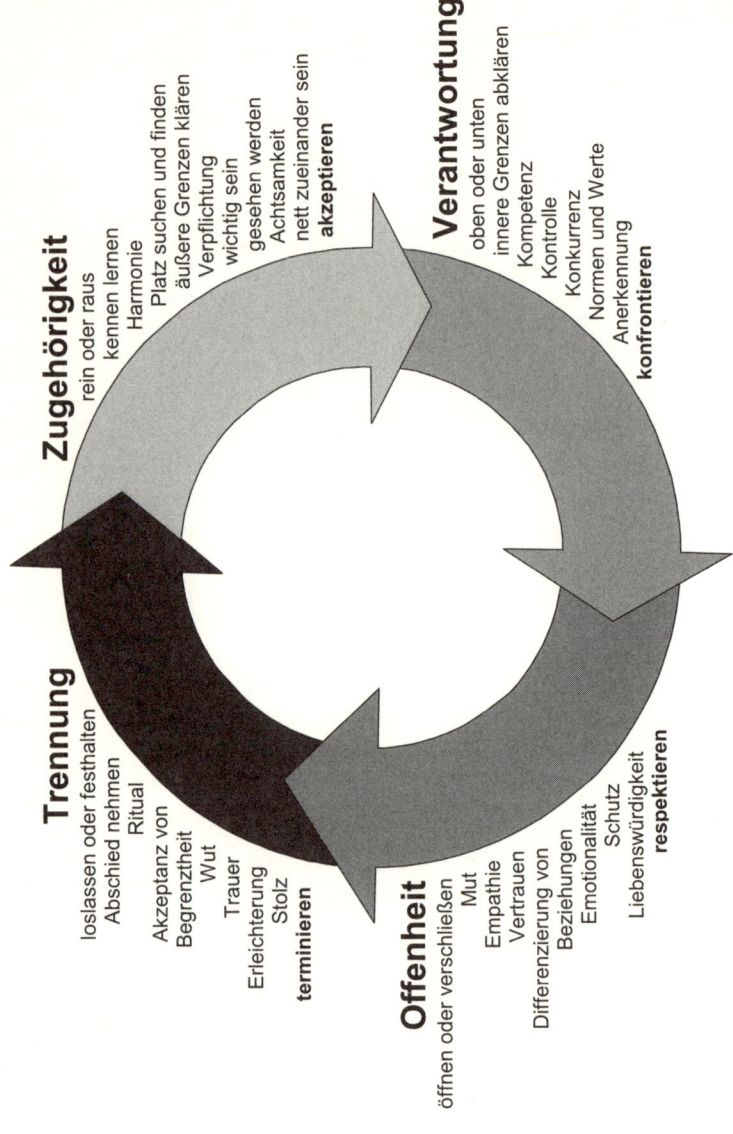

Nachwort

Mit diesem Buch wollte ich ...

... die Bedeutung der erfolgreichen Bearbeitung der einzelnen Phasen einer Teamentwicklung aufzeigen. Wenn Sie dadurch erkannt haben, in welcher Phase Ihr Team steckt und warum es vielleicht nicht weiter kommt, ist ein wichtiger erster Schritt getan. Sie brauchen sich jetzt nur noch Unterstützung zu holen – und natürlich brauchen Sie Mut zur Veränderung.

Als Teamleiter können Sie nun die einzelnen Entwicklungsphasen besser organisieren und begleiten und Unterstützung beanspruchen, wenn die äußeren oder inneren Probleme zu vielfältig und komplex werden. Sie haben aber sicherlich auch ihre Präferenz erkannt und werden in Zukunft wachsamer bei den Phasen sein, die Ihnen nicht so liegen. Nehmen Sie das menschlich. Wir sind alle nicht perfekt.

Vielleicht haben Sie aber auch erkannt, dass Ihre Rahmenbedingungen jede vernünftige Teamentwicklung gar nicht zulassen und Sie deswegen die ganze Zeit an der falschen Front gekämpft haben. Nun haben Sie die Chance, ihre Strategie auf neue Ziele auszurichten oder aber für sich einen Schlussstrich zu ziehen und sich ein neues Team zu suchen. Auch das ist möglich.

Literaturverzeichnis

Arnold, Val; Making Teams Work; in: HR Focus, February 1996, 12–13

Brauchle, Paul; Wright, David W.; Fourteen Team Building Tipps; in: Training & Development, Vol. 46, No. 1, Jan 1992, 32–36

Buhler, P. M.; McCann, M.; Building Your Management Team (Part 1); in: Supervision, September 1989, 14–26

Buhler, P. M.; McCann, M.; Building Your Management Team (Part 2); in: Supervision, October 1989, 3–5

Buller, Paul F.; The Team Building-Task Performance Relation: Some Conceptual and Methodological Refinements; in: Group & Organization Studies, Vol. 11, No. 3, Sept 1986, 147–168

Dawson, Mike; The Facade of Team Building; in: Systems Management 3X/400 Vol. 22, No. 12, Dec 1994, 11–12

Dell, Cecily; A Primer for Movement Description; Macdonald & Evans, New York 1977

Diamond, Michael; The Unconscious Life of Organizations; Quorum Books, Greenwood Publishing Group, Inc Westport, USA 1993

Flores, Fernando P.; Team Building and Leadership; in: Supervisory Management, Vol. 37, No. 4, Apr 1992, 8

Gustafson, Kim; Kleiner, Brian; New Developments in Team Building; in: Work Study, Vol. 43, No. 8, Dec 1994, 16–19

Haas, Richard C; Martin, Stephanie; Play and Learn Team Building; in: Hospital Materiel Management Quarterly Vol. 18, No. 4, May 1997, 44–50

Harrington-Mackin, Deborah; The Team-Building Tool Kit; Amacom, New York 1994

Haug, Christoph V.; Erfolgreich im Team; C. H. Beck Verlag, München 1994

Hatch, Eric K.; Cross Cultural Team Building and Training; in: Journal for Quality & Participation Vol. 18, No. 2, Mar 1995, 44–49.

Huber, Brigitte; Mobbing – Psychoterror am Arbeitsplatz; Falken Verlag, Niedernhausen 1993

Hughes, Keith T.; A Manager's Guide to the Art of Team Building; in: Security Management, Vol. 37, No. 11, Nov 1993, 20–21

Kestenberg-Amighi, Janet; Loman, Susan; Lewis, Penny; Sossin, Mark; The Meaning of Movement; Gordon and Breach Publishers, Amsterdam 1999

Kazemek, Edward A.; Ten Criterias for Effective Team Building; in: Healthcare Financial Management, Vol. 45, No. 9, Sept 1991, 15

Kezsborn, Deborah; Making a Team Work: Techniques for Building Successful Cross-Funktional Teams; in: Industrial Engineering, Vol. 27, No. 1, Jan 1995, 39–41

Jacobs, R. C.; Everett, L. G.; The Importance of Team Building in a Hightech Environment; in: Journal of European Industrial Training, Vol.12, No. 4 (1988), 10–16

Lamb, Warren; Body Code; Routledge & Kegan Paul Ltd., London 1979

Laban, Rudolf; Lawrence, F. C.; Effort; Macdonald & Evans, Estover 1974

Langmaack, B., Braune-Krickau, M; Wie die Gruppe laufen lernt: Anregungen zum Planen und Leiten von Gruppen; Psychologie Verlags Union, Weinheim 1995

Leppenwell, Ginny; Building Team Culture; Training Tomorrow Vol. 9, No. 7, Oct 1995, 33–34

Lewis, Penny, Loman, Susan; The Kestenberg Movement Profile, Its Past, Present Application and Future Directions; Antioch New England Graduate School, Keene, USA 1990

Matthes, Karen; Team Building: Help Employees Change from Me to We; in: HR Focus, Vol. 69, No. 9, Sept 1992, 6

Meier, R.; Team-Power; Regensburg/Bonn 1996

Mennecke, Brian E.; Hoffer, Jeffrey A.; Wynne, Bayard E.; The Implications of Group Development and History for Group Support: System Theory and Practice; in: Small Group Research, Vol. 23, No. 4, Nov 1992, 524–572

Moore, Tom; Building Credibility in a Time of Change: How can the CEO and communication team ensure credible communication internally today?; in: Communication World Vol. 13, No. 7, Sep 1996, 18–21

North; Marion; Personality Assessment through Movement; Plays, Inc. Boston 1978

Penson, Peta G.; What "Team-Building" Won't Cure; in: Training, Vol. 33, No. 3, Mar 1996, 90

Ramsden, Pamela; Action Profiling: Generating Competitive Edge Through Realizing Management Potential; Bantam Book, New York 1994

Reischauer, Claudia; Deutliche Zeichen setzen; in: Wirtschaftswoche, Nr. 40, 25. 9. 1997, 136–145

Riemann, F.; Grundformen der Angst; E. Reinhardt Verlag, München 1975

Rischar, Klaus, Brendt, Dieter; Einführung neuer Mitarbeiter; mvg Verlag, München 1994

Robbins, Donna; The Dark Side of Team Building; in: Training & Development Vol. 47, No. 12, Dec 1993, 17–21

Roese, P.; Konkurrenz verdirbt das Geschäft; In: Management Wissen 8, 1987, S. 51–58

Rosenkranz, Hans; Von der Familie zur Gruppe zum Team; Junfermann Verlag, Paderborn 1998

Rosini, Silvia; Erwachsenengerechtes Lernen in der Gruppe; emwe Verlag, Nürnberg 1996

Sanborn, Mark; Team-Arbeit; Heyne Verlag, München 1992

Satir, Virginia; Kommunikation, Selbstwert, Kongruenz; Junfermann Verlag, Paderborn 1990

Schiepek, Günter; Systemtheorie der Klinischen Psychologie; Vieweg, Braunschweig/Wiesbaden 1991

Sauder, Lew; Team Players; in: Systems Mangement, February 1997, 42–43

Schmidbauer, Wolfgang; Wie Gruppen uns verändern; Rowohlt Taschenbuch Verlag, Hamburg 1999

Schutz, Will; The Truth Option; Ten Speed Press, Berkeley, 1984

–; FIRO: A Three-Dimensional Theory of Interpersonal Behavior; Rinehart & Company, Inc. New York 1958

–; Profound Simplicity; Bantam Book, New York 1979

–; Beyond Firo-B – Three New Theory Derived Measures – Element B: Behavior, Element F: Feelings, Element S: Self; in: Psychological Reports, June 1992, 45–56

–; Real Teamwork;

–; Executive Excellence, Vol. 6, No. 10, Oct 1989, 7–9

Steckler, Nicole; Fondas, Nanette; Building Team Leader Effectiveness: A Diagnostic Tool; in: Organizational Dynamics, Vol. 23, No. 3, Winter 1995, 20–35

Temme, Jim; Building Teams: Becoming an Effective Team Means Listening, Counseling; in: Plant Engineering, October 9, 1995, 154–157

Tolle, Ernest; Management Team Building: Yes But!; in: Engineering Management International, 4 (1988), 277–285

Wahren, Heinz-Kurt; Gruppen- und Teamarbeit in Unternehmen; Walter de Gruyter & Co, Berlin 1994

Watzlawick, Paul; Menschliche Kommunikation. Formen, Störungen, Paradoxien; H. Huber Verlag, Göttingen 2000

Wekselberg, Victor; Goggin, William C.; Collings Tonya L.; A Multifaceted Concept of Group Maturity and its Measurement and Relationship to Group Performance; in: Small Group Research, Vol. 28, No. 1, Feb 1997, 3–28

Wellins, Richard S.; Building a Self-Directed Work Team; in: Training & Development, Vol. 46, Nr. 12, Dec 1992, 24–28

Williams, Judy; Team-Building for Techies; Incentive Vol. 169, No. 9, Sep 1995, 69–72

Wolff, Michael F.; Before You Try Team Building; in: Research-Technology Management, Vol. 31, No. 1, Jan/Feb 1988, 6–8

Yalom, Irvin; Gruppenpsychotherapie; Kindler Verlag, München 1974

Yarborough, Mary Helen; Team Building: A New Direction for HR; in: HR Focus Vol. 71, No. 7, Jul 1994, 12–13

Zetlin, Minda; The Habits of Succesful Teams; in: Getting Results for the Hands-on Manager Vol. 41, No. 9 Sept 1996, 5

Sachverzeichnis

Buchanzeigen

Mensch und Beruf

Assig
Frauen in Führungspositionen

Die besten Erfolgskonzepte aus der Praxis.
„Warum Frauen in der Wirtschaft zunehmend gefragt sind – nein, besser: wären? Dorothea Assigs Buch führt eine ganze Reihe von Argumenten auf – nicht aus der Hüfte geschossen, sondern wissenschaftlich fundiert."
Süddeutsche Zeitung
1.A. 2001. 252 S.
€ 10,–. dtv 50849 €

Knieß
Kreatives Arbeiten

Methoden und Übungen zur Kreativitätssteigerung.
1.A. 1995. 228 S.
€ 8,64. dtv 5873 €

Hugo-Becker/Becker
Motivation

Neue Wege zum Erfolg.
1.A. 1997. 419 S.
€ 10,17. dtv 5896 €

Haug
Erfolgreich im Team

Praxisnahe Anregungen und Hilfestellungen für effiziente Zusammenarbeit.
2.A. 1998. 188 S.
€ 8,64. dtv 5842 €

Bender
Teamentwicklung

Zugehörigkeit, Verantwortung, Offenheit. Systematische Führung durch die Phasen der Teamentwicklung mit Anleitung für effiziente Teamleitung.
1.A. 2002. 284 S.
€ 12,50. dtv 50858 €

Neuhäuser-Metternich
Kommunikation im Berufsalltag

Verstehen und verstanden werden.
1.A. 1994. 300 S.
€ 8,64. dtv 5869 €

Fuchs-Brüninghoff/Gröner
Zusammenarbeit erfolgreich gestalten

Eine Anleitung mit Praxisbeispielen.
1.A. 1999. 203 S.
€ 9,15. dtv 50834 €

Hugo-Becker/Becker
Psychologisches Konfliktmanagement

Menschenkenntnis – Konfliktfähigkeit – Kooperation.
3.A. 2000. 411 S.
€ 10,17. dtv 5829 €

Lang
Schlüsselqualifikationen

Handlungs- und Methodenkompetenz, personale und soziale Kompetenz.
Wie mehr Menschlichkeit am Arbeitsplatz zu mehr Wirtschaftlichkeit führt.
1.A. 2000. 600 S.
€ 15,08. dtv 50842 €

Drzyzga
Personalgespräche richtig führen

Ein Kommunikationsleitfaden.
Der rasche Überblick über die fachlichen und psychologischen Faktoren des Gesprächs mit Mitarbeitern.
1.A. 2000. 148 S.
€ 8,64. dtv 50840 €

Mentzel
Personalentwicklung

Erfolgreich motivieren, fördern und weiterbilden. Bedarfsfeststellung, Planung und Durchführung der Förder- und Bildungsmaßnahmen, Kosten- und Erfolgskontrolle. Zahlreiche Beispiele und Formulare erlauben es auch Klein- und Mittelbetrieben, für ihre Verhältnisse geeignete Lösungen zu finden.

1.A. 2001. 312 S.
€ 10,–. dtv 50854

Lobscheid
Mitarbeiter einvernehmlich führen

Dieser Wirtschaftsberater gibt Hinweise, wie durch positives Führungsverhalten Zufriedenheit und Erfolgsorientierung entstehen und so auch die Verantwortungsbereitschaft erzeugt wird, die in Zeiten des Lean Management immer notwendiger wird.

2.A.1998. 253 S.
€ 8,64. dtv 5848

Zander/Femppel
Praxis der Personalführung

Was Sie tun und lassen sollten. Das Was und Wie der Personalführung, 99 Tipps, Fallbeispiele, Führungsgrundsätze.

1.A. 2001. 129 S.
€ 8,50. dtv 50841

Zander/Femppel
Praxis der Mitarbeiterinformation

Effektiv integrieren und motivieren. Motivation von Mitarbeitern mit gezielter und empfängerorientierter Information.

1.A. 2002. Rd. 150 S.
Ca. € 8,50. dtv 50860

In Vorbereitung für Herbst 2002

Jeske
Erfolgreich verhandeln

Grundlagen der Verhandlungsführung.
Neben den strategischen Momenten der Verhandlungsführung verdeutlicht das Buch die Interaktionsaspekte, die für die Zielerreichung in Verhandlungssituationen wichtig sind.

1.A.1998. 238 S.
€ 8,64. dtv 50824

Mentzel
Rhetorik

Sicher und erfolgreich sprechen.
Bausteinsystem für die Vorbereitung und Durchführung eines Vortrags. Zahlreiche Übungen, um die vorgestellten Regeln und Empfehlungen im Einzel- oder Gruppentraining zu vertiefen.

1.A. 2000. 228 S.
€ 8,44. dtv 50845

Breger/Grob
Präsentieren und visualisieren

... mit und ohne Multimedia.

1.A.2002. Rd. 250 S.
Ca. € 10,–. dtv 50855

In Vorbereitung für
Herbst 2002

Weisbach
Professionelle Gesprächsführung

Ein praxisnahes Lese- und Übungsbuch.
Tipps für Führungskräfte und Berater.
Lesenswert auch für Menschen, die im Gespräch verführt werden könnten.

5.A. 2001. 453 S.
€ 11,–. dtv 5845

Briese-Neumann
Optimale Sekretariatsarbeit

Büroorganisation und Arbeitserfolg.
Ein Leitfaden für Chefs und Sekretariatsmitarbeiter. Mit Checklisten, Tipps und Beispielen.

1.A.1998. 308 S.
€ 10,17. dtv 50804

Barth
Telefonieren mit Erfolg

Die Kunst des richtigen Telefonmarketings.
Dieser Berater betrachtet Telefonmarketing als Wirtschaftsfaktor und Marketing-Instrument und führt in die Grundlagen der Kommunikation ein.
Bewährte Methoden und Tricks werden ebenso vorgestellt wie kluge Fragetechniken.

1.A. 2001. 143 S.
€ 7,50. dtv 50846

Briese-Neumann
Erfolgreiche Geschäftskorrespondenz

Perfektion in Form und Stil.
Sich klar und unmissverständlich ausdrücken zu können, ist in der erfolgreichen Berufspraxis unabdingbar. Dieser Ratgeber liefert das Handwerkszeug für professionelle Korrespondenz und für das Texten generell.

2.A. 2001. 303 S.
€ 10,–. dtv 5878 →

Schanz/Gretz/Hanisch/Justus
Alkohol in der Arbeitswelt

Fakten – Hintergründe – Maßnahmen.

1.A.1995. 281 S.
€ 8,64. dtv 5879

P123520-S25